Carla Tondelli

1 La geografia per tutti

Strumenti della geografia
Il paesaggio
Le attività umane

- CIAK, SI IMPARA!
- TUTTA LA LEZIONE SOTTO GLI OCCHI
- LE PAROLE PER CAPIRE IL MONDO

Per sapere quali risorse digitali integrano il tuo libro, e come fare ad averle, connettiti a Internet e vai su:

http://my.zanichelli.it/risorsedigitali

Segui le istruzioni e tieni il tuo libro a portata di mano: avrai bisogno del codice ISBN*, che trovi nell'ultima pagina della copertina, in basso a sinistra.

- Per avere accesso alle risorse digitali è necessario possedere un indirizzo email funzionante. Consigliamo che, almeno al momento del primo accesso, lo studente sia seguito e assistito da una persona adulta.
- L'accesso alle risorse digitali protette è personale: non potrai condividerlo o cederlo.
- L'accesso a eventuali risorse digitali online protette è limitato nel tempo: alla pagina http://my.zanichelli.it/risorsedigitali trovi informazioni sulla durata della licenza.

* Se questo libro fa parte di una confezione, l'ISBN si trova nella quarta di copertina dell'ultimo libro nella confezione.

Copyright © 2015 Zanichelli editore S.p.A., Bologna [19715]
www.zanichelli.it

I diritti di elaborazione in qualsiasi forma o opera, di memorizzazione anche digitale su supporti di qualsiasi tipo (inclusi magnetici e ottici), di riproduzione e di adattamento totale o parziale con qualsiasi mezzo (compresi i microfilm e le copie fotostatiche), i diritti di noleggio, di prestito e di traduzione sono riservati per tutti i paesi.
L'acquisto della presente copia dell'opera non implica il trasferimento dei suddetti diritti né li esaurisce.

Le fotocopie per uso personale (cioè privato e individuale, con esclusione quindi di strumenti di uso collettivo) possono essere effettuate, nei limiti del 15% di ciascun volume, dietro pagamento alla S.I.A.E. del compenso previsto dall'art. 68, commi 4 e 5, della legge 22 aprile 1941 n. 633. Tali fotocopie possono essere effettuate negli esercizi commerciali convenzionati S.I.A.E. o con altre modalità indicate da S.I.A.E.

Per le riproduzioni ad uso non personale (ad esempio: professionale, economico, commerciale, strumenti di studio collettivi, come dispense e simili) l'editore potrà concedere a pagamento l'autorizzazione a riprodurre un numero di pagine non superiore al 15% delle pagine del presente volume. Le richieste per tale tipo di riproduzione vanno inoltrate a

Centro Licenze e Autorizzazioni per le Riproduzioni Editoriali (CLEAREdi)
Corso di Porta Romana, n. 108
20122 Milano
e-mail autorizzazioni@clearedi.org e sito web www.clearedi.org

L'editore, per quanto di propria spettanza, considera rare le opere fuori del proprio catalogo editoriale, consultabile al sito www.zanichelli.it/f_catalog.html.
La fotocopia dei soli esemplari esistenti nelle biblioteche di tali opere è consentita, oltre il limite del 15%, non essendo concorrenziale all'opera. Non possono considerarsi rare le opere di cui esiste, nel catalogo dell'editore, una successiva edizione, le opere presenti in cataloghi di altri editori o le opere antologiche. Nei contratti di cessione è esclusa, per biblioteche, istituti di istruzione, musei e archivi, la facoltà di cui all'art. 71 - ter legge diritto d'autore.
Maggiori informazioni sul nostro sito: www.zanichelli.it/fotocopie/

Edizione a cura di Vittoria Balandi

Realizzazione editoriale:
- Redazione: Massimo Evangelisti, Damiano Maragno
- Segreteria di redazione: Deborah Lorenzini
- Progetto grafico: Emmaboshi studio srl, Bologna
- Impaginazione: Mariadele Trande
- Disegni: Claudia Saraceni
- Cartine, grafici e atlantino: Graffito s.r.l., Cusano Milanino

Contributi:
- Box *Impara le parole*: Michela Curti
- Box *Mettiti alla prova* e *Le parole della geografia*: Arianna Volpini
- Rilettura critica: Paolo Bonafede, Benedetta Masera, Claudia Zamperlin
- Ricerca iconografica: Vittoria Balandi

Le fonti delle illustrazioni si trovano nel sito del libro (online.zanichelli.it/tondelligeografia)

Copertina:
- Progetto grafico: Miguel Sal & C., Bologna
- Realizzazione: Roberto Marchetti e Francesca Ponti
- Immagine di copertina: Anna Demjanenko/Shutterstock. pavalena/Shutterstock. Artwork Miguel Sal & C., Bologna

Prima edizione: gennaio 2015

Ristampa:

7 6 5 4   2016 2017 2018 2019

 Zanichelli garantisce che le risorse digitali di questo volume sotto il suo controllo saranno accessibili, a partire dall'acquisto dell'esemplare nuovo, per tutta la durata della normale utilizzazione didattica dell'opera. Passato questo periodo, alcune o tutte le risorse potrebbero non essere più accessibili o disponibili: per maggiori informazioni, leggi my.zanichelli.it/fuoricatalogo

 File per sintesi vocale
L'editore mette a disposizione degli studenti non vedenti, ipovedenti, disabili motori o con disturbi specifici di apprendimento i file pdf in cui sono memorizzate le pagine di questo libro.
Il formato del file permette l'ingrandimento dei caratteri del testo e la lettura mediante software screen reader. Le informazioni su come ottenere i file sono sul sito
http://www.zanichelli.it/scuola/bisogni-educativi-speciali

Suggerimenti e segnalazione degli errori
Realizzare un libro è un'operazione complessa, che richiede numerosi controlli: sul testo, sulle immagini e sulle relazioni che si stabiliscono tra essi. L'esperienza suggerisce che è praticamente impossibile pubblicare un libro privo di errori. Saremo quindi grati ai lettori che vorranno segnalarceli.
Per segnalazioni o suggerimenti relativi a questo libro scrivere al seguente indirizzo:

lineazeta@zanichelli.it

Le correzioni di eventuali errori presenti nel testo sono pubblicate nel sito www.zanichelli.it/aggiornamenti

Zanichelli editore S.p.A. opera con sistema qualità
certificato CertiCarGraf n. 477
secondo la norma UNI EN ISO 9001:2008

Realizzazione delle risorse digitali:
- Redazione: Damiano Maragno
- Segreteria di redazione: Deborah Lorenzini
- Progettazione e sviluppo software, speakeraggio audiolibro: duDAT s.r.l., Bologna

Animazioni:
- Progettazione didattica, sceneggiatura, approfondimenti e realizzazione: dMB editoria e grafica s.r.l., Firenze
- Disegni: Claudia Saraceni
- Cartine e grafici: Bernardo Mannucci

Video *Ciak, si impara!*:
- Montaggio e finalizzazione: Luca Dal Canto
- Sceneggiature: Vittoria Balandi
- Studio di registrazione: VOXFARM
- Mappe di paragrafo: Arianna Volpini

 Questo libro è stampato su carta che rispetta le foreste.
www.zanichelli.it/la-casa-editrice/carta-e-ambiente/

Fotocomposizione: Litoincisa - Via del Perugino 1, 40139 Bologna

Stampa: La Fotocromo Emiliana
Via Sardegna 30, 40060 Osteria Grande (Bologna)
per conto di Zanichelli editore S.p.A.
Via Irnerio 34, 40126 Bologna

Carla Tondelli

1 La geografia per tutti

Strumenti della geografia
Il paesaggio
Le attività umane

- CIAK, SI IMPARA!
- TUTTA LA LEZIONE SOTTO GLI OCCHI
- LE PAROLE PER CAPIRE IL MONDO

10 in leggibilità
10 buone regole grafiche per leggere meglio

L'impaginazione
1. I testi, le illustrazioni e le fotografie sono disposti nella pagina in modo da rendere chiaro il percorso di lettura.
2. Ogni figura è spiegata o richiamata nel testo nel punto in cui è utile che venga guardata.
3. Tutte le figure si trovano vicine al testo a cui si riferiscono.

La composizione del testo
4. Una riga non contiene più di 80 battute.
5. L'interlinea, cioè lo spazio tra due righe, è calcolata sulla base della dimensione del carattere e rende ben distinte due righe successive.
6. Il rientro di capoverso segnala che inizia una nuova parte del discorso.

L'uso del colore
7. I colori dei caratteri e dei fondi sono scelti in modo che il testo sia sempre chiaramente leggibile.
8. Non si mettono didascalie sovrapposte alle immagini.

L'uso dei caratteri tipografici
9. I caratteri tipografici hanno lettere ben distinte tra loro e forme regolari.
10. All'interno di un'opera si usano caratteri diversi per presentare contenuti diversi.

Per saperne di più, vai su http://www.zanichelli.it/scuola/dieci-in-leggibilita

ZANICHELLI

Indice

Che cosa studia la geografia?

1. La geografia studia il pianeta	XVIII
2. La geografia studia il paesaggio	XX
3. La geografia studia le forme del territorio	XXII
4. La geografia studia le acque sulla Terra	XXIV
5. La geografia studia il clima	XXVI
6. La geografia studia la popolazione	XXVIII
7. La geografia studia le culture dei popoli	XXX

Modulo A: Il paesaggio

		Video	Approfondimenti in pdf
1. Gli strumenti		Ciak, si impara!	
1.	Orientarsi	A4	
2.	I punti cardinali	A6	
3.	Le coordinate geografiche	A8	I fusi orari	Che cos'è l'ora legale?
4.	Le carte geografiche	A10	La costruzione delle curve di livello	
5.	La scala nelle carte	A12		
6.	Che cosa rappresentano le carte	A14		
7.	Usare le carte	A16		
8.	Fotografie e telerilevamento	A18		Quali applicazioni informatiche sono utili per la cartografia? Che cosa vedono i satelliti?
9.	I dati statistici	A20		
10.	I grafici	A22	I grafici	
	Uno sguardo d'insieme	A24		
	Mettiti alla prova	A26		Altri esercizi su ZTE

V

		Video	Approfondimenti in pdf
2. I fattori che modificano il paesaggio		Ciak, si impara!	
1.	Le forme del paesaggio	A34	
2.	I fenomeni che hanno origine all'interno della Terra	A36	Come avviene l'eruzione / Come si verifica un terremoto	Si possono prevedere eruzioni vulcaniche e terremoti?
3.	I fenomeni che hanno origine all'esterno della Terra	A38		
4.	Gli elementi del clima	A40	Gli spostamenti d'aria sulla terra e sul mare	
5.	I paesaggi modificati dall'uomo	A42		Perché la vegetazione e le attività umane influenzano il clima?
6.	I fattori antropici	A44		
7.	I problemi dell'ambiente	A46		Che cos'è la biodiversità?
	Uno sguardo d'insieme	A48		
	Mettiti alla prova	A50		Altri esercizi su ZTE

		Video	
3. I rilievi		Ciak, si impara!	
1.	L'altezza e la formazione dei rilievi	A58	
2.	Le montagne	A60	
3.	Le pianure	A62	
4.	La vegetazione	A64	
5.	I rilievi e l'uomo	A66	Come si viveva una volta in montagna?
	Uno sguardo d'insieme	A68	
	Mettiti alla prova	A70	Altri esercizi su ZTE

	Video	Approfondimenti in pdf

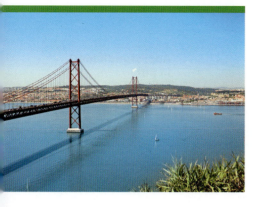

4. Le acque
Ciak, si impara!

1. L'acqua sulla Terra	A78	Il ciclo dell'acqua e le sue fasi	
2. I ghiacciai	A80		A quale altitudine si trova il limite delle nevi perenni? Come stanno cambiando i ghiacciai?
3. I fiumi	A82	Il fiume dalla sorgente alla foce	Quando un fiume è pericoloso?
4. I laghi	A84		
5. I mari e le coste	A86	Il modellamento delle coste alte	
6. Le acque e l'uomo	A88	Come può essere modificata un'area costiera L'inquinamento delle acque costiere	
Uno sguardo d'insieme	A90		
Mettiti alla prova	A92		Altri esercizi su ZTE

5. Il paesaggio italiano
Ciak, si impara!

1. Le montagne	A100	Le montagne italiane	Quali montagne italiane hanno origine vulcanica?
2. Le colline e le pianure	A102	Le pianure italiane	
3. I fiumi	A104	Quali sono i fiumi principali in Italia	
4. I laghi e le zone carsiche	A106	L'origine dei principali laghi italiani Come si è formato il lago di Garda	
5. I mari e le coste	A108	I mari e le coste in Italia	
6. Il clima	A110		Quali venti soffiano sull'Italia?
7. La vegetazione spontanea	A112	Le aree protette in Italia	
Uno sguardo d'insieme	A114		
Mettiti alla prova	A116		Altri esercizi su ZTE

Verifica delle competenze	A122	

Modulo B: Le attività umane

	Video	Approfondimenti in pdf

6. Le attività umane e la popolazione — Ciak, si impara!

	Video	Approfondimenti in pdf
1. Le risorse naturali	B4	
2. Le attività economiche	B6	
3. Il lavoro	B8	A che età si può andare a lavorare?
4. La popolazione	B10	
5. Le città	B12	
6. La società	B14	
Uno sguardo d'insieme	B16	
Mettiti alla prova	B18	Altri esercizi su ZTE

7. L'economia italiana — Ciak, si impara!

	Video	Approfondimenti in pdf
1. Il settore primario	B26	Quali sono i principali paesaggi agrari? Che cos'è la transumanza?
2. Il settore secondario	B28	
3. Il settore terziario	B30 Gli occupati nei servizi	A chi si rivolgono i servizi? Con chi commercia l'Italia?
4. Le infrastrutture	B32	
5. Dai settori ai prodotti	B34	
6. Le conseguenze dello sviluppo economico	B36 L'inquinamento delle acque	Che cosa posso fare per risparmiare energia?
Uno sguardo d'insieme	B38	
Mettiti alla prova	B40	Altri esercizi su ZTE

	Video	Approfondimenti in pdf

8. La società italiana — Ciak, si impara!

1. Dove vivono gli italiani	B48	
2. Quanti sono gli italiani	B50	
3. Chi sono gli italiani	B52	
4. La Repubblica Italiana	B54	
5. Italia regione d'Europa	B56	Di quali organizzazioni internazionali fa parte l'Italia?
Uno sguardo d'insieme	B58	
Mettiti alla prova	B60	Altri esercizi su ZTE

9. Un paese, venti regioni — Ciak, si impara!

1. Italia unita e decentrata	B68	
2. Territorio e popolazione	B70	
3. Densità della popolazione	B72	
4. Rischi ambientali	B74	Il dissesto idrogeologico in Italia
5. Economia e lavoro	B76	La povertà in Italia
6. Produzione e consumo di energia	B78	
7. Come cambia la popolazione	B80	
8. Istruzione	B82	
Mettiti alla prova	B84	Altri esercizi su ZTE

Verifica delle competenze — B86

Le regioni italiane

1.	Piemonte	B92
2.	Valle D'Aosta	B96
3.	Liguria	B98
4.	Lombardia	B100
5.	Trentino-Alto Adige	B104
6.	Veneto	B106
7.	Friuli-Venezia Giulia	B110
8.	Emilia-Romagna	B112
9.	Toscana	B116
10.	Umbria	B120
11.	Marche	B122
12.	Lazio	B124
13.	Abruzzo	B128
14.	Molise	B130
15.	Campania	B132
16.	Puglia	B136
17.	Basilicata	B140
18.	Calabria	B142
19.	Sicilia	B144
20.	Sardegna	B148
	Mettiti alla prova	B152

Atlante	1 app
Le parole della geografia	17 app

Come è organizzato questo libro

Nella pagina di apertura di ogni **capitolo** una sequenza di immagini presenta i contenuti che studierai.

Prima di iniziare a leggere puoi anche vedere un **video** che introduce gli argomenti del capitolo.

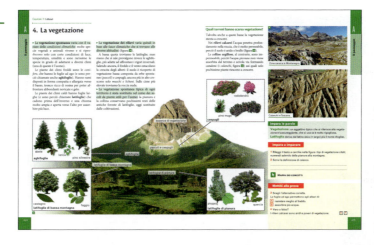

Ogni **paragrafo** si sviluppa su 2 pagine e presenta un argomento in maniera completa.

Nel box **Impara a imparare** trovi alcuni esercizi che ti aiutano ad acquisire un metodo di studio.

Nel box **Mettiti alla prova** c'è una prima verifica sul paragrafo.

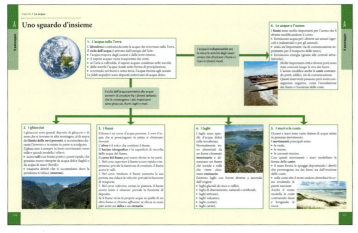

Conclusa la lettura dei paragrafi, **Uno sguardo d'insieme** ti permette di ripassare il contenuto di tutto il capitolo.

In fondo al capitolo, la sezione **Mettiti alla prova** verifica se hai imparato le parole e i concetti più importanti e se sai utilizzare gli strumenti della geografia (carte e grafici).

Alla fine di ogni modulo c'è una **Verifica delle competenze.** Qui potrai confrontarti con la risoluzione di problemi reali, esercizi in inglese, letture di testi narrativi e storici.

10 in leggibilità

10 buone regole grafiche per leggere meglio*
verificate dall'Istituto Superiore per le Industrie Artistiche di Urbino

Organizzazione della pagina

1 I testi, le illustrazioni e le fotografie sono disposti nella pagina in modo da rendere chiaro il **percorso di lettura**.

2 Ogni figura è **spiegata o richiamata** nel testo.

3 Le figure si trovano **vicine al testo** a cui si riferiscono: il lettore intuisce facilmente dove trovare l'immagine relativa a quanto spiegato nel testo.

* Le 10 regole sono state elaborate in collaborazione con lo studio grafico Chialab. L'Istituto Superiore per le Industrie Artistiche (ISIA) di Urbino ha verificato che tutte le regole siano rispettate in questo libro.

10 in leggibilità
10 buone regole grafiche per leggere meglio

Composizione del testo

4 Una riga del testo principale **contiene al massimo 80 battute** (lettere, numeri, punteggiatura). Se ce ne sono di più, quando l'occhio va a capo si rischia di saltare una riga.

Si legge male
90 battute per riga

Nella storia, l'importanza di ciascuno dei tre settori, e il numero di persone che vi lavora, sono cambiati profondamente (figura B).
   Fino al Settecento il settore primario era di gran lunga il più importante. Per garantire

5 L'interlinea, cioè lo la distanza tra due righe, è tanto più grande quanto più è grande il carattere, per rendere **ben distinte due righe successive**.

Si legge male
interlinea 3 mm

Nella storia, l'importanza di ciascuno dei tre settori, e il numero di persone che vi lavora, sono cambiati profondamente (figura B).
   Fino al Settecento il settore primario era di gran lunga il più importante. Per garantire

6 Il **rientro di capoverso** segnala che inizia una nuova parte del discorso.

Si legge male
senza rientri di capoverso

Nell'antichità la prima forma di scambio è stata il **baratto**, cioè lo scambio di un bene con un altro bene di valore equivalente. Ma rapidamente in tutte le civiltà si è diffuso l'uso del **denaro**, come unità di misura del valore di tutte le merci.
Il mercato è il luogo di incontro del venditore e del compratore (figura C).
I prezzi delle merci derivano prima di tutto dal costo delle materie prime e del lavoro di chi le ha prodotte e di chi le vende. I prezzi sono però determinati anche dalla *legge della domanda e dell'offerta*: un bene disponibile in scarsa quantità (oppure molto richiesto) ha un prezzo più alto di un bene disponibile in grandi quantità (o poco richiesto).

XIII

10 in leggibilità
10 buone regole grafiche per leggere meglio

Uso del colore

7 **I colori dei caratteri e dei fondini** sono scelti in modo che il testo sia sempre chiaramente leggibile.

Si legge bene
▶ L'**oceano** è una vasta distesa di acqua delimitata dai continenti; i bacini più piccoli e meno profondi sono chiamati **mari**.

Si legge male
▶ L'**oceano** è una vasta distesa di acqua delimitata dai continenti; i bacini più piccoli e meno profondi sono chiamati **mari**.

8 **Le didascalie non si sovrappongono alle immagini.** Si usa un fondino bianco o semitrasparente per aumentare il contrasto tra testo e immagine.

Si legge bene

Una spiaggia con dune in Lituania.

Si legge male

Una spiaggia con dune in Lituania.

10 in leggibilità
10 buone regole grafiche per leggere meglio

Scelta dei caratteri

9 **I caratteri tipografici hanno lettere ben distinte**, per identificarle a colpo d'occhio. Particolare attenzione viene fatta per il testo principale, nel quale bisogna distinguere la «i» maiuscola e la «l» minuscola, la «d» e la «b», la «n» e la «m» ecc.

Si legge bene	Si legge male
distinguo la «i» maiuscola dalla «l» minuscola	
Il	Il *Il*

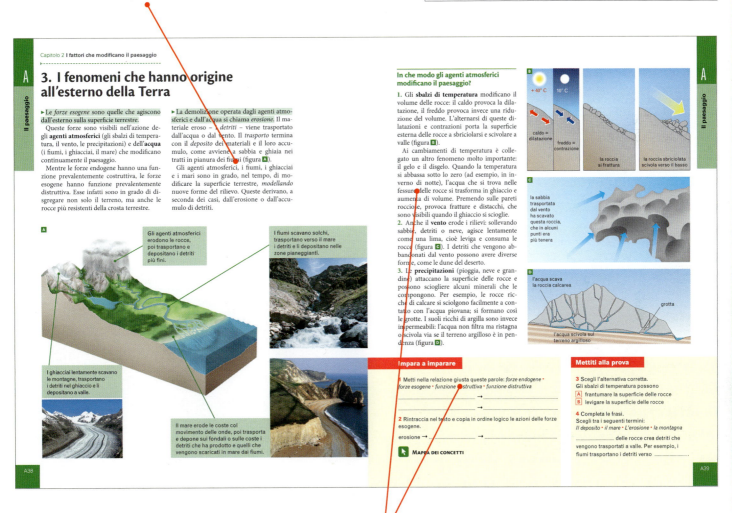

10 Si usano **caratteri diversi per i titoli, i paragrafi le didascalie, e gli esercizi**, per mettere in evidenza le diverse funzioni dei testi: di che cosa parla il paragrafo, che cosa devo studiare, che cosa dice la figura, che compiti devo fare.

Che cosa studia la geografia?

La geografia studia il pianeta

Il pianeta Terra è il luogo nel quale viviamo e questo è l'argomento più generale del quale si occupa la geografia. Lo dice anche il nome «geografia», perché contiene la parola greca *geo* che significa proprio Terra.

La geografia studia alcune caratteristiche della Terra come pianeta, per esempio la sua forma e i suoi movimenti nello spazio.

La geografia descrive gli aspetti naturali del pianeta e le sue forme: le terre, i mari, i fiumi, le montagne e anche la vegetazione e gli animali.

Per la geografia sono molto importanti anche le attività degli esseri umani che abitano il pianeta: quanti sono, dove vivono, che cosa fanno, come si spostano.

In questo la geografia ha a che fare con la storia perché studia come il nostro pianeta è cambiato nel tempo insieme ai suoi abitanti.

Da sempre, la geografia è molto utile agli esseri umani perché fornisce strumenti, come le carte geografiche, per localizzare un luogo sulla superficie del pianeta.

La geografia studia il paesaggio

Il paesaggio è una porzione di territorio così come la possiamo osservare. Può essere grande o piccola a seconda del punto di osservazione. Per esempio, da un aereo possiamo vedere un'area molto vasta; dalla finestra vedremo una zona più ristretta.

Il paesaggio comprende elementi naturali, come le montagne, le pianure, i fiumi e i mari ed elementi prodotti dagli esseri umani, come le case, le strade, le fabbriche e i campi coltivati. Per esempio, nella fotografia osserviamo il paese di Positano, costruito sul fianco dei Monti Lattari che formano la Penisola Sorrentina, in Campania.

Gli elementi del paesaggio non restano sempre uguali, ma cambiano nel tempo: la geografia studia come evolve il paesaggio.

«Leggere» il paesaggio, cioè capire da quali elementi è composto e come questi sono cambiati nel tempo, è una delle attività principali del geografo. Tutti possiamo sperimentarlo e, studiando la geografia, impareremo a farlo con maggiore abilità.

Nei libri di geografia, infatti, si trovano tantissime fotografie di paesaggi che ci permettono di descrivere e analizzare i territori, vicini e lontani, che stiamo studiando.

La geografia studia le forme del territorio

La superficie terrestre non è uniforme; alle varie parti che la costituiscono sono stati dati nomi diversi a seconda della forma e dell'altezza.

Le montagne e le colline sono parti del territorio che si trovano in posizione rialzata, alcune centinaia di metri sopra il livello del mare. Il loro aspetto è irregolare: ci possono essere montagne isolate, lunghe catene montuose o gruppi di colline più basse.

Le pianure sono grandi distese prive di rilievi, poco più alte del livello del mare.

La maggior parte delle pianure si è formata, nel corso di tantissimi anni, con l'accumulo di ciottoli, ghiaia e sabbia portati dai fiumi. Nella fotografia

vediamo la fertile pianura del fiume Fraser, ai piedi della catena delle Rocky Mountains, in Canada.

Una volta gli esseri umani sceglievano di abitare in luoghi rialzati per controllare meglio il territorio circostante e difendersi da attacchi di eventuali nemici. Oggi invece abitano in maggioranza in pianura, dove è più facile praticare l'agricoltura, costruire paesi, città e industrie e spostarsi velocemente da un luogo all'altro.

In tutto il mondo le pianure sono i luoghi più abitati dagli esseri umani e perciò sono state intensamente modificate. Le montagne sono le parti di territorio meno trasformate dagli interventi umani.

Studieremo sia l'aspetto fisico di montagne, colline e pianure, per esempio ricostruendo il modo in cui si sono formate, sia le attività che vi si svolgono.

La geografia studia le acque sulla Terra

L'acqua ricopre i tre quarti della superficie terrestre.

Solo una piccolissima parte dell'acqua è dolce; è quella che si trova nei ghiacciai, nei fiumi e nei laghi. È una risorsa molto importante perché gli esseri viventi ne hanno bisogno per sopravvivere. Ciascuno di noi la usa ogni giorno anche per lavarsi e preparare da mangiare, e una grande quantità viene utilizzata per l'agricoltura e l'industria.

Oceani e mari sono grandi distese di acqua salata. Anche se non è facile osservarli dall'esterno, nel mare si trovano tantissimi esseri viventi grandi e piccoli. Per questo motivo la protezione dei mari è molto importante per il bene del pianeta.

Grazie alla presenza del mare, sulle coste le temperature sono meno fredde in inverno e meno calde in estate. Per questo motivo, da sempre, le coste sono luoghi favorevoli agli insediamenti umani. Per esempio, il paese di Guidel che vedi nella fotografia è stato costruito alla foce del fiume Laita, sulla costa francese dell'Oceano Atlantico.

Nelle insenature si costruiscono porti da cui oggi partono grandi navi merci in grado di attraversare gli oceani più impetuosi. Nel passato, invece, i naviganti assomigliavano di più a esploratori. La navigazione è stata molto importante per i geografi: proprio attraversando gli oceani in nave si è scoperta l'esistenza di territori prima sconosciuti.

Studieremo quindi sia le forme del paesaggio nei luoghi in cui sono presenti ghiacciai, fiumi e mari, sia le attività umane legate a queste importanti risorse.

La geografia studia il clima

Per conoscere il clima di un luogo bisogna osservare che tempo fa ogni giorno per molti anni. Possiamo così sapere in quali mesi fa caldo e quando invece è più freddo, quanto piove e così via.

Il clima dipende dalle caratteristiche geografiche di ogni località: a seconda della posizione sulla Terra, i luoghi vengono scaldati di più o di meno dal Sole. Inoltre in montagna è più freddo che in pianura e lungo le coste il clima è più mite che nelle regioni lontane dal mare.

La distribuzione dei climi ha conseguenze importanti su tutti i viventi. A seconda dei climi possono crescere tipi differenti di vegetazione e vivere specie diverse di animali.

Anche gli esseri umani cercano le zone con climi migliori per i loro insediamenti, per esempio quelle in cui gli inverni non sono troppo freddi. In Mongolia, ai piedi dei monti Altaj, che vedi nella fotografia, il clima è così rigido e sfavorevole agli insediamenti umani che le popolazioni hanno scelto il nomadismo: a seconda delle stagioni spostano le loro grandi tende (dette *yurte*) nei luoghi più vivibili. Il paesaggio è quello della steppa, una prateria arida e fredda.

In genere tutte le attività umane sono influenzate dalle condizioni climatiche. Per esempio, a seconda del clima è possibile coltivare certe piante e non altre.

La geografia studia la popolazione

Oggi oltre 7 miliardi di persone abitano il pianeta Terra: i luoghi in cui vivono, le loro condizioni di vita e le loro attività sono oggetto di studio della geografia.

Gli insediamenti umani sono cambiati nel tempo, dalle caverne preistoriche alle metropoli contemporanee, passando per le città romane e le corti dei nobili medioevali.

Attualmente circa la metà della popolazione mondiale abita in città, perché qui si svolgono le principali attività economiche. Vivere in città significa avere maggiori opportunità di lavoro e

poter accedere a servizi come i mercati, le scuole e gli ospedali.

In molte metropoli, però, la popolazione più povera si concentra nelle periferie dove possono mancare anche i servizi più basilari, come l'acqua corrente, e dove l'inquinamento può raggiungere livelli molto pericolosi per la salute. Nella fotografia vedi Rio de Janeiro, in Brasile: qui vivono oltre 6 milioni di persone, di cui quasi un quarto abita nelle *favelas*, baraccopoli dove migliaia di ragazzi vivono per strada.

La geografia studia anche le attività economiche: l'agricoltura, l'industria e i servizi. Esse impegnano la popolazione del pianeta e ne condizionano l'esistenza, modificando l'ambiente naturale a volte in modo irreversibile.

La geografia studia le culture dei popoli

Nel corso dei millenni della loro storia gli esseri umani hanno scelto di vivere in gruppi piccoli e grandi. Col passare del tempo ogni popolo ha accumulato un patrimonio di conoscenze e di tradizioni che costituiscono la propria cultura.

Questa si può osservare in tanti aspetti della vita: dalla lingua parlata al patrimonio artistico, agli edifici che costituiscono le città. A Trafalgar Square (nella fotografia), a Londra, si trovano diversi simboli della cultura occidentale: al centro della piazza, in cima a una colonna, una statua ricorda la vittoria dell'ammiraglio Nelson contro Napoleone nella battaglia di Trafalgar (nel 1805); la National Gallery, l'edificio con colonne classiche qui sotto, è un importante museo d'arte; il campanile, a destra nella fotografia, appartiene alla Chiesa di St. Martin in the Fields, luogo di culto della Chiesa anglicana (inglese).

La geografia studia le culture, le lingue e le religioni, perché queste da sempre hanno condizionato il modo di vivere delle persone e le relazioni fra i popoli della Terra: una convivenza che purtroppo non sempre è pacifica. Spesso, nel corso della storia, i popoli si sono scontrati anche a causa delle differenze culturali.

Oggi gli abitanti di ogni parte della Terra si spostano molto di più e vanno a vivere in luoghi diversi da quello in cui sono nati o cresciuti. Si è formata così una società che, giorno dopo giorno, diventa sempre più multiculturale. E anche senza muoversi è possibile conoscere tantissime cose delle altre culture.

E ora possiamo cominciare: buon viaggio nel mondo della geografia!

A
Il paesaggio

Uno dei Laghi di Laffrey e i monti del Vercors, nel sud-est della Francia.

Capitolo 1
Gli strumenti

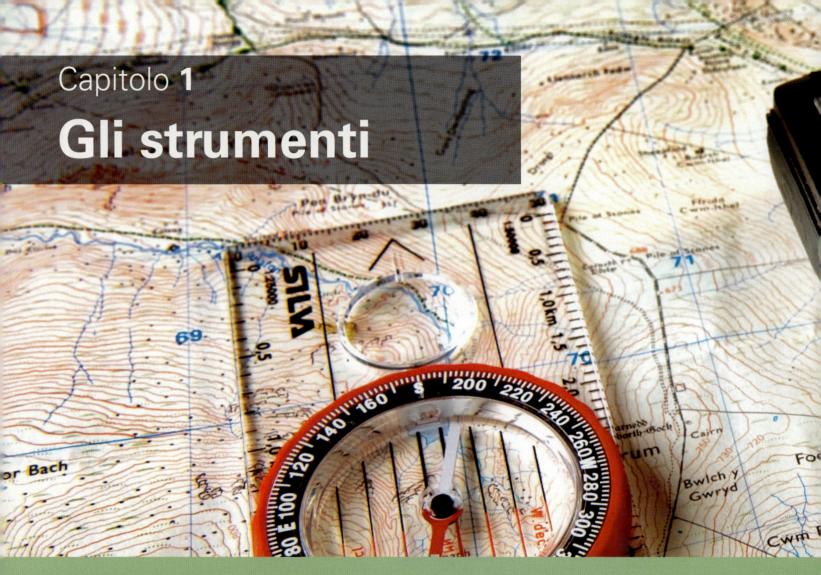

Per orientarti nel capitolo

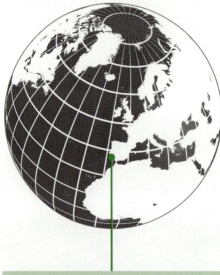

Nei **paragrafi 1** e **2**: orientarsi significa sapere come muoversi nello spazio e come comunicare la propria posizione; per farlo, utilizziamo dei punti di riferimento. Spesso ne usiamo di personali, come un incrocio sulla strada verso la scuola, ma la geografia ne ha stabiliti alcuni universali.

Nel **paragrafo 3**: per comunicare la posizione di un luogo in modo comprensibile a chiunque, la Terra è stata divisa in caselle, un po' come nella battaglia navale.

Nei **paragrafi 4** e **5**: le carte geografiche sono rappresentazioni rimpicciolite della superficie terrestre in cui gli elementi della realtà sono visualizzati con simboli, per esempio linee di colore diverso per i vari tipi di strade.

Una carta topografica, una bussola, un gps: strumenti della geografia.

A Il paesaggio

CIAK si impara! **VIDEO NELLE RISORSE DIGITALI**
Prima di iniziare lo studio del capitolo puoi guardare il video e scoprire quali sono gli argomenti che affronteremo. Fai attenzione alle immagini e ai titoli che compaiono sullo schermo: sono l'indice del capitolo.

Nei **paragrafi 6** e **7**: esistono diversi tipi di carte geografiche, da utilizzare a seconda dei casi, per studiare le caratteristiche di un paese oppure per orientarsi sul territorio.

Nel **paragrafo 8**: le fotografie scattate dagli aerei o dai satelliti ci permettono di vedere grandi porzioni di territorio, per esempio una catena montuosa per intero.

Nei **paragrafi 9** e **10**: la realtà si studia anche attraverso la raccolta di dati statistici, per esempio il numero di persone che vivono in una città o l'altezza di una montagna, che possono essere rappresentati in forma di grafici.

Capitolo 1 **Gli strumenti**

1. Orientarsi

▶Quando ci spostiamo – per esempio facendo una camminata in montagna o passeggiando in città – l'**orientamento** è il procedimento che ci serve a individuare la posizione in cui ci troviamo e la direzione nella quale dobbiamo andare per raggiungere la nostra destinazione.

Un esempio di orientamento è quello che ci permette di muoverci con facilità in un ambiente che conosciamo bene, come la casa (figura A): nella nostra stanza da letto, addirittura anche al buio, sappiamo esattamente dove si trovano i mobili e come raggiungere la porta.

È ancora grazie all'orientamento che possiamo fare ogni giorno il percorso tra casa e scuola quasi automaticamente: sappiamo quando dobbiamo girare e quando invece dobbiamo andare diritto.

▶In generale, per orientarci utilizziamo dei **punti di riferimento**: in città, per esempio, possono essere un incrocio, un edificio particolare, una piazza (figura B).

Fuori città, per esempio su una strada statale, sono punti di riferimento i cartelli stradali che indicano le direzioni, oppure gli elementi del paesaggio, come una fabbrica riconoscibile o un distributore di benzina (figura C).

Anche durante una passeggiata in montagna abbiamo punti di riferimento per orientarci: i segnali dipinti sulle rocce che costeggiano il sentiero, oppure gli elementi naturali come le cime delle montagne e i laghi.

Quando non conosciamo l'ambiente in cui ci muoviamo, abbiamo bisogno di un sistema di orientamento che valga indipendentemente dal luogo e per tutti.

Vedremo nel prossimo paragrafo quali sono i punti di riferimento validi ovunque.

Quando mi alzo dal letto, di notte, so che devo andare verso destra per uscire dalla stanza.

Per andare a casa di Marco, bisogna girare nella prima strada a sinistra dopo la chiesa.

Per andare al maneggio, bisogna prendere la strada che sale sulla collina prima del benzinaio.

Quali punti di riferimento usi nella tua vita quotidiana?

Anche se spesso non ce ne accorgiamo, nella nostra vita quotidiana utilizziamo continuamente punti di riferimento di vario tipo per descrivere un luogo o un percorso.

Sono punti di riferimento non solo quelli che usiamo per spiegare che strada bisogna fare per raggiungere una destinazione, ma anche quelli che ci servono per descrivere la collocazione di un oggetto in una stanza (figura D).

Anche sullo schermo del nostro computer utilizziamo l'orientamento. Per esempio quando cerchiamo un file che sappiamo essere all'interno di una certa «cartella», che si trova in una posizione precisa.

Dove sono le tovaglie pulite? Nell'armadio della camera da letto, nella seconda anta da destra, nel terzo cassetto dal basso. (Indicalo con una freccia, sul disegno.)

Impara a imparare

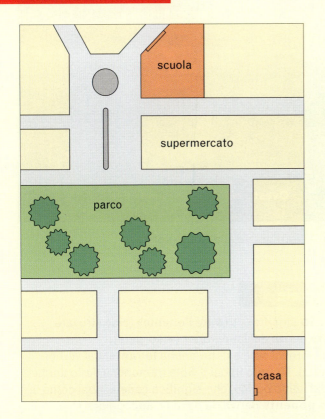

1 Guarda la mappa a sinistra e disegna il percorso che ti sembra più semplice per andare da casa a scuola.
Cerchia i luoghi che possono servire come punti di riferimento durante il percorso.
Poi descrivi il percorso come se lo dovessi spiegare a voce a qualcuno.

....
....
....
....
....

2 Pensa ora realmente alla tua scuola e descrivi qui sotto il percorso che fai di solito per raggiungere la tua classe dall'ingresso.
Poi sottolinea tutti i luoghi che hai usato come punti di riferimento (per es. una porta, una scala ecc.).

....
....
....
....
....

Mappa dei concetti

Il paesaggio

Capitolo 1 **Gli strumenti**

2. I punti cardinali

Abbiamo visto quali punti di riferimento personali o occasionali usiamo per indicare dove si trova un luogo e per muoverci in città o nel territorio. Abbiamo però bisogno anche di punti di riferimento universali, cioè che possano essere usati da tutti, senza bisogno di conoscere il luogo in cui ci si trova.

▶ I punti di riferimento fissi, comuni a tutti, sono i **punti cardinali**: Nord, Sud, Est, Ovest, che sono stati individuati facendo riferimento alla posizione del **Sole** nel cielo durante il giorno (figura A).

Il punto più alto del cielo che il Sole raggiunge a mezzogiorno ci indica il Sud: basta «scendere» fino a incontrare la linea dell'orizzonte. L'Est è il punto in cui sorge il Sole. Nella direzione opposta si trova il punto in cui il Sole tramonta, cioè l'Ovest. Dalla parte opposta al Sud, dove il Sole non compare mai, abbiamo il Nord.

▶ Di notte, quando il Sole non è visibile, si può trovare il Nord osservando il cielo stellato. Il Nord infatti corrisponde alla posizione della **Stella polare** (di nuovo bisogna scendere fino a incontrare la linea dell'orizzonte). La Stella polare è l'unica che rimane in una posizione fissa, mentre tutte le altre le ruotano attorno nel corso della notte; perciò è stata usata fin dall'antichità come punto di riferimento. La Stella polare fa parte della costellazione chiamata *Orsa minore*, ma per trovarla dobbiamo cercare la costellazione dell'*Orsa maggiore*, che è molto più luminosa (figura B).

I punti cardinali sono utilizzati anche nelle **carte geografiche**, che sono un fondamentale strumento per l'orientamento. Per accordo fra gli uomini, nelle carte il Nord si trova in alto, il Sud in basso, l'Est a destra, l'Ovest a sinistra.

I punti cardinali si indicano anche per mezzo delle loro iniziali: N (nord), S (sud), E (est) e W (dall'inglese «west» = ovest).

Se guardi verso il Sole a mezzogiorno e apri le braccia, alla tua sinistra trovi l'Est, di fronte hai il Sud, a destra l'Ovest e alle spalle il Nord.

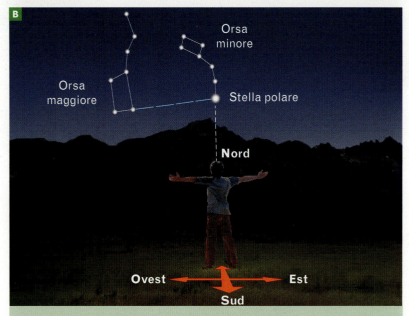

Come trovare il Nord grazie alla Stella polare.

Impara le parole

Orientamento significa «trovare l'oriente» (cioè «trovare l'Est»); **oriente** deriva dal latino *òrior* (= sorgere).
Il punto in cui sorge il sole è detto anche **levante**, dal verbo levarsi (= alzarsi). Il punto in cui il Sole tramonta è detto anche **occidente**, dal latino *òccido*, che significa cadere; così come il suo sinonimo **ponente** deriva da *pono* (= appoggiarsi).

Punti cardinali: in questa espressione, l'aggettivo cardinale viene dal latino *cardo* (= cardine, punto principale).

Perché vediamo il Sole muoversi?

Il movimento del Sole che osserviamo per orientarci è in realtà un **moto apparente**, perché è la Terra che ruota su sé stessa. Anche se a noi non sembra di girare, infatti, la Terra ogni giorno compie una **rotazione** completa attorno al proprio asse (figura C).

Oltre al moto apparente nel cielo del Sole – e con esso di tutte le stelle – è sempre a causa della rotazione terrestre che si verifica l'**alternarsi del dì e della notte**. In ogni momento la Terra è divisa infatti in due parti uguali: una che guarda dalla parte del Sole, e quindi è illuminata, e una che, essendo rivolta dalla parte opposta, si trova immersa nell'oscurità.

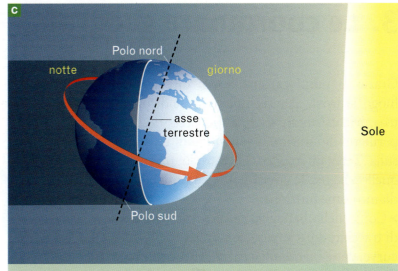

Quando, a causa della rotazione terrestre, un luogo entra nella parte illuminata, si vede il Sole sorgere all'orizzonte.
Con il passare delle ore, sembra che il Sole percorra un arco, fino a scendere sotto la linea dell'orizzonte quando il luogo entra nella parte buia (in cui è notte).

A che cosa serve la bussola?

Da molti secoli, lo strumento più usato per orientarsi è la **bussola** (figura D), inventata in Cina nell'antichità e introdotta in Europa a partire dal Medioevo.

L'ago magnetizzato della bussola, libero di ruotare, si dispone sempre in direzione Nord-Sud, in qualunque punto ci si trovi, come se i poli della Terra fossero le estremità di una gigantesca calamita. Fra i 4 punti cardinali esistono anche i punti intermedi rappresentati nella **rosa dei venti** (figura E).

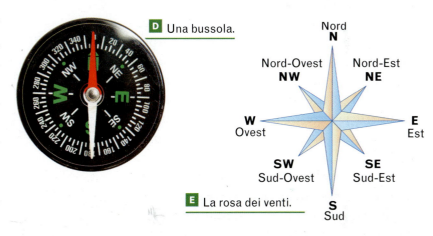

D Una bussola.

E La rosa dei venti.

Impara a imparare

1 Segna sulla carta i punti cardinali per mezzo delle loro iniziali. Completa le frasi qui sotto con:
nord
sud
ovest
est

- Il Piemonte è a .... della Lombardia.
- Il Trentino-Alto Adige è a .... dell'Emilia-Romagna.
- La Liguria è a .... della Valle d'Aosta.
- Il Friuli-Venezia Giulia è a .... del Veneto.

2 Usando i punti cardinali, descrivi il percorso che collega A con B.
Fai 1 passo verso sud, poi 3 passi verso ....

 **Mappa dei concetti**

3. Le coordinate geografiche

Grazie ai punti cardinali puoi dire che un luogo si trova, per esempio, «a est di un altro». Ma esiste un sistema più preciso che ci permette di indicare la posizione di un punto sulla Terra in modo che tutti lo trovino; è quello che usa le **coordinate geografiche**. Vediamo come funziona.

▶ Come nella battaglia navale, immaginiamo di tracciare sulla superficie terrestre delle linee curve, dette *meridiani* e *paralleli*, che formano il **reticolato geografico** (figura A).

I **meridiani** sono semicirconferenze che passano per i poli dividendo la superficie terrestre in «spicchi». Si è deciso di contare i meridiani a partire da quello che passa per *Greenwich* (vicino a Londra).

I **paralleli** sono circonferenze che si ottengono «tagliando» la Terra con piani perpendicolari all'asse e che dividono la superficie terrestre in «fasce». Si è deciso di contare i paralleli a partire da quello che divide a metà la superficie terrestre e che è detto *Equatore*.

L'Equatore divide la Terra in *emisfero boreale* (a nord) ed *emisfero australe* (a sud).

▶ Nella griglia formata dal reticolato geografico ogni punto sulla Terra si trova all'incrocio fra un meridiano e un parallelo e quindi è individuabile attraverso i numeri che identificano il meridiano e il parallelo, cioè le sue coordinate geografiche: *longitudine* e *latitudine* (figura B).

La **longitudine** di un punto è l'ampiezza dell'angolo formato dal meridiano che passa per quel punto e dal meridiano di Greenwich. Tutti i punti che si trovano lungo uno stesso meridiano hanno la stessa longitudine, quindi, se conosco il meridiano che passa per una località, conosco la sua longitudine.

La **latitudine** di un punto è l'ampiezza dell'angolo formato dal parallelo che passa per quel punto e dall'Equatore. Tutti i punti che si trovano lungo uno stesso parallelo hanno la stessa latitudine, quindi, se conosco il parallelo che passa per una località, conosco la sua latitudine.

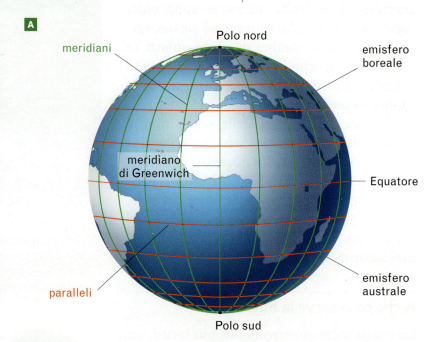

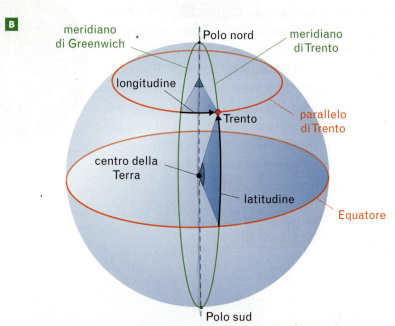

La città di Trento si trova all'incrocio fra l'11° meridiano a est di quello di Greenwich e il 46° parallelo a nord dell'Equatore. Quindi le sue coordinate sono 11° E, 46° N.

Impara le parole

Meridiano deriva dal latino *merídies* (= mezzogiorno) perché collega tutti i punti in cui è mezzogiorno nello stesso momento.

Che cosa sono i fusi orari?

Quando il Sole si trova a mezzogiorno su un meridiano, nei luoghi che si trovano più a est è già passato; in quei luoghi cioè è pomeriggio. Invece nei luoghi che si trovano più a ovest è ancora mattino.

Ogni luogo quindi dovrebbe avere un'ora uguale solamente a quella dei luoghi sullo stesso meridiano e diversa da quella di tutti gli altri.

Invece, per accordo fra gli uomini, la Terra è stata divisa in 24 spicchi, detti **fusi orari**, tanti quante sono le ore del giorno. Ogni fuso orario corrisponde a 15° di longitudine (figura **C**). All'interno di ogni fuso si è deciso che valga la stessa ora, che è quella del meridiano centrale del fuso.

Per convenzione si è deciso che il primo fuso sia quello che comprende il meridiano di Greenwich, la cui ora è chiamata UTC (Tempo Coordinato Universale) o *Greenwich Mean Time* (GMT)

Se, viaggiando, si passa da un fuso all'altro, occorre portare l'orologio avanti di un'ora se si va verso est, indietro di un'ora se si va verso ovest.

Le linee di separazione fra i fusi (in verde) non sono rette ma tengono conto dei confini tra gli stati.

Impara a imparare

1 Osserva la carta che riporta la porzione di reticolato geografico che «copre» l'Italia e completa la tabella con le coordinate geografiche approssimative.

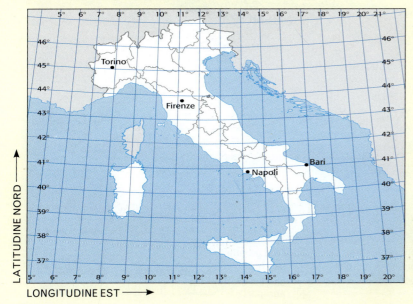

	longitudine	latitudine
Torino		
Firenze		
Napoli		
Bari		

2 Guarda la carta dei fusi orari europei e rispondi.

- Se vai da Mosca (Russia) a Parigi (Francia), come dovrai spostare le lancette dell'orologio?

....

- E se vai da Roma a Berlino (Germania)?

....

Mappa dei concetti

Video: I fusi orari

Capitolo 1 **Gli strumenti**

4. Le carte geografiche

Uno degli strumenti dei quali il geografo non può fare a meno è la carta geografica. La **carta geografica** è una rappresentazione del territorio. Poiché la superficie terrestre è molto complessa da riprodurre, la carta è per forza una rappresentazione deformata, ridotta, approssimata e simbolica (figura A).

▶ Ogni carta è **deformata** perché è la riproduzione su un piano (il foglio di carta) di una superficie sferica (la superficie terrestre). È come se la superficie terrestre venisse «proiettata» su uno schermo (e infatti i diversi modi di raffigurare la superficie terrestre sono detti *proiezioni*).

▶ Ogni carta è **ridotta** perché il territorio da rappresentare deve essere rimpicciolito: lo spazio non può essere riprodotto nelle sue reali dimensioni. Questa operazione si chiama *riduzione in scala*, e nel prossimo paragrafo vedremo come funziona.

▶ Ogni carta è **approssimata** perché non può contenere tutti gli elementi presenti nel territorio che rappresenta. Per esempio, il corso di un fiume non sarà raffigurato con tutte le sue curve ma solo nel suo andamento generale.

▶ Ogni carta è **simbolica** perché i cartografi usano simboli per rappresentare gli elementi della realtà: per esempio, i cerchi che indicano le città, i rettangoli per gli edifici, le linee per le strade o le ferrovie. Anche i colori hanno un significato simbolico: normalmente si usano le tonalità dal marrone al giallo per i rilievi (montagne e colline), il verde per le pianure, l'azzurro per i mari e i corsi d'acqua.

Per comprendere tutte le informazioni, occorre conoscere il significato dei simboli, che sono spiegati nella *legenda*, posta a margine di ogni carta.

Come si rappresentano l'altezza delle montagne e la profondità dei mari?

Un metodo per rappresentare l'altezza dei rilievi è quello delle **curve di livello** (figura B), o *isoipse*: linee che uniscono tutti i punti alla stessa altitudine.

Per costruire questa rappresentazione dei rilievi, si immagina di «tagliare» la montagna a fette parallele, per esempio ogni 250 metri di altezza. Ogni fetta ha un proprio contorno, che è una curva di livello perché tutti i suoi punti sono alla stessa altitudine. Sulla carta si disegnano una dentro l'altra tutte queste curve (figura C).

I settori delimitati dalle curve di livello possono essere colorati con diversi colori, che sono chiamati **tinte altimetriche** (verde per la pianura, giallo per la collina, marrone per la montagna). Usando gradazioni della stessa tinta (per esempio, marrone da chiaro a scuro man mano che aumenta l'altitudine di una montagna) si ottiene una rappresentazione che dà l'idea dell'altezza.

Lo stesso principio, ma procedendo verso il basso, può essere usato per rappresentare la profondità dei fondali marini. Le linee di contorno che uniscono tutti i punti dei fondali marini alla medesima profondità si chiamano *isòbate*; le tinte utilizzate vanno dal blu chiaro per le zone meno profonde al blu scuro per le zone più profonde.

Un'altra tecnica per rappresentare i rilievi è lo *sfumo* in toni di grigio, che offre una visione più immediata ma meno esatta. Molte cartine in questo libro abbinano le tinte altimetriche e lo sfumo.

Impara le parole

Legenda è una parola latina che significa «cose che devono essere lette».

Isoipse deriva dal greco *ísos* (= uguale) e *hypsos* (= altezza).

Isòbate deriva dal greco *ísos* (= uguale) e *bathos* (= profondità).

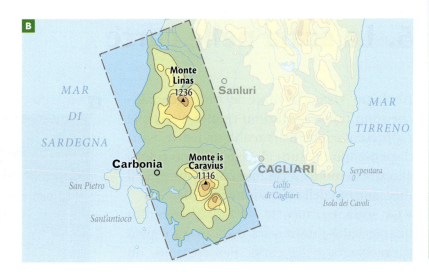

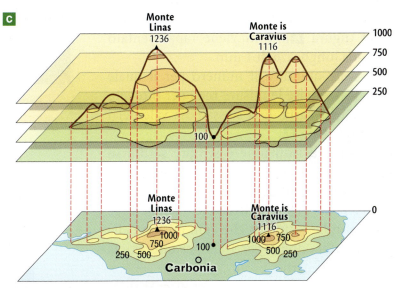

Impara a imparare

1 Colora la montagna utilizzando le tinte altimetriche corrette.

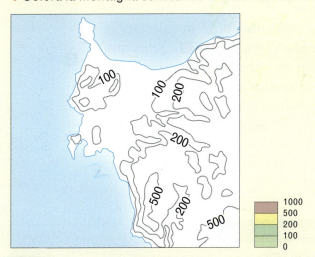

▸ **Mappa dei concetti**

▸ **Video: La costruzione delle curve di livello**

5. La scala nelle carte

Abbiamo visto che tutte le carte geografiche sono rappresentazioni ridotte. Perché la rappresentazione della realtà sia fedele, è indispensabile che tutti gli oggetti siano ridotti allo stesso modo. Vediamo come funziona il meccanismo della **riduzione in scala**.

▶ La **scala** o *rapporto di riduzione* indica quante volte una misura della realtà è stata rimpicciolita nella carta. Per esempio, un campo da calcio può essere rappresentato su un foglio riducendo le misure reali di 1 000 volte (figura A): 1 m viene rappresentato con una lunghezza di 1 mm.

La scala quindi è il numero per il quale sono state divise le misure reali per ottenere quelle della carta. E la stessa cosa vale per i disegni (figura B).

La scala di riduzione è sempre scritta in ogni carta, di solito vicino alla legenda.

La scala può essere *numerica*: per esempio «1:1 000». Questa divisione – che si legge «uno a mille» – indica che ogni misura della realtà è stata divisa per 1000 per ottenere la misura sulla carta.

La scala può anche essere *grafica*: si disegna un segmento, per esempio lungo 1 cm, e si scrive a fianco la lunghezza che corrisponde a quel segmento nella realtà, per esempio «10 m».

▶ La scala ci permette anche di calcolare le **distanze** su una carta (figura C). Si misura sulla carta con un righello la distanza che interessa, poi si moltiplica la misura ottenuta per il divisore della scala e si ottiene così la distanza reale. Se il percorso è tortuoso, si può fare la misura con un cordino, al posto del righello, e poi misurare la lunghezza del cordino.

Impara le parole

Carta topografica: l'aggettivo **topografico** deriva dal greco *tópos* (= luogo) e *grafé* (= scrittura): la carta topografica è dunque la «scrittura» su carta di un luogo.

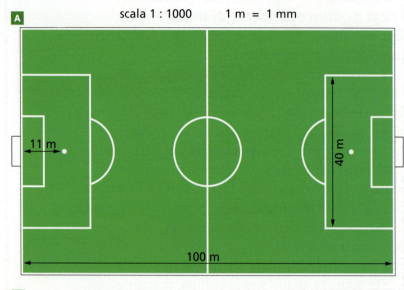

La prima gomma è disegnata a grandezza naturale; la seconda «uno a due» (dividendo le misure per 2); la terza «uno a cinque».

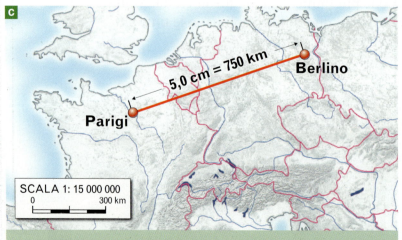

In questa carta, la distanza fra Parigi e Berlino è 5,0 cm, che nella realtà corrispondono a 750 km.

Quali sono le carte più dettagliate?

Il dettaglio di una carta – ossia il *grado di approssimazione* – dipende da quanto è ridotta.

Le carte che vogliono mostrare molti dettagli sono poco rimpicciolite e vengono dette **a grande scala** (figure D e E).

Le carte **a piccola scala** (figure F e G) non sono particolareggiate – cioè sono molto approssimate – ma permettono di rappresentare un territorio ampio, rimpicciolendo molto la realtà.

I *planisferi* sono carte geografiche che rappresentano la Terra a scala piccolissima.

Le *piante* o *mappe* (con scala fino a 1:10 000) vengono usate per rappresentare piccole località o parti di città.

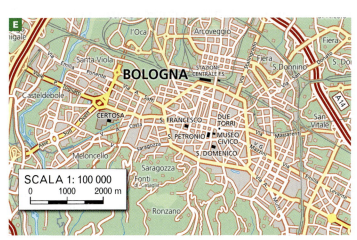

La *carta topografica* (con scala compresa tra 1:10 000 e 1:150 000) mostra in dettaglio piccole parti di territorio.

Le *carte corografiche* (con scala compresa tra 1:150 000 e 1:1 000 000) raffigurano zone abbastanza estese.

Le *carte geografiche* (con scala oltre 1:1 000 000), sono usate per rappresentare regioni, stati o continenti.

Impara a imparare

1 Osserva qui a lato la pianta di una piscina.
Misura gli elementi elencati qui sotto e scrivi i valori in centimetri.
In base alla scala, calcola poi la loro lunghezza reale (fai attenzione all'unità di misura).

- lunghezza della piscina: .... × 500 = ... m
- larghezza della piscina: .... × 500 = ... m
- larghezza di una corsia: .... × 500 = ... m

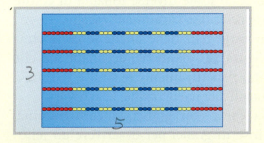

scala 1 : 500

MAPPA DEI CONCETTI

Capitolo 1 **Gli strumenti**

6. Che cosa rappresentano le carte

Abbiamo visto che si possono distinguere diversi tipi di carte in base alla scala. Ma il cartografo deve scegliere anche quali caratteristiche del territorio rappresentare, poiché è impossibile riportarle tutte.

Possiamo classificare le carte anche a seconda del loro contenuto.

- Le **carte fisiche** (figura A) rappresentano solo gli elementi naturali.
- Le **carte politiche** (figura B) rappresentano soprattutto elementi legati alle attività umane come i confini politici, le città, le vie di comunicazione ecc.
- Le **carte tematiche** si concentrano su una caratteristica particolare del territorio, per esempio i climi, oppure la presenza di parchi naturali, o la diffusione di un'attività umana.

Nelle pagine degli Atlanti di solito si trovano carte di tipo *fisico-politico*, che riuniscono elementi *fisici* e *politici*. Gli elementi fisici rappresentati sono i rilievi, i fiumi, i laghi e i mari; gli elementi politici sono i confini politici, le strade, le ferrovie, le città.

A che cosa servono le carte tematiche?

La **carta tematica** raffigura un certo aspetto (*tema*) del territorio; ne vedi alcuni esempi nella pagina a fronte.

L'aspetto rappresentato può avere a che fare sia con le caratteristiche fisiche del territorio, come i tipi di vegetazione (figura C), sia con le attività umane che vi si svolgono, per esempio il riciclo dei rifiuti (figura D). Spesso sono usate diverse tonalità di colore per rappresentare l'argomento scelto.

Sono carte tematiche anche le carte stradali (figura E), nautiche, aeronautiche che indicano rispettivamente le strade, le rotte e gli ostacoli alla navigazione, le aerovie.

Nella carta con grafici, o cartogramma, sono inseriti grafici per descrivere un fenomeno che avviene in diversi luoghi della carta (figura F).

A

B

Impara le parole

Carta fisica: in questa espressione l'aggettivo **fisico** deriva del greco *phýsis* (= natura). Da esso ha origine una ricca famiglia di parole: la fisica è la scienza della natura; il fisico è un sinonimo di corpo umano e l'educazione fisica è l'educazione del corpo.

Carta politica: il termine politico deriva dal greco *pólis* (= città); la **politica** è quindi l'arte di governare le città; deriva da *pólis* anche la polizia, che ha il compito di proteggere i cittadini.

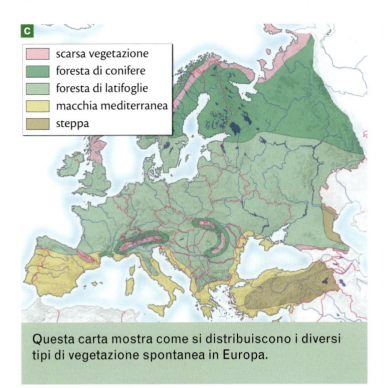

Questa carta mostra come si distribuiscono i diversi tipi di vegetazione spontanea in Europa.

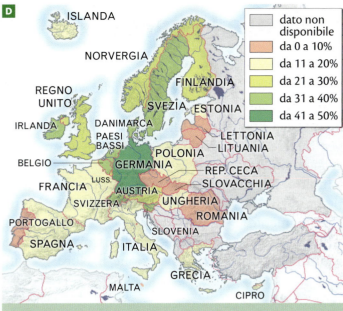

Questa carta mostra quale percentuale di rifiuti è stata riciclata in ciascun paese europeo. È utile per fare velocemente dei confronti.

Questa carta mostra le principali strade e ferrovie della zona a nord-est di Parigi.

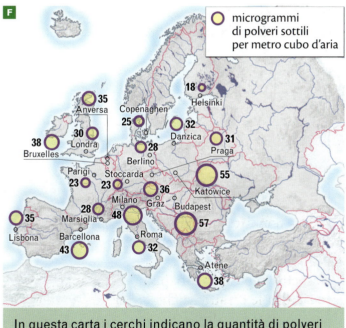

In questa carta i cerchi indicano la quantità di polveri inquinanti rilevata nell'aria di alcune città europee.

Impara a imparare

1 Sfoglia l'Atlantino e i capitoli 5 e 9. Trova due esempi di carta per ogni tipo spiegato in questo paragrafo. Scrivi qui il loro numero di pagina.
- fisica: ....
- politica: ....
- tematica: ....

2 Immagina di dover disegnare una carta che rappresenti la distribuzione dei terreni agricoli sul territorio europeo. Quale tipo di carta useresti fra quelli che vedi in questa pagina?
figura ......

 Mappa dei concetti

Capitolo 1 **Gli strumenti**

7. Usare le carte

Abbiamo visto che le carte geografiche sono usate per diversi scopi: per conoscere gli elementi fisici e politici del territorio, ma anche per fornire informazioni aggiuntive su diversi argomenti.

Inoltre, le carte sono usate sul campo insieme agli altri strumenti utilizzati per l'orientamento.

In tutte le carte possiamo infatti trovare i punti cardinali: per convenzione il Nord è in alto, a meno che non venga indicato diversamente.

Sulla carta, o ai suoi margini, sono riportati anche i meridiani e i paralleli che passano per quella porzione di territorio, in modo che chi legge la carta possa usare i punti di riferimento forniti dalle coordinate geografiche.

Leggiamo insieme una carta (figura A) utilizzando ciò che abbiamo studiato finora.

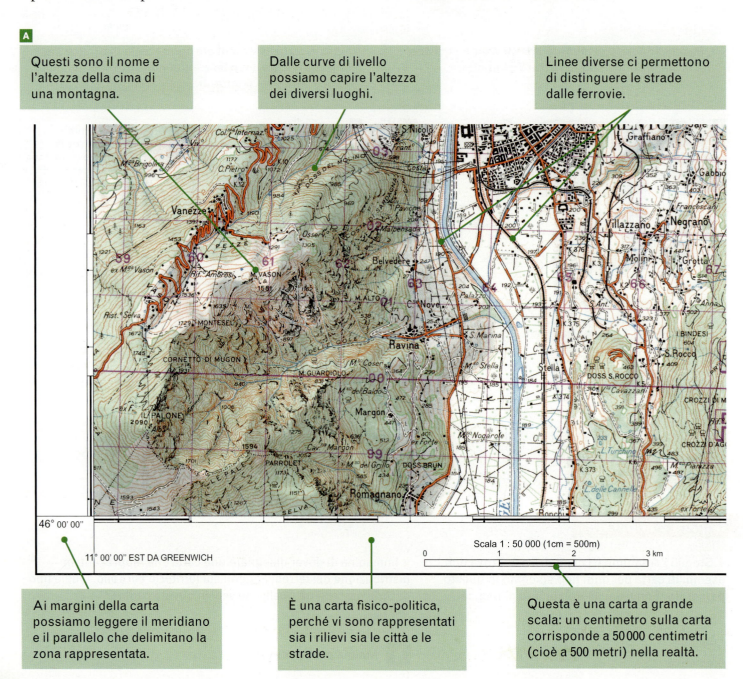

A

Questi sono il nome e l'altezza della cima di una montagna.

Dalle curve di livello possiamo capire l'altezza dei diversi luoghi.

Linee diverse ci permettono di distinguere le strade dalle ferrovie.

46° 00' 00"
11° 00' 00" EST DA GREENWICH

Scala 1 : 50 000 (1cm = 500m)
0   1   2   3 km

Ai margini della carta possiamo leggere il meridiano e il parallelo che delimitano la zona rappresentata.

È una carta fisico-politica, perché vi sono rappresentati sia i rilievi sia le città e le strade.

Questa è una carta a grande scala: un centimetro sulla carta corrisponde a 50 000 centimetri (cioè a 500 metri) nella realtà.

Come usare carte e bussola per orientarsi in un luogo sconosciuto?

Quando ci troviamo in un luogo sconosciuto, non è sufficiente avere una carta, ma è necessario anche saperla «**orientare**», cioè ruotarla in modo che la carta descriva gli elementi del territorio nella stessa posizione in cui li vediamo davanti a noi.

Un primo modo è osservare nel paesaggio almeno due elementi che si possano individuare con certezza nella carta: la propria posizione e quella di un ponte, per esempio. Questo ci permette di posizionare correttamente la carta.

Se invece abbiamo una bussola, possiamo ruotare la carta allineando il Nord con l'ago della bussola, che va tenuta in posizione orizzontale (figura B).

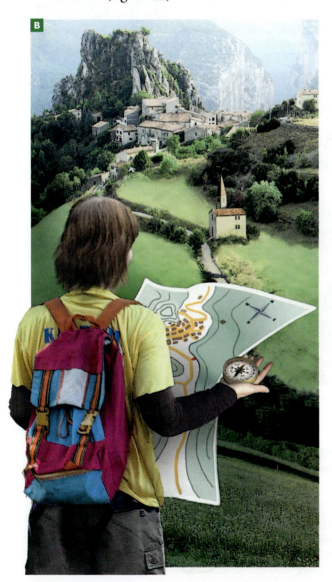

Che cos'è un navigatore satellitare?

Il navigatore satellitare è uno strumento in grado di rilevare la propria posizione.

Il navigatore satellitare funziona grazie al *Global Positioning System* (**GPS**), un sistema di posizionamento globale. Intorno alla Terra, a una distanza di circa 20 000 metri, più di 30 satelliti artificiali si muovono lungo orbite determinate in modo tale che ogni punto della superficie terrestre sia sempre sotto il controllo di almeno 4 di essi. Il navigatore è una sorta di computer che riceve i segnali dei satelliti ed è in grado, misurando la distanza da essi, di stabilire la propria posizione. Il navigatore contiene poi mappe digitali del territorio, su cui colloca la propria posizione e calcola il percorso per raggiungere qualunque altro luogo (figura C).

Un navigatore satellitare utilizzato in automobile.

Impara a imparare

1 Disegna un itinerario lungo almeno 3 km nella carta della pagina a fianco, dividilo in 2 o 3 tratti a seconda della loro direzione (in pratica, se fa una curva decisa metti lì una «tappa») e completa la tabella.
Osserva bene le curve di livello.

1° tratto: direzione	lunghezza km ....
punti di riferimento	
dislivello	
2° tratto: direzione	lunghezza km ....
punti di riferimento	
dislivello	
3° tratto: direzione	lunghezza km ....
punti di riferimento	
dislivello	

 Mappa dei concetti

8. Fotografie e telerilevamento

La fotografia è uno strumento molto importante per chi studia la geografia. Permette di avere immagini di luoghi lontani o difficilmente raggiungibili, ma serve anche per costruire le carte geografiche.

▶ Per stabilire la posizione e le caratteristiche degli elementi da inserire in una carta, si usa già da tempo l'**aerofotogrammetria**, cioè si usa una macchina fotografica collocata su un aereo.

L'aereo sorvola il territorio da fotografare in volo orizzontale e la macchina, a intervalli di tempo costanti, scatta una serie di fotografie (figura A). Tutti i fotogrammi formano una strisciata e più strisciate, parallele fra loro, coprono il territorio da trasformare in carta (si dice da *cartografare*).

Le fotografie tuttavia vanno lette e interpretate: occorre scegliere gli elementi da inserire nella carta e disegnarla utilizzando i simboli.

▶ Il **telerilevamento** è un sistema simile: anziché gli aerei, si utilizzano i satelliti artificiali che ruotano attorno alla Terra.

Sui satelliti vengono posizionati strumenti complessi, capaci di fare fotografie ma anche di rilevare la temperatura o la distanza degli oggetti che sorvolano. I segnali captati dal satellite vengono trasmessi a stazioni di raccolta a terra, dove vengono elaborati al computer e trasformati infine in immagini (figura B).

Grazie all'**informatica**, oggi è possibile aggiornare più facilmente le carte geografiche, inserirvi più informazioni e a costi più contenuti. Le carte digitali hanno il vantaggio che tutti i dati contenuti corrispondono a numeri, quindi possono essere facilmente elaborate, modificate e arricchite di informazioni.

Fotografia aerea dei campi da tennis di Wimbledon, Inghilterra.

La Pianura Padana vista dal satellite; le macchie rosse sono Modena (a sinistra) e Bologna (in basso).

Impara le parole

Fotografia e **cartografia** derivano dal greco *grafé* che è la scrittura: la cartografia è la scrittura delle carte, la fotografia la «scrittura» di oggetti realizzata catturando la luce (= *foto*).
Il suffisso **-grafia** è presente in molte parole: per esempio, in radiografia e biografia.

Quali informazioni si ricavano dalle fotografie?

Le **fotografie panoramiche e aeree** ci permettono di vedere come si integrano gli elementi sia di tipo naturale sia prodotti dagli esseri umani (figura C). Ci danno una visione del paesaggio più reale rispetto alla rappresentazione simbolica delle carte.

Le **immagini satellitari** permettono di raccogliere informazioni dettagliate su aree molto vaste, anche su interi continenti; inoltre forniscono immagini della stessa zona a breve intervallo di tempo, il che consente di controllare fenomeni come l'arrivo di perturbazioni, le alluvioni (figura D), gli incendi. I satelliti possono anche rilevare dati che non sono visibili a occhio nudo e a distanza ravvicinata, come la temperatura del terreno o le tracce di siti archeologici sepolti.

Le **fotografie storiche**, confrontate con le corrispondenti fotografie di oggi (figura E), sono utili per studiare l'evoluzione del paesaggio (naturale, ma soprattutto urbano).

Una foto aerea di Pesaro, nelle Marche, permette di vedere la forma della costa e la distribuzione delle attività umane.

Due foto satellitari del fiume Elba, in Germania, in condizioni normali (la linea scura che attraversa la pianura, a sinistra) e durante l'alluvione del giugno 2013 (la zona rossiccia dovuta all'acqua fangosa, a destra).

Dresda, in Germania, alla fine della Seconda guerra mondiale (a sinistra) e nel 1979 (a destra).

Impara a imparare

1 Sottolinea nel testo la differenza principale fra aerofotogrammetria e telerilevamento.

2 Indica per ciascuna delle attività in tabella quale tipo di immagini ritieni più utile.

	immagini più utili
studiare l'evoluzione dei ghiacciai	confronto fra immagini storiche
disegnare la mappa di un piccolo paese	
osservare lo spostamento di una perturbazione	
studiare la temperatura degli oceani	
analizzare il paesaggio tipico di una regione	

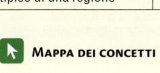
Mappa dei concetti

Capitolo 1 **Gli strumenti**

9. I dati statistici

▶ Per conoscere un territorio non bastano le carte e le fotografie, ma occorrono anche i **dati quantitativi**, cioè i numeri: per esempio, quanto è lungo un fiume, quanti sono gli abitanti di una città, quanti e quali sono i prodotti agricoli o industriali di una certa regione.

La **statistica** è la scienza che si occupa di raccogliere, studiare e interpretare i dati. In Italia, l'ISTAT è l'istituto nazionale che si occupa di indagini statistiche. Per esempio, per raccogliere i dati relativi alla popolazione italiana, l'ISTAT organizza ogni dieci anni un *censimento*, cioè una raccolta di informazioni che coinvolge tutti gli abitanti del nostro paese.

▶ I dati si raccolgono in **tabelle** e si possono visualizzare mediante **grafici**.

Se un certo dato rappresenta la quantità totale di un fenomeno, allora si dice che è un **dato assoluto**, cioè un numero che vale in sé e non fa riferimento ad altri dati. Per esempio, l'altezza di un montagna o le tonnellate di pomodori raccolti in una certa zona sono dati assoluti.

Invece, se di un fenomeno facciamo vedere quale parte rappresenta rispetto a un tutto, parliamo di un **dato relativo**. Per esempio, la frazione di coste sabbiose rispetto al totale delle coste europee, oppure la percentuale di lavoratori nell'industria rispetto al totale dei lavoratori sono dati relativi.

I valori assoluti servono per dare l'esatta dimensione di un fenomeno, quelli relativi sono più adatti per fare confronti (figura **A**).

Impara le parole

Assoluto deriva dal latino *absolutus* (= non legato, che ha valore in sé).

Relativo deriva dal latino *relatus* (= riferito a, che ha valore rispetto a qualcos'altro).

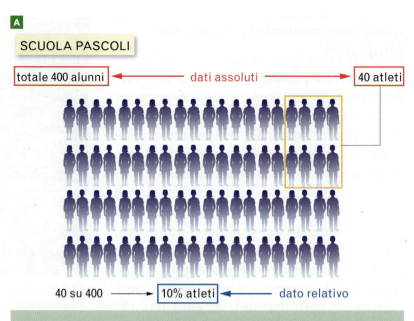

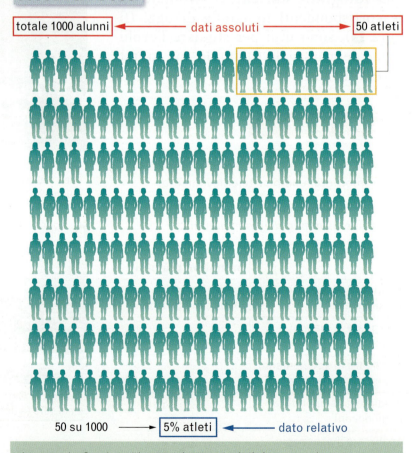

A

SCUOLA PASCOLI

totale 400 alunni ← dati assoluti → 40 atleti

40 su 400 → 10% atleti ← dato relativo

La scuola Pascoli ha 400 studenti (ogni sagoma nel disegno corrisponde a 5 studenti). Il numero di studenti che praticano un'attività agonistica è 40. Rispetto al totale degli studenti gli atleti sono il 10%. 40 è un dato assoluto, 10% è un dato relativo.

SCUOLA CARDUCCI

totale 1000 alunni ← dati assoluti → 50 atleti

50 su 1000 → 5% atleti ← dato relativo

La scuola Carducci ha 50 atleti, quindi il dato assoluto è maggiore della scuola Pascoli, ma il totale degli alunni è 1000. Quindi solo il 5% fa attività agonistica. Il dato relativo ci permette di confrontare le due scuole.

Come si costruiscono le tabelle?

I dati si presentano raccolti in **tabelle**, che riassumono le quantità relative a un certo fenomeno per un certo numero di soggetti. A ciascuna riga corrisponde un soggetto e a ciascuna colonna un fenomeno (o viceversa); l'ordine può essere alfabetico, geografico, numerico crescente o decrescente.

Le tabelle permettono di fare confronti numerici tra i soggetti cui si riferiscono.

La tabella delle cime più alte d'Europa (figura **B**) è una **tabella semplice**: nella prima colonna c'è l'elenco delle montagne più alte d'Europa, nella seconda l'altezza della vetta.

La tabella degli iscritti ai diversi ordini scolastici nelle varie parti d'Italia (figura **C**) è una **tabella a doppia entrata**. È formata da una colonna di soggetti e da almeno due colonne di dati, ciascuna delle quali si riferisce a un fenomeno diverso. Si chiama «a doppia entrata» perché può essere letta in due modi.

- La *lettura orizzontale* mostra, per ogni ordine di scuola, quanti studenti sono iscritti al Nord, al Centro e al Sud e isole. Per esempio, gli iscritti nelle scuole dell'infanzia sono 755 000 al Nord, 315 000 al Centro e 625 000 al Sud e isole.
- La *lettura verticale* mostra, per ogni parte d'Italia, quanti studenti sono iscritti in ciascun ordine scolastico. Per esempio, al Nord ci sono 755 000 iscritti alla scuola dell'infanzia, 1 249 000 alla scuola primaria ecc.

B Cime più alte d'Europa	altezza
Monte Bianco	4810 m
Monte Rosa	4634 m
Weisshorn	4505 m
Cervino	4476 m
Dent Blanche	4357 m
Finsteraarhorn	4274 m
Grandes Jorasses	4208 m
Monte Breithorn	4165 m
Gran Paradiso	4061 m

C Scuola	Iscritti al Nord	Iscritti al Centro	Iscritti al Sud e nelle isole	Totale iscritti in Italia
Infanzia	755 000	315 000	625 000	1 695 000
Primaria	1 249 000	526 000	1 043 000	2 818 000
Secondaria di I grado	773 000	328 000	691 000	1 792 000
Secondaria di II grado	1 059 000	501 000	1 095 000	2 655 000
Totale	3 836 000	1 670 000	3 454 000	8 960 000

Impara a imparare

1 Trasforma i dati assoluti in dati relativi.
Emilia Romagna:
abitanti con meno di 18 anni = 711 000,
totale abitanti = 4 377 000,
percentuale abitanti con meno di 18 anni =
= (711 000 : 4 377 000) x 100 = ...%.

2 Completa la tabella con i dati degli alunni della tua classe.

classe 1ª ...	numero alunni
alunni nati nel comune della scuola	
alunni nati in altri comuni d'Italia	
alunni nati in altri Stati	
totale	

3 Leggi la tabella a doppia entrata e rispondi.

a. Quale paese è stato visitato dal minor numero di turisti stranieri?
....

b. In Italia si registrano più turisti nazionali o stranieri?
....

c. Quale paese è visitato da più turisti?
....

	turisti nazionali	turisti stranieri	totale turisti
Italia	53 605 944	50 242 377	103 848 321
Francia	105 781 280	45 307 775	151 089 055
Germania	117 987 824	31 407 471	149 395 295

 Mappa dei concetti

10. I grafici

Il *grafico* è un disegno che visualizza i dati numerici con figure. È molto utile perché permette di cogliere a prima vista le caratteristiche principali di un fenomeno.

I grafici più usati sono di quattro tipi.

1. L'**istogramma** è formato da colonne la cui lunghezza rappresenta il dato numerico; è adatto per rappresentare e confrontare dati assoluti dello stesso tipo, che spesso vengono forniti in forma di classifica, per esempio la lunghezza di un insieme di fiumi (figura A), o il numero di abitanti in diversi paesi.

2. L'**areogramma** ha la forma di un cerchio suddiviso in spicchi di colore e grandezza diversa per rappresentare la suddivisione all'interno di un fenomeno; è molto utile per rappresentare quantità suddivise in percentuale, per esempio quanta parte di un territorio è occupata da montagne, colline o pianure, oppure quanta parte di una popolazione si sposta utilizzando i diversi mezzi di trasporto (figura B).

3. L'**ideogramma** usa immagini stilizzate del fenomeno ripetute o ingrandite per indicare le quantità; dà un'idea a colpo d'occhio del fenomeno e dei dati, per esempio usando grappoli per indicare la coltivazione d'uva (figura C), o casette per gli insediamenti.

4. Il **diagramma cartesiano** è costituito da una serie di punti, all'interno degli assi cartesiani, uniti in una linea spezzata. Sull'asse verticale (*ordinata*) sono riportate le misure del fenomeno, per esempio il numero di medaglie vinte da una nazionale, e sull'asse orizzontale (*ascissa*) ci sono gli intervalli di tempo, per esempio le edizioni delle Olimpiadi (figura D): i punti che compongono la linea corrispondono ai dati nei diversi momenti. È il grafico più adatto per far vedere come cambia un fenomeno nel tempo.

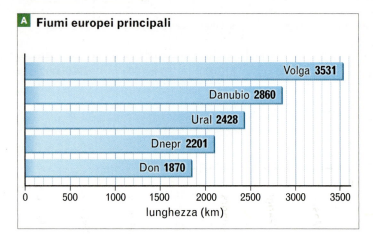

A Fiumi europei principali

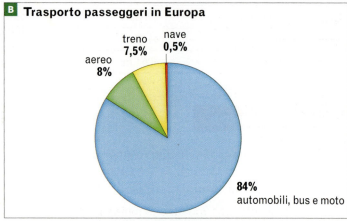

B Trasporto passeggeri in Europa

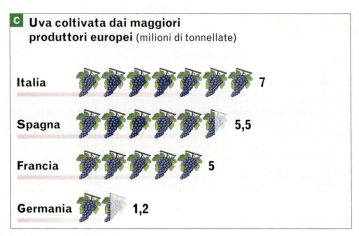

C Uva coltivata dai maggiori produttori europei (milioni di tonnellate)

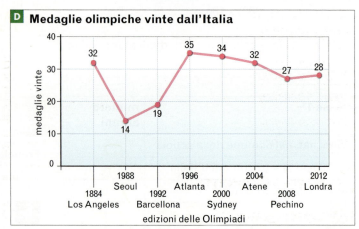

D Medaglie olimpiche vinte dall'Italia

Come si costruisce un grafico?

Per costruire un grafico (figura E) dobbiamo:
- partire da una serie ordinata di dati (per esempio, una tabella);
- scegliere il grafico più adatto al fenomeno da rappresentare;
- scegliere simboli adeguati e unità di misura adatte allo spazio a disposizione;
- completare il grafico con un titolo, che dica qual è il fenomeno rappresentato, e una legenda, che specifichi il valore dei simboli e delle unità di misura.

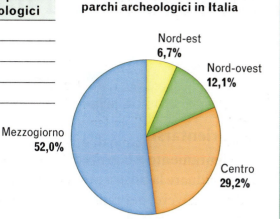

E	Aree e parchi archeologici
Nord-est	6,7 %
Nord-ovest	12,1 %
Centro	29,2 %
Mezzogiorno	52,0 %

Impara a imparare

Costruisci i grafici più adatti per rappresentare i dati forniti.

1 Da dove provengono gli stranieri che vivono in Italia?

Altri stati europei	52%
Africa	23%
Asia	16%
America	9%

2 Quali sono le città europee più popolose?

città	abitanti (in milioni)
Mosca	12
Parigi	12
Londra	8
Madrid	6
San Pietroburgo	5
Berlino	4
Roma	3

3 Come è cresciuta la popolazione italiana dal 1900 al 2000?

anno	abitanti
1900	34 000 000
1925	38 000 000
1950	47 000 000
1975	55 000 000
2000	58 000 000

 Mappa dei concetti

 Video: I grafici

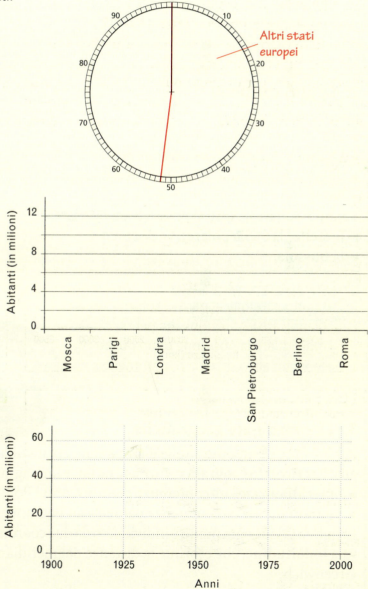

Capitolo 1 **Gli strumenti**

Uno sguardo d'insieme

Gli strumenti della geografia servono per localizzare i luoghi sulla superficie terrestre, rappresentarli e analizzarne le caratteristiche.

1. Orientarsi

L'**orientamento** è il procedimento che ci serve a individuare la nostra posizione e la direzione in cui muoverci per raggiungere una meta. Per orientarci usiamo i **punti di riferimento**; tutti lo facciamo ogni giorno (usando un incrocio, un cartello ecc.).

In luoghi sconosciuti sono necessari punti di riferimento comuni a tutti.

2. I punti cardinali

I punti cardinali sono:
- **Est** (E) dove sorge il Sole,
- **Ovest** (W) dove il Sole tramonta,
- **Sud** (S) dove il Sole splende a mezzogiorno,
- **Nord** (N) dove il Sole non splende mai.

Per individuare il Nord si possono anche usare:
- le **stelle** (la Stella polare),
- la **bussola**.

I punti cardinali ci permettono di indicare le direzioni, ma per individuare la posizione di un punto ci serve un altro sistema di riferimento.

3. Le coordinate geografiche

Per localizzare un punto sulla Terra è stata creata una griglia, il **reticolato geografico**, formata da linee immaginarie:
- i **meridiani**, cioè circonferenze che uniscono i Poli;
- i **paralleli**, cioè circonferenze parallele all'Equatore.

In questa griglia ogni punto è individuato da due coordinate:
- la **longitudine**, che esprime la distanza dal meridiano di Greenwich;
- la **latitudine**, che esprime la distanza dall'Equatore.

4. Le carte geografiche

La carta geografica è una rappresentazione della superficie terrestre:
- **deformata**,
- **ridotta**,
- **approssimata**,
- **simbolica**.

5. La scala nelle carte

La scala ci dice di quante volte le distanze reali sono state **ridotte** sulla carta. Esiste:
- una **scala numerica**, cioè una frazione che indica quante volte sono state divise le misure reali;
- una **scala grafica**, cioè un segmento della carta sul quale è segnata la lunghezza a cui esso corrisponde nella realtà.
- Le carte in cui la realtà è poco rimpicciolita e che hanno molti dettagli si chiamano **a grande scala**.
- Le carte molto rimpicciolite e molto approssimate si chiamano **a piccola scala**.

6. Che cosa rappresentano le carte

In base al **contenuto** le carte si classificano in:
- carte **fisiche**, che comprendono solo gli aspetti naturali;
- carte **politiche**, che rappresentano gli elementi legati alle attività umane;
- carte **tematiche**, che si concentrano su un solo argomento.

7. Usare le carte

Per usare una carta bisogna:
▶ **leggere** con attenzione la scala e la legenda;
▶ **orientare** la carta correttamente, cioè girarla in modo che i punti cardinali rappresentati si trovino nella stessa direzione dei punti cardinali della realtà.

Un **navigatore satellitare**, grazie alla tecnologia del GPS, può stabilire la nostra posizione, farcela vedere su una mappa e calcolare il percorso per arrivare alla destinazione verso cui siamo diretti.

Per costruire le carte geografiche sono molto utili le fotografie aeree.

8. Fotografie e telerilevamento

L'**aerofotogrammetria** (fotografie scattate da aerei) e il **telerilevamento** (immagini prese da satelliti) permettono di avere una visione del territorio utile per lo studio della geografia.
▶ Le **fotografie panoramiche e aeree** permettono di vedere dall'alto gli elementi naturali e umani del paesaggio. Se scattate dall'aereo a intervalli regolari forniscono le informazioni utili per la costruzione di carte geografiche.
▶ Le **immagini satellitari** possono rappresentare superfici molto vaste e sono utili per osservare l'evoluzione nel tempo di una parte di superficie terrestre. I satelliti possono rilevare anche la temperatura e altre caratteristiche del territorio non visibili a occhio nudo.

9. I dati statistici

La geografia studia la realtà anche attraverso dati quantitativi.
▶ I **dati assoluti** sono numeri che indicano la grandezza totale di un fenomeno e servono per capirne le dimensioni.
▶ I **dati relativi** servono a fare confronti, a vedere le proporzioni fra le parti del fenomeno.
I dati si raccolgono in tabelle.

Per visualizzare i dati si possono usare i grafici.

10. I grafici

I grafici sono disegni che si realizzano a partire dai dati statistici e che permettono di vedere a colpo d'occhio le caratteristiche più importanti del fenomeno analizzato.

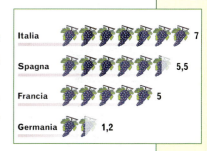

I grafici più usati sono di 4 tipi:
▶ gli **istogrammi**, per confrontare dati assoluti;
▶ gli **areogrammi**, per rappresentare le diverse parti che compongono un fenomeno;
▶ gli **ideogrammi**, per una lettura veloce del contenuto;
▶ i **diagrammi cartesiani**, per rappresentare l'andamento di un fenomeno nel tempo.

Capitolo 1 **Gli strumenti**

Mettiti alla prova

Le parole

1 Completa il disegno con i seguenti termini:
asse terrestre • Equatore • meridiano di Greenwich • Polo nord • Polo sud

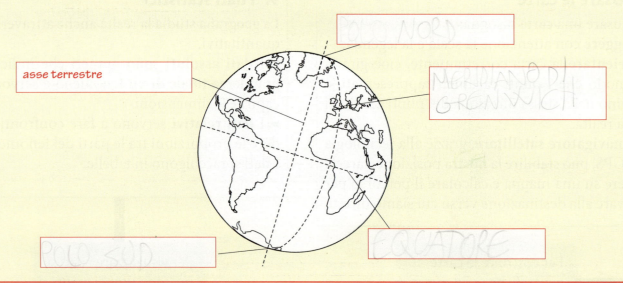

Labels filled in: POLO NORD, MERIDIANO DI GREENWICH, asse terrestre, POLO SUD, EQUATORE

2 Completa il disegno con i seguenti termini:
est • nord • ovest

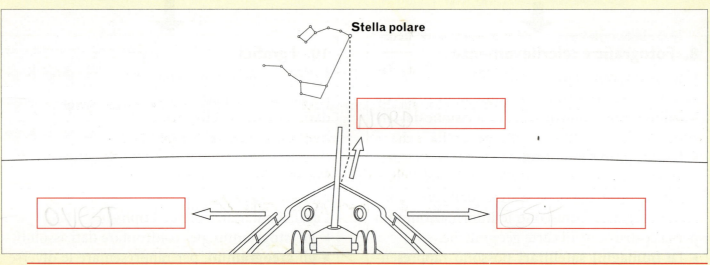

Labels filled in: NORD, OVEST, EST

3 Collega con frecce i termini e le definizioni date.

a. latitudine	1. Insieme di meridiani all'interno dei quali, per convenzione tra gli uomini, si stabilisce una misurazione del tempo comune.
b. longitudine	2. Parallelo più lungo.
c. asse terrestre	3. Distanza di un punto dal meridiano di Greenwich misurata in gradi.
d. Equatore	4. Linea retta immaginaria che congiunge i poli.
e. fuso orario	5. Distanza di un punto dall'Equatore misurata in gradi.

4 **Completa la descrizione del percorso che Marco deve seguire per andare a casa di Luca.**
Usa soltanto i termini: destra • sinistra.

Quando Marco esce di casa gira a ...DESTRA..., all'incrocio 1 gira a ...SINISTRA..., al punto 2 gira a ...DESTRA..., all'incrocio 3 gira a ...SINISTRA...: ora la casa di Luca si trova alla sua ...DESTRA...

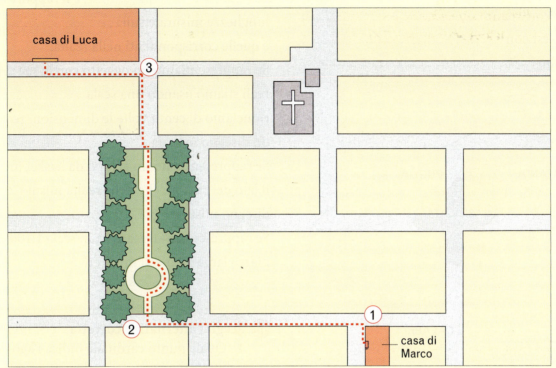

5 **Data la definizione, scrivi il termine specifico.**

a. NORD	Direzione indicata dalla stella polare.
b. SUD	Direzione indicata dal punto del cielo in cui il Sole si trova a mezzogiorno.
c. EST	Punto cardinale che corrisponde alla posizione del Sole all'alba.
d. OVEST	Punto dell'orizzonte in cui il Sole tramonta.
e. BUSSOLA	Disegno a forma di stella che mostra i punti cardinali.

6 **Dato il termine, scrivi la definizione.**

a. carta geografica ...RAPPRESENTA IL TERRITORIO...

b. legenda ...SERVE PER SPIEGARE IL TIPO DI ELEMENTO COM'È RAFFIGURATO...

c. scala ...RIDUZIONE DI UNA MAPPA...

d. isoipse ...CURVE DI LIVELLO...

Capitolo 1 Gli strumenti

I concetti

7 Osserva la carta e completa le frasi.
La Basilicata è una regione dell'Italia meridionale che confina
a. a ovest con ......CAMPANIA......;
b. a nord-est con ......PUGLIA......;
c. a sud con ......CALABRIA......

8 Vero o falso?

a. I paralleli hanno tutti la stessa lunghezza.	V	F
b. I meridiani hanno tutti la stessa lunghezza.	V	F
c. Nelle carte geografiche il Nord è sempre in basso.	V	F
d. Le carte corografiche hanno molti dettagli.	V	F
e. Le coordinate geografiche sono la latitudine e l'altitudine.	V	F
f. Le curve di livello servono per rappresentare sulla carta l'altitudine.	V	F
g. L'asse terrestre è una linea curva.	V	F
h. Meridiani e paralleli sono linee curve.	V	F
i. I fusi orari sono 36.	V	F
l. Latitudine e longitudine si misurano in gradi.	V	F

9 Completa utilizzando i seguenti termini:
1:1 • 1:100 • carta • centimetri • millimetri • scala

La ......SCALA...... è il rapporto fra le lunghezze misurate sulla ......CARTA...... e quelle corrispondenti nella realtà.
Se rappresentiamo un oggetto con le sue dimensioni reali stiamo usando una scala ......1:1......; se riduciamo di cento volte le dimensioni reali avremo un disegno in scala ......1:100......
Se rappresentiamo un campo da basket in scala 1:100, il lato del campo, che nella realtà misura 28 metri, nel disegno misurerà 28 ......CENTIMETRI......
Se rappresentiamo una città in scala 1:10000, una piazza larga 50 metri misurerà 5 ......MILLIMETRI......

10 Scegli l'alternativa corretta.
1. Quale punto cardinale indica l'ago della bussola?
A nord
B sud
C est

2. In quale tipo di carta sono rappresentati i fiumi, i laghi e le montagne?
A tematica
B fisica
C politica

11 Scegli l'alternativa corretta.
1. A quale punto cardinale corrisponde il «levante»?
A nord   C est
B sud   D ovest

2. Quale fra queste carte contiene il minor numero di dettagli?
A pianta   C carta corografica
B carta topografica D carta geografica

Gli strumenti

12 Ricalca su carta da lucido la rosa dei venti del paragrafo 2. Vai alla carta dell'Italia nell'*Atlantino* in fondo al libro, colloca la rosa dei venti sul luogo dove vivi e osserva dove sono posizionate le seguenti città italiane.

Io vivo a	
	Rispetto al luogo dove vivo si trova in direzione
Roma	
Palermo	
Torino	
Bari	
Trieste	

13 Trova le coordinate geografiche approssimative delle seguenti località (e viceversa) usando la carta dell'Italia che trovi nell'*Atlantino* in fondo al libro.

Località	Latitudine	Longitudine
Roma	....	12° E
Venezia	45° N	....
....	44° N	8° E
....	44° N	12° E
....	38° N	16° E

14 Osserva il grafico a fianco e rispondi alle domande.

a. Come si chiama questo tipo di grafico? ....

b. Quale fenomeno fisico è rappresentato sull'asse verticale? ....

c. A Milano, qual è il mese più caldo? ....
Qual è la temperatura media di quel mese? ....

d. Qual è il mese più freddo? ....
Qual è la temperatura media di quel mese? ....

e. In quale mese la temperatura media è di 20°C? ....

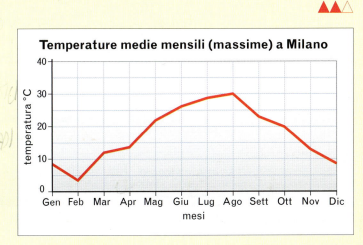

Temperature medie mensili (massime) a Milano

15 Costruisci un grafico che rappresenti in modo efficace i seguenti dati.

Laghi	Superficie (km²)
Garda	370
Maggiore	212
Como	146
Trasimeno	128
Bolsena	115

Capitolo 1 **Gli strumenti**

16 Utilizzando la carta, calcola la distanza approssimativa in linea d'aria fra le seguenti città.

Città di partenza	Città di arrivo	Distanza sulla carta misurata con un righello	× .... (rapporto di riduzione)	Distanza approssimativa nella realtà
Milano	Torino	.... cm	= .... cm	= .... km
Bologna	Firenze	.... cm	= .... cm	= .... km
Pisa	Ancona	.... cm	= .... cm	= .... km
Trieste	Venezia	.... cm	= .... cm	= .... km
Genova	Perugia	.... cm	= .... cm	= .... km

17 Disegna la mappa della tua stanza seguendo questo procedimento:

a. misura la tua stanza (in metri);
b. trasforma le misure in centimetri;
c. scegli la scala di riduzione (1:50 o 1:100);
d. disegna il perimetro della stanza, aiutandoti con un righello;
e. inserisci nel disegno il letto e gli altri mobili, anch'essi in scala.

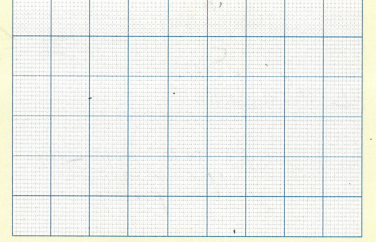

18 **Sei tu il geografo.** È utile formarsi una mappa mentale di un territorio creando carte, anche se schizzate in modo approssimativo.
Osserva per 10 secondi una carta dell'Italia (per esempio nell'*Atlantino* in fondo al libro). Disegna una mappa mentale dell'Italia e indica su di essa la posizione di Roma, Milano, Palermo e del luogo dove vivi.

19 Sai rispondere?

Orientamento

a. Che cosa significa orientarsi?
b. Quali sono i punti cardinali?
   1. ....
   2. ....
   3. ....
   4. ....
c. Come si trovano i punti cardinali con il Sole?
d. Come si trovano i punti cardinali con le stelle?
e. Come si localizza un punto sulla superficie terrestre?
f. Quale unità di misura si usa per la latitudine e la longitudine?
g. Che rapporto c'è fra i fusi orari e la longitudine?

Le rappresentazioni del territorio

h. Quali sono le caratteristiche delle carte geografiche?
   1. ....
   2. ....
   3. ....
   4. ....
i. Perché le carte hanno sempre una scala?
l. Perché le carte hanno sempre una legenda?
m. Come sono orientate di solito le carte geografiche?

n. Quali tipi di carta si distinguono in base alla scala?
   1. ....
   2. ....
   3. ....
   4. ....
o. Quali tipi di carta si distinguono in base al contenuto?
   1. ....
   2. ....
   3. ....
p. A che cosa servono le fotografie in geografia?
q. A che cosa servono le immagini satellitari?

Dati statistici e grafici

r. Che cos'è la statistica?
s. Qual è la differenza fra un valore relativo e un valore assoluto? Fai un esempio.
t. Quali tipi di grafici conosci?
   1. ....
   2. ....
   3. ....
   4. ....
u. Quale grafico è più adatto per rappresentare un fenomeno che si evolve nel tempo?

A — Il paesaggio

Capitolo 2
I fattori che modificano il paesaggio

Per orientarti nel capitolo

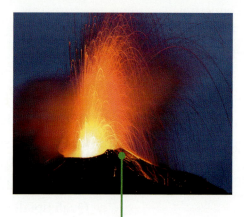

Nel **paragrafo 1**: i paesaggi presentano forme naturali, come le montagne, e forme prodotte dagli esseri umani, come le case e le strade.

Nel **paragrafo 2**: ci sono fenomeni naturali che hanno origine all'interno della Terra e possono modificare il paesaggio, per esempio le eruzioni vulcaniche.

Nel **paragrafo 3**: ci sono fenomeni naturali che avvengono sulla superficie terrestre e che ne modellano le forme, come fanno le piogge o le acque dei fiumi.

La spiaggia di Mezzavalle, a nord del promotorio del Conero (Ancona).

A — Il paesaggio

VIDEO NELLE RISORSE DIGITALI

Prima di iniziare lo studio del capitolo puoi guardare il video e scoprire quali sono gli argomenti che affronteremo. Alla fine del video troverai una mappa del capitolo; ricopiala e usala per orientarti durante lo studio.

Nei **paragrafi 4** e **5**: la temperatura e gli altri agenti atmosferici che modificano un paesaggio sono anche elementi del clima di quel luogo. Il clima è influenzato da molti fattori, come l'altitudine.

Nel **paragrafo 6**: gli esseri umani modificano il paesaggio, per esempio costruendo città e strade che le collegano.

Nel **paragrafo 7**: alcune attività umane danneggiano gli ambienti naturali, per esempio inquinando l'aria.

Capitolo 2 **I fattori che modificano il paesaggio**

1. Le forme del paesaggio

Uno dei modi più semplici, che tutti possiamo sperimentare, per cominciare a studiare l'ambiente che ci circonda, è osservare il paesaggio. Conoscere il paesaggio significa studiare le sue forme, cioè la sua morfologia.

Le principali **forme del paesaggio** sono i rilievi, i mari, i fiumi, le aree urbane (come le città), le aree rurali (come la campagna). Alcune sono **naturali**, altre sono legate all'azione degli uomini.

In ogni paesaggio infatti è possibile vedere il risultato dell'azione di *fattori naturali* e *fattori antropici*. (figura A).

I **fattori naturali** si possono suddividere in *forze endogene*, che provengono dall'interno della Terra e sono responsabili per esempio del sollevamento delle montagne, e *forze esogene*, che hanno origine all'esterno della Terra e la modificano, come i fiumi che scavano le valli.

I **fattori antropici** derivano dal bisogno degli esseri umani di modificare l'ambiente naturale per soddisfare le proprie necessità primarie di nutrirsi e ripararsi dalle intemperie: gli uomini lavorano i terreni per l'agricoltura e l'allevamento, scavano nel sottosuolo per ricavarne materiali, costruiscono abitazioni ed edifici necessari per il lavoro e il commercio, li collegano costruendo strade.

Mentre le forze della natura agiscono sui paesaggi terrestri nel corso di milioni di anni e le specie viventi possono adattarsi, l'intervento dell'uomo può provocare in breve tempo grandi trasformazioni, alcune delle quali irreversibili, come quando ha causato l'estinzione di alcune specie animali.

Che cos'è l'ambiente?

L'ambiente è l'insieme degli elementi non viventi (cioè il suolo, l'aria, la luce, l'acqua) e degli esseri viventi (cioè gli animali, le piante e i microrganismi come i batteri), che caratterizzano un territorio.

Per esempio, la tua classe è un ambiente.

Canazei in Val di Fassa (Trento).

Impara le parole

Morfologia deriva dal greco *morfé* (= forma) e *lógos* (= ragionamento, studio).

Il termine **morfologia**:
– in geografia significa «studio delle forme del territorio»;
– in grammatica «studio della forma delle parole»;
– in biologia «studio delle forme degli esseri viventi».

Derivano dal greco anche:

endogeno da *endon* (= dentro) e *génos* (= nascita, origine),

esogeno da *exo* (= fuori) e *génos* (= nascita, origine),

antropico da *ánthropos* (= uomo), dal quale deriva anche **antropologia** (= studio dell'uomo).

Che cos'è l'ecologia?

In ogni ambiente tutti gli elementi sono legati fra loro da una rete di relazioni e ciascuno è necessario ad altri affinché l'ambiente sia in equilibrio (figura B).

La scienza che studia i legami fra i componenti di un ambiente si chiama **ecologia**.

L'ecologia non si occupa quindi dei singoli animali oppure delle singole piante, ma studia le loro relazioni all'interno di un **ecosistema**.

Per esempio, un lago o un bosco sono un ecosistema, all'interno del quale viventi e non viventi interagiscono e si modificano a vicenda.

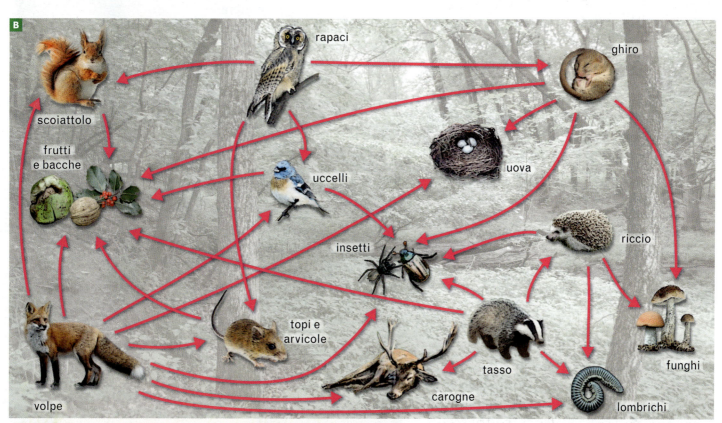

Rete alimentare che rappresenta l'ecosistema bosco: le frecce collegano ciascun vivente a ciò di cui si nutre.

Impara a imparare

1 Osserva la fotografia A e riconosci le forme naturali e quelle prodotte dagli uomini.

forme naturali: ....
....
forme prodotte dagli uomini: ....
....

2 Completa lo schema.

Ambiente ⎯⎯→ non viventi (per es. ....)
         ⎯⎯→ viventi (per es. ....)

▶ **Mappa dei concetti**

Mettiti alla prova

3 Completa le frasi.
Scegli tra i seguenti termini (uno è in più):
antropici • endogene • esogene • naturali

a. Le forze che provengono dall'interno della Terra sono chiamate ....

b. Le forze esogene e endogene sono fattori ....

c. I centri abitati sono elementi .... del paesaggio.

4 Scegli l'alternativa corretta.
L'ecologia studia

A i singoli animali o le singole piante di un ambiente

B le relazioni tra tutti i componenti di un ambiente

Capitolo 2 I fattori che modificano il paesaggio

2. I fenomeni che hanno origine all'interno della Terra

La Terra ha una superficie solida e fredda – detta *crosta* – suddivisa in *placche* che sono in continuo e lento movimento perché «galleggiano» sul *magma* (roccia fusa). Il magma si trova a decine di kilometri sotto il livello del suolo ed è allo stato fluido a causa della temperatura molto alta che c'è all'interno della Terra.

I movimenti del magma nel sottosuolo e i conseguenti spostamenti delle placche sono la causa dei *fenomeni endogeni*:
- l'**orogenesi**, cioè la formazione delle montagne,
- le **eruzioni vulcaniche**,
- i **terremoti**.

La formazione delle montagne è un processo che richiede milioni di anni; ne riparleremo più avanti. Vediamo come avvengono i terremoti e le eruzioni vulcaniche.

Che cos'è un'eruzione vulcanica?

Le eruzioni vulcaniche sono fuoriuscite di **magma** che, attraverso un'apertura della crosta terrestre, risale in superficie (figura A). Il magma risale in un **condotto vulcanico** perché è più leggero delle rocce solide che lo circondano; prima di uscire, si accumula in una **camera magmatica** a pochi kilometri di profondità, poi esce dal **cratere** sotto forma di lava, ceneri, lapilli, vapore e gas.

Le **eruzioni** sono *effusive* se la lava è fluida ed esce lentamente; sono *esplosive* se la lava non è fluida ed esce con violenza. Le eruzioni esplosive sono le più pericolose.

I materiali che fuoriescono a ogni eruzione formano strati, che si solidificano e si sovrappongono agli strati delle eruzioni precedenti lungo i fianchi del cratere. Perciò molti rilievi vulcanici hanno una forma a cono.

Ai vulcani sono associati altri *fenomeni secondari*, come i **geyser**, le **sorgenti termali** e le **fumarole**, provocati dal magma caldo presente nel sottosuolo.

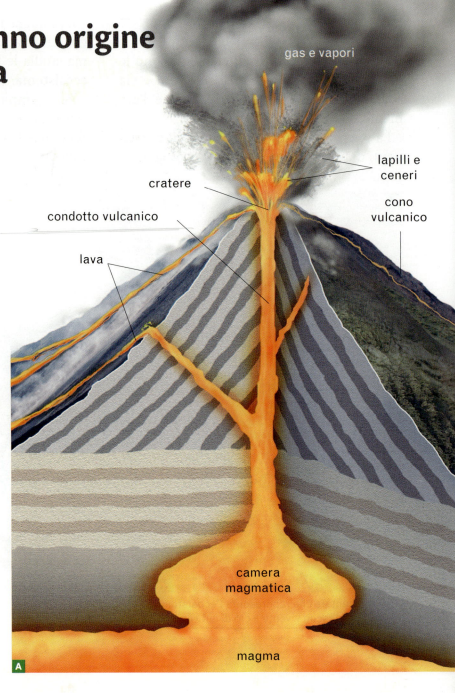

A

Impara le parole

Orogenesi deriva dal greco *óros* (= rilievo) e *génesis* (= origine).
Da *óros* deriva anche **orografia** (= descrizione dei rilievi).
Da *génesis* derivano anche **genealogia** (= scienza che studia i rapporti di parentela) e albero **genealogico** (lo schema a forma di albero che rappresenta le origini familiari di una persona).

Terremoto si usa in senso figurato anche per indicare una persona molto vivace.

Vulcano nell'espressione «vulcano di idee» è usato per indicare una persona molto creativa.

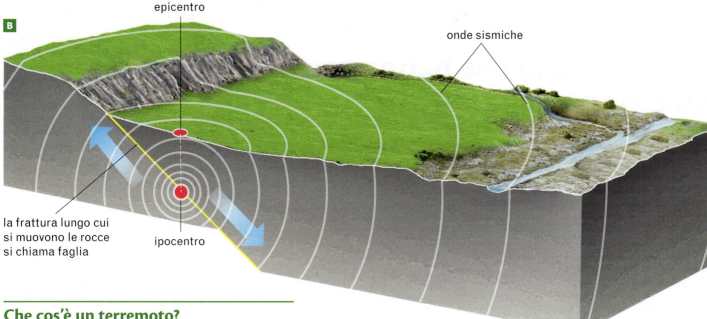

Che cos'è un terremoto?

Un terremoto (o sisma) è una vibrazione del terreno che si verifica quando nel sottosuolo le rocce si spaccano o scorrono tra loro all'improvviso, a causa delle spinte dovute ai movimenti della crosta terrestre (figura B).

Le vibrazioni chiamate **onde sismiche** partono da un punto sotterraneo, detto *ipocentro*, poi si propagano in tutte le direzioni e raggiungono la superficie terrestre in un punto detto *epicentro*: lì il terremoto è più forte e da lì le onde sismiche si diffondono perdendo gradualmente intensità.

Se il terremoto si verifica sul fondo del mare il movimento del fondale può provocare un'onda gigantesca che diventa sempre più alta man mano che si avvicina alla costa (figura C). Questo fenomeno si chiama maremoto o – in giapponese – **tsunami**.

Impara a imparare

1 Completa l'elenco dei fenomeni endogeni:

• ....

• ....

• ....

2 Dopo aver letto il testo osserva la figura A e cerchia i nomi delle parti del vulcano.

- **Mappa dei concetti**
- **Video: Come avviene l'eruzione**
- **Video: Come si verifica un terremoto**

Mettiti alla prova

3 Completa le frasi.
Scegli tra i seguenti termini:
effusiva • esplosiva • un'eruzione • un terremoto

Quando il magma esce dalla crosta terrestre avviene ....

Se nel sottosuolo la roccia si rompe e si muove all'improvviso, accade ....

Se la lava fuoriesce in modo violento, l'eruzione è ....

4 Vero o falso?
L'ipocentro è il punto sotterraneo da cui partono le onde sismiche.   V F

Capitolo 2 **I fattori che modificano il paesaggio**

3. I fenomeni che hanno origine all'esterno della Terra

▶ Le *forze esogene* sono quelle che agiscono dall'esterno sulla superficie terrestre.

Queste forze sono visibili nell'azione degli **agenti atmosferici** (gli sbalzi di temperatura, il vento, le precipitazioni) e dell'**acqua** (i fiumi, i ghiacciai, il mare) che modificano continuamente il paesaggio.

Mentre le forze endogene hanno una funzione prevalentemente costruttiva, le forze esogene hanno funzione prevalentemente distruttiva. Esse infatti sono in grado di disgregare non solo il terreno, ma anche le rocce più resistenti della crosta terrestre.

▶ La demolizione operata dagli agenti atmosferici e dall'acqua si chiama *erosione*. Il materiale eroso – i *detriti* – viene trasportato dall'acqua o dal vento. Il *trasporto* termina con il *deposito* dei materiali e il loro accumulo, come avviene a sabbia e ghiaia nei tratti in pianura dei fiumi (figura A).

Gli agenti atmosferici, i fiumi, i ghiacciai e i mari sono in grado, nel tempo, di modificare la superficie terrestre, *modellando* nuove forme del rilievo. Queste derivano, a seconda dei casi, dall'erosione o dall'accumulo di detriti.

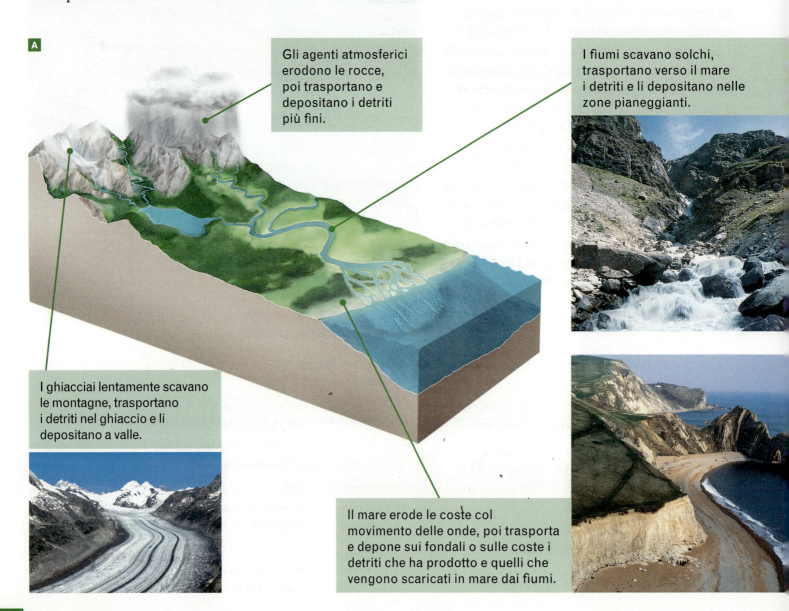

A

Gli agenti atmosferici erodono le rocce, poi trasportano e depositano i detriti più fini.

I fiumi scavano solchi, trasportano verso il mare i detriti e li depositano nelle zone pianeggianti.

I ghiacciai lentamente scavano le montagne, trasportano i detriti nel ghiaccio e li depositano a valle.

Il mare erode le coste col movimento delle onde, poi trasporta e depone sui fondali o sulle coste i detriti che ha prodotto e quelli che vengono scaricati in mare dai fiumi.

In che modo gli agenti atmosferici modificano il paesaggio?

1. Gli **sbalzi di temperatura** modificano il volume delle rocce: il caldo provoca la dilatazione, il freddo provoca invece una riduzione del volume. L'alternarsi di queste dilatazioni e contrazioni porta la superficie esterna delle rocce a sbriciolarsi e scivolare a valle (figura B).

Ai cambiamenti di temperatura è collegato un altro fenomeno molto importante: il gelo e il disgelo. Quando la temperatura si abbassa sotto lo zero (ad esempio, in inverno di notte), l'acqua che si trova nelle fessure delle rocce si trasforma in ghiaccio e aumenta di volume. Premendo sulle pareti rocciose, provoca fratture e distacchi, che sono visibili quando il ghiaccio si scioglie.

2. Anche il **vento** erode i rilievi: sollevando sabbie, detriti o neve, agisce lentamente come una lima, cioè leviga e consuma le rocce (figura C). I detriti che vengono abbandonati dal vento possono avere diverse forme, come le dune del deserto.

3. Le **precipitazioni** (pioggia, neve e grandine) attaccano la superficie delle rocce e possono sciogliere alcuni minerali che le compongono. Per esempio, le rocce ricche di calcare si sciolgono facilmente a contatto con l'acqua piovana; si formano così le grotte. I suoli ricchi di argilla sono invece impermeabili: l'acqua non filtra ma ristagna o scivola via se il terreno argilloso è in pendenza (figura D).

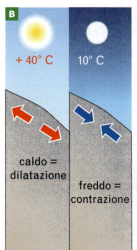

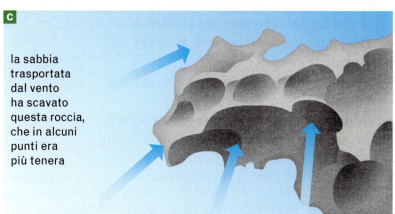
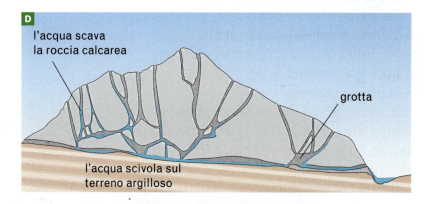

Impara a imparare

1 Metti nella relazione giusta queste parole: *forze endogene* • *forze esogene* • *funzione costruttiva* • *funzione distruttiva*

.... → ....

.... → ....

2 Rintraccia nel testo e copia in ordine logico le azioni delle forze esogene.

erosione → .... → ....

 **Mappa dei concetti**

Mettiti alla prova

3 Scegli l'alternativa corretta.
Gli sbalzi di temperatura possono

A frantumare la superficie delle rocce

B levigare la superficie delle rocce

4 Completa le frasi.
Scegli tra i seguenti termini:
Il deposito • *il mare* • *L'erosione* • *la montagna*

.... delle rocce crea detriti che vengono trasportati a valle. Per esempio, i fiumi trasportano i detriti verso ....

4. Gli elementi del clima

▶ Abbiamo visto che, fra le forze naturali esogene, gli agenti atmosferici (cioè la temperatura, il vento e le precipitazioni) hanno un ruolo importante nel modellamento della superficie terrestre. L'insieme delle condizioni atmosferiche che abitualmente si verificano in un luogo nel corso dell'anno, misurate per un periodo di molti anni, costituisce il **clima** di quel luogo.

Perciò possiamo dire che il clima modifica il paesaggio e che studiare il clima di un luogo ci aiuta a capire come si evolverà lì il paesaggio.

La scienza che studia il clima si chiama *meteorologia*.

▶ Per stabilire il clima di una zona occorre analizzare gli **elementi** che lo costituiscono (figura A):

- la **temperatura** (cioè il riscaldamento dell'aria),
- la **pressione** (cioè il peso variabile che l'aria esercita sulla Terra),
- la forza e la direzione dei **venti**,
- l'**umidità** (cioè la quantità di vapore acqueo presente nell'aria),
- le **precipitazioni**.

Gli elementi del clima sono gli stessi del *tempo atmosferico*, cioè quello che si verifica in un preciso momento, e sono tutti legati fra loro.

Il clima di una zona si può sintetizzare per mezzo di un grafico che visualizza i dati dei due elementi principali: la temperatura e le precipitazioni. Questo grafico si chiama *climatogramma* (figura B).

A elemento del clima	con che strumento si misura?	per esempio...
temperatura	termometro	se indica 30° C fa caldo
pressione	barometro	1028 millibar corrispondono all'alta pressione
venti	anemometro	20 km/h è la velocità di una brezza leggera
umidità	igrometro	se indica 90% è molto umido
precipitazioni	pluviometro	quando cadono 2 mm in un'ora la pioggia è debole

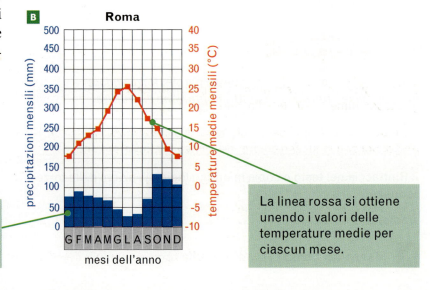

B Roma

Le colonne blu indicano le precipitazioni mese per mese.

La linea rossa si ottiene unendo i valori delle temperature medie per ciascun mese.

Che rapporto c'è fra temperatura, pressione e venti?

L'**aria calda** è più umida e leggera, perciò tende a muoversi verso l'alto e produce una zona con **bassa pressione**. L'**aria fredda** è più secca e più pesante, perciò tende a premere verso il basso e determina in tal modo un'**alta pressione** (figura C).

Il **vento** è lo spostamento di masse d'aria più pesanti da zone di alta pressione (dette *anticicloni*) a zone di bassa pressione (*cicloni*).

In genere nelle zone con bassa pressione il tempo è brutto, mentre nelle zone con alta pressione il tempo è stabile e soleggiato.

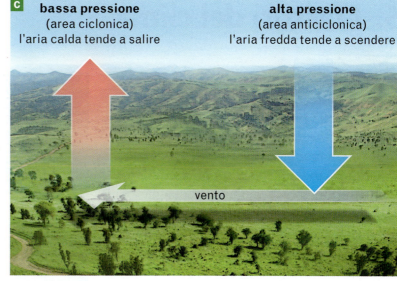

C bassa pressione (area ciclonica) l'aria calda tende a salire
alta pressione (area anticiclonica) l'aria fredda tende a scendere
vento

Che cosa sono le precipitazioni?

Quando l'umidità è alta, l'aria contiene molto vapore acqueo. Se quest'aria si raffredda, per esempio perché sale verso l'alto, il vapore si trasforma in acqua (*condensa*) e si formano tantissime minuscole goccioline che costituiscono le **nuvole**.

Quando le gocce d'acqua all'interno delle nuvole diventano più grandi e pesanti, cadono e così si hanno le **precipitazioni**, cioè la pioggia, la neve e la grandine (figura D).

D
- dove il terreno è più caldo l'aria riscaldata sale
- a una certa altezza il vapore acqueo dell'aria condensa e si forma la nuvola
- vento
- se il vento spinge la nuvola a salire ancora, si hanno le precipitazioni
- l'aria che scende dall'altra parte della montagna è secca e si scalda
- pioggia
- aria umida

1 — 2 — 3

Impara a imparare

1 Dopo aver letto il testo numera gli elementi del clima e inserisci gli stessi numeri nella tabella della figura A.

2 Rintraccia nel testo l'espressione «aria calda» e sottolineala in rosso; poi con lo stesso colore, sottolinea il comportamento di questo tipo di aria.
Rintraccia «aria fredda» e fai la stessa cosa usando il blu.

 Mappa dei concetti

 Video: Gli spostamenti d'aria sulla terra e sul mare

Mettiti alla prova

3 Scegli l'alternativa corretta.
Se tu volessi visitare Roma con un amico nel periodo meno piovoso, quale mese sceglieresti?

A gennaio   B luglio

4 Vero o falso?

a. Le nuvole si formano se l'aria che contiene il vapore acqueo si scalda. V F

b. L'aria calda e umida è più leggera dell'aria fredda e secca. V F

Capitolo 2 I fattori che modificano il paesaggio

5. I fattori del clima

Il clima varia da una zona all'altra in base a diversi **fattori**, cioè cause che lo determinano, fra cui i più importanti sono:
- la **latitudine**, cioè la distanza dall'Equatore: man mano che ci si allontana dall'Equatore si incontrano climi più freddi;
- l'**altitudine**: salendo su una montagna diminuisce la temperatura dell'aria;
- la **posizione dei rilievi**: le montagne possono impedire il passaggio delle nuvole influenzando le precipitazioni e inoltre ricevono più o meno calore in base a come vengono colpite dai raggi solari;
- la **distanza dal mare** o dagli oceani, che rendono il clima più mite.

Inoltre il clima è influenzato dalle *correnti marine*, dalla presenza di *vegetazione* e dalle *attività umane*.

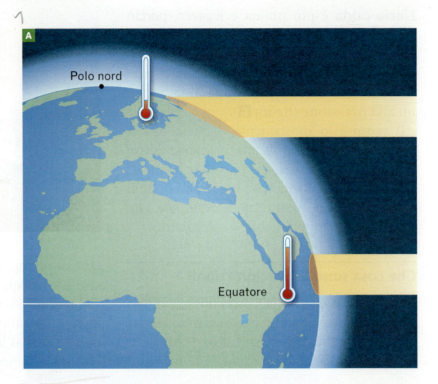

Perché la latitudine influenza il clima?

A causa della forma sferica della Terra, i raggi solari la colpiscono con diversa inclinazione a seconda della latitudine, determinando un maggiore o minore riscaldamento della superficie terrestre (figura A). All'Equatore i raggi giungono sempre perpendicolari e quindi scaldano di più; man mano che ci si sposta verso i poli, i raggi giungono sempre più obliqui e scaldano sempre di meno.

Perché l'altitudine influenza il clima?

Il calore che proviene dal Sole non riscalda direttamente l'aria: dopo aver attraversato l'atmosfera, viene immagazzinato dalla superficie terrestre e poi rilasciato dal basso (figura B). La Terra agisce cioè come un grande calorifero. Perciò l'aria è più calda negli strati inferiori e si raffredda quanto più aumenta l'altitudine, cioè l'altezza sul livello del mare: la temperatura diminuisce all'incirca di mezzo grado ogni 100 metri di altezza.

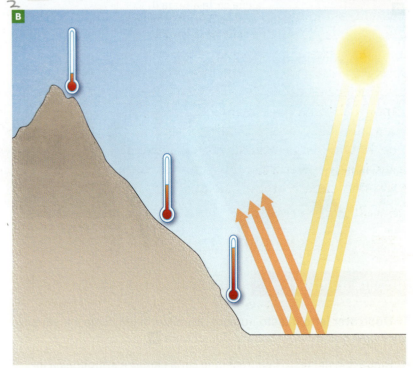

Impara le parole

Fattore deriva dal verbo «fare» e significa «che fa, che agisce». Ad esempio, il «fattore campo» nel linguaggio sportivo indica che ci sarà un vantaggio per chi gioca nel proprio campo perché ci sarà più tifo a favore.

Perché la posizione dei rilievi influenza il clima?

Le montagne ricevono un diverso riscaldamento a seconda dell'orientamento rispetto al Sole e hanno dunque un lato più soleggiato, quindi più caldo, e uno meno soleggiato, quindi più freddo (figura C).

Le catene montuose alte, inoltre, formano una barriera in grado di bloccare le masse d'aria umida in movimento e impedire il passaggio del brutto tempo dall'altra parte della catena. Perciò i grandi rilievi, come le Alpi, separano zone con climi differenti.

Perché la distanza dal mare influenza il clima?

L'acqua impiega più tempo del terreno per riscaldarsi e per raffreddarsi. Nelle località costiere, il mare rinfresca l'aria d'estate e la riscalda d'inverno (figura D). Il mare ha cioè un'*azione mitigatrice* sul clima.

Sulla costa quindi l'*escursione termica annua*, cioè la differenza fra la temperatura massima estiva e la temperatura minima invernale, è minore di quella che si registra nelle località continentali, lontane dal mare.

Inoltre il clima delle regioni costiere è influenzato dalla presenza di correnti marine: se una costa è bagnata da una corrente fredda, la temperatura si abbassa; se invece è bagnata da una corrente calda, la temperatura è più mite.

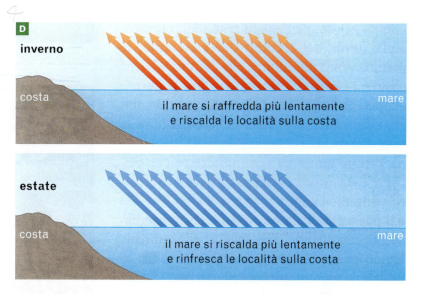

Impara a imparare

1 Rileggi il testo e numera i fattori del clima. Riporta il numero di ciascun fattore sulla figura che ne spiega il funzionamento.

2 Ricopia dal testo la definizione di:
escursione termica annua

MAPPA DEI CONCETTI

Mettiti alla prova

3 Inserisci *caldo* • *freddo* • *fresco* e motiva la tua risposta.

a. All'Equatore è più .... perché ....

b. Se aumenta l'altitudine, è più .... perché ....

c. Il versante sud di una montagna è più .... perché ....

d. D'estate vicino al mare è più .... perché ....

Capitolo 2 I fattori che modificano il paesaggio

6. I paesaggi modificati dall'uomo

L'uomo modifica da secoli l'ambiente per poter vivere in modo più sicuro e confortevole.

▶ Il **paesaggio rurale** o agrario è il risultato del lavoro dell'uomo che utilizza il terreno per praticare l'agricoltura e l'allevamento (figura A): è composto da campi coltivati, fossati e canali per irrigazione, vie di comunicazione, edifici residenziali e agricoli (come stalle e fienili) sparsi sul territorio.

I paesaggi agrari sono molti diversi l'uno dall'altro perché ogni luogo è più adatto ad alcuni tipi di coltivazione o allevamento. Ciò dipende principalmente dal clima e dalla forma del territorio. Per esempio, le pianure sono più idonee alle colture erbacee (come il grano o il riso). Le colline sono più adatte per i vigneti e i frutteti. I monti sono più adatti ai pascoli e alla silvicoltura (cioè la cura dei boschi). Inoltre ogni coltivazione ha propri tempi di semina, crescita e raccolto; pertanto il paesaggio agrario varia anche durante l'anno.

▶ Il **paesaggio urbano** è quello degli insediamenti umani che, fin dalle civiltà antiche, hanno preso la forma di città (figura B). È un paesaggio completamente artificiale, cioè prodotto dall'uomo: gli elementi che lo compongono sono gli edifici (come scuole, abitazioni, uffici, negozi) e le strade.

▶ I centri abitati sono collegati fra loro da **vie di comunicazione** (figura C) terrestri (strade, autostrade, ferrovie), fluviali, marittime, aeree. Per facilitare gli spostamenti, si costruiscono ponti, viadotti e trafori per superare fiumi, vallate e montagne.

Campi di cereali in Francia.

Berlino in Germania.

Viadotto in provincia di Salerno.

Impara le parole

Rurale deriva dal latino *rus* (= campagna) come nella parola **rustico** (= campagnolo).

Urbano deriva dal latino *urbs* (= città), come la parola **urbanistica** (= scienza che studia le caratteristiche delle città) e **urbanesimo** (= il fenomeno di aumento della popolazione che vive nelle città).

Quali sono le caratteristiche del paesaggio rurale?

Nel passato, prima dell'industrializzazione, poiché i trasporti erano difficoltosi, ogni agricoltore produceva quasi tutto ciò di cui aveva bisogno: cereali (come il grano), ortaggi, frutta, piante per produrre tessuti (come la canapa), foraggi per alimentare gli animali, piante da legname. Queste coltivazioni miste sono dette **colture promiscue** e danno al paesaggio agrario un aspetto vario e frammentato (figura D).

Con la meccanizzazione e il miglioramento dei trasporti, ogni zona si è specializzata invece nella produzione di un solo prodotto: quello che si produce con migliori risultati e si vende traendo maggiori guadagni. Queste coltivazioni sono chiamate **monocolture** e determinano un paesaggio uniforme, privo di siepi, muretti o filari di alberi per facilitare il lavoro dei mezzi meccanici.

Quali sono le caratteristiche del paesaggio urbano?

Gli insediamenti umani crescono se la loro **posizione** offre condizioni favorevoli. Le città più importanti si trovano in genere in pianura o su altopiani, sulle coste, lungo il corso dei fiumi, vicino a risorse naturali, all'incrocio di vie di comunicazione.

Nel tempo, le città mutano la propria **forma**. Il centro è il nucleo più antico della città, caratterizzato in genere da edifici storici e da vie strette; attorno a esso sorgono le periferie più moderne con ampie vie di collegamento. Se la città sorge sulla costa, il suo sviluppo sarà *lineare* (figura E). Se invece è una città di pianura, potrà avere uno sviluppo *radiale* lungo le principali vie di comunicazione.

Nelle città vi sono luoghi dove partono e arrivano le merci e le persone: stazioni ferroviarie, autostazioni, aeroporti, porti.

Paesaggio rurale in Germania.

Impara a imparare

1 Nel paragrafo evidenzia con due colori diversi gli elementi che compongono il paesaggio rurale e il paesaggio urbano.

2 Completa:

colture promiscue = paesaggio AGRARIO ....

monocultura = paesaggio UNIFORME ....

3 Sottolinea nel testo i luoghi più favorevoli per l'insediamento di una città.

 **Mappa dei concetti**

Mettiti alla prova

4 Vero o falso?

Il paesaggio urbano è completamente artificiale.   V   F

5 Completa le frasi.
Scegli tra i seguenti termini:
in pianura • in montagna • sulla costa

Una città si sviluppa più facilmente

IN PIANURA .

Le città che si trovano SULLA COSTA tendono a crescere in modo lineare.

Capitolo 2 **I fattori che modificano il paesaggio**

7. I problemi dell'ambiente

Nel corso dei secoli, l'uomo ha cambiato i paesaggi del nostro pianeta creando posti migliori in cui vivere: ha trasformato zone paludose o scoscese in pianure coltivabili, costruito porti in baie deserte, fondato città dove c'erano foreste. Lo sviluppo industriale, in particolare, ha portato un aumento della popolazione e un miglioramento delle condizioni di vita per una parte di questa, ma ha causato anche cambiamenti irreversibili in molti ambienti naturali, con conseguenze nocive per gli esseri viventi.

▶ In molte aree del pianeta esiste un grave problema di **inquinamento** dell'aria, delle acque e del suolo (figura **A**). I gas emessi dalle industrie, dagli impianti di riscaldamento e dai mezzi di trasporto inquinano l'aria. I fertilizzanti usati in agricoltura e i rifiuti scaricati nel terreno e nei mari inquinano le acque e il suolo. Tutto ciò provoca la **distruzione degli ambienti naturali**, a cui consegue la **perdita di biodiversità**, cioè la scomparsa di molte specie animali e vegetali che sono importanti per la sopravvivenza degli ecosistemi.

▶ Gli esseri umani devono trovare un modello di **sviluppo sostenibile**, cioè rispettoso dell'ambiente, per garantire le migliori condizioni di vita anche a chi abiterà la Terra nel futuro.

La protezione dell'ambiente richiede l'impegno di tutti per:

- la difesa degli ambienti e degli esseri viventi che li popolano;
- la riduzione dell'inquinamento;
- il riciclo e l'eliminazione dei rifiuti nella maniera meno inquinante;
- la produzione di energia elettrica a partire dalle fonti non inquinanti (come il Sole e il vento).

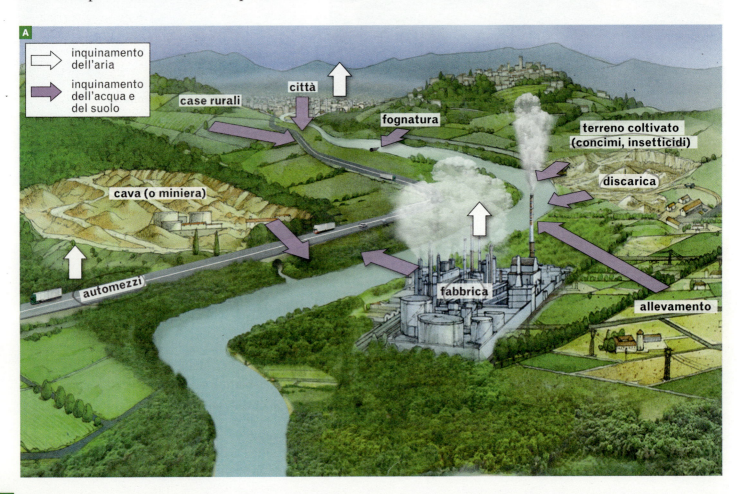

Le catastrofi naturali sono davvero solo naturali?

Precipitazioni molto abbondanti, soprattutto se concentrate in un breve periodo, possono causare frane e alluvioni. Alcuni interventi umani rendono più pericolosi questi fenomeni naturali.

Per esempio, abbattere gli alberi per ricavare spazio per l'agricoltura o per la costruzione di edifici significa privare il suolo di una difesa naturale contro le **frane** (figura B). Quando le piogge intense impregnano un terreno in forte pendenza, il suolo superficiale può scivolare a valle sotto forma di frana se non è più trattenuto dalle radici degli alberi (figura C).

Estrarre ghiaia e sabbia dal letto dei fiumi e costruire argini in cemento può provocare disastrose **alluvioni**, in caso di piogge abbondanti, perché la corrente del fiume non trova più «freni» naturali nei detriti rocciosi e vegetali che naturalmente i fiumi depositano lungo il loro corso (figura D).

- pioggia intensa
- le fronde degli alberi riparano il terreno dalla pioggia
- i muschi e l'erba del sottobosco trattengono l'acqua
- l'acqua scende lentamente a valle senza erodere il sottosuolo
- le radici rinforzano il terreno formando una rete che lo tiene unito

La vegetazione protegge il suolo dall'azione degli agenti atmosferici.

Il monte Zandila (Sondrio) dopo la frana del 1987.

Una strada di Uras (Sardegna centrale) durante l'alluvione del 2013.

Impara a imparare

1 Evidenzia nel testo della pagina precedente le principali fonti di inquinamento e ricercale nella figura A.

2 Numera le azioni necessarie per proteggere l'ambiente e pensa, per ciascuna di esse, a cosa potrebbe fare uno studente nel suo piccolo.

 MAPPA DEI CONCETTI

Mettiti alla prova

3 Vero o falso?
a. Gli alberi sono un'importante difesa contro le frane. V F
b. Il Sole è una fonte di energia non inquinante. V F
c. Non si può fare niente per evitare le alluvioni. V F

Capitolo 2 **I fattori che modificano il paesaggio**

A Uno sguardo d'insieme

1. Le forme del paesaggio

Le forme che costituiscono il paesaggio possono essere **naturali**, per esempio le montagne, oppure **prodotte dall'uomo**, per esempio le città.
Il paesaggio viene formato e modificato di continuo da:
- **fattori naturali**, che agiscono normalmente in tempi molto lunghi;
- **fattori antropici** (cioè azioni degli esseri umani), che spesso possono causare anche grandi trasformazioni in poco tempo.

I fattori naturali sono di due tipi:
- le forze che provengono dall'interno della Terra (forze *endogene*)
- le forze che provengono dall'esterno della Terra (forze *esogene*)

Ecco le azioni degli esseri umani che modificano il paesaggio.

6. I paesaggi modificati dall'uomo

Gli uomini cercano da sempre luoghi adatti dove svolgere le proprie attività e dove abitare.
- Modificano il **paesaggio agrario**, cioè della campagna, per poter praticare l'agricoltura e l'allevamento.
- Creano il **paesaggio urbano**, quello delle città.
- I luoghi nei quali si svolgono le attività umane sono collegati dalle **vie di comunicazione**.

Non sempre gli effetti delle azioni umane sono positivi per l'ambiente naturale.

7. I problemi dell'ambiente

Le modificazioni antropiche degli ambienti naturali possono avere **conseguenze negative**:
- l'inquinamento dell'aria, dell'acqua e dei suoli,
- la distruzione di ambienti naturali,
- la scomparsa di specie animali e vegetali.

Interventi umani errati possono anche provocare o accelerare catastrofi naturali come frane e alluvioni.
La salvaguardia dell'ambiente richiede l'impegno di tutti.

2. I fenomeni che hanno origine all'interno della Terra

Possiamo osservare l'effetto delle *forze endogene* nelle eruzioni vulcaniche, nei terremoti e nel lentissimo sollevarsi delle catene montuose.
- Un **terremoto** è una vibrazione del terreno che parte da un punto all'interno della Terra chiamato *ipocentro*.
- Un'**eruzione vulcanica** è la fuoriuscita di *magma* (roccia fusa) che proviene dall'interno della Terra. I vulcani sono le aperture da cui esce il magma.

3. I fenomeni che hanno origine all'esterno della Terra

Le *forze esogene* sono quelle che agiscono sulla superficie terrestre attraverso un'azione lenta e continua che comprende tre fasi: *erosione*, *trasporto* e *deposito* di detriti.
Possiamo osservare le forze esogene nell'azione:
- degli **agenti atmosferici** (sbalzi di temperatura, vento, precipitazioni);
- dell'**acqua**, sotto forma di fiumi, ghiacciai e mari.

La pioggia e gli altri agenti atmosferici che modificano un paesaggio sono anche elementi del clima di quel luogo.

4. Gli elementi del clima

Per conoscere il clima, occorre misurare i suoi principali **elementi**:
- temperatura,
- pressione,
- venti,
- umidità,
- precipitazioni.

5. I fattori del clima

Il clima di un'area è determinato da diversi **fattori**:
- latitudine,
- altitudine,
- posizione dei rilievi,
- distanza dal mare.

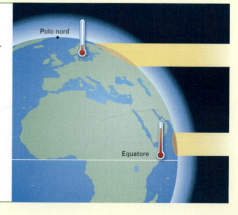

Capitolo 2 I fattori che modificano il paesaggio

Mettiti alla prova

Le parole

1 Completa il disegno con i seguenti termini:
deposito • erosione • trasporto

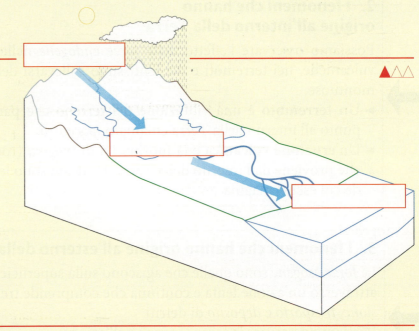

2 Completa il disegno con i seguenti termini:
camera magmatica • condotto vulcanico • cono vulcanico • cratere

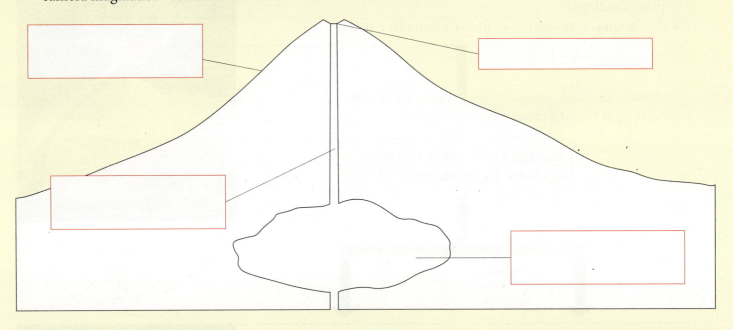

3 Collega con frecce i termini alle corrispondenti definizioni.

a. fattori antropici		1. Fuoriuscita violenta di lava non fluida.
b. eruzione effusiva		2. Punto sulla superficie terrestre dove il terremoto è più forte.
c. eruzione esplosiva		3. Lenta colata di lava fluida.
d. ipocentro		4. Azioni dell'uomo che provocano cambiamenti del paesaggio.
e. epicentro		5. Punto sotterraneo da cui si propagano le onde sismiche.

4. Data la definizione, scrivi il termine specifico.

a. ESOGENE	Forze naturali provenienti dall'esterno della Terra.
b. ENDOGENE	Forze naturali provenienti dall'interno della Terra.
c. FATTORI	Azione dell'uomo di modifica del paesaggio.
d. PRESSIONE	Differenza fra temperature massime e minime.
e. AGGLOMERATO	Azione distruttiva delle forze naturali sulla crosta terrestre.

5. Dato il termine, scrivi la definizione.

a. orogenesi INSIEME DEI FENOMENI GEOLOGICI

b. climatogramma GRAFICO DELLE PIOVOSITA

c. altitudine ALTEZZA

d. latitudine DISTANZA ANGOLARE DA UN PUNTO ALL'EQUATORE

I concetti

6. Completa i disegni inserendo nella posizione corretta:
più caldo • più freddo

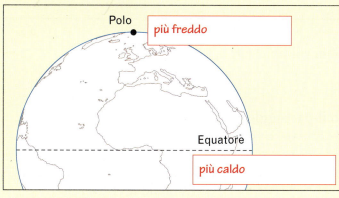

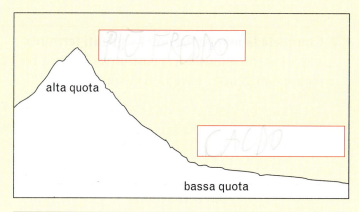

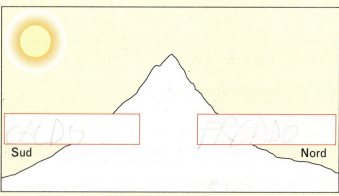

Capitolo 2 I fattori che modificano il paesaggio

7 Scrivi sotto a ciascuno strumento quale elemento misura. Scegli fra:
precipitazioni • pressione • temperatura • umidità • vento

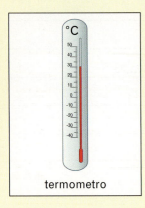
termometro

barometro

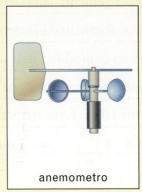
anemometro

igrometro

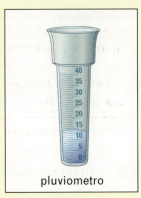
pluviometro

a. .... b. .... c. .... d. .... e. ....

8 Scegli l'alternativa corretta.

1. Le nuvole si formano quando una massa d'aria umida:
   - A si raffredda
   - B si riscalda

2. I terreni coltivati possono essere una fonte di inquinamento
   - A dell'acqua
   - B dell'aria

3. Nelle zone vicine al mare l'escursione termica annua è
   - A più grande
   - B più piccola

4. Le frane possono avvenire in caso di abbondanti precipitazioni su terreni
   - A in forte pendenza
   - B in leggera pendenza

9 Completa la mappa usando i seguenti termini:
acque • agenti atmosferici • costruttiva • distruttiva • eruzioni vulcaniche • natura • orogenesi • terremoti • uomo

Fattori che modificano il paesaggio

FORZE NATURALI:
azione della ....

FATTORI ANTROPICI:
azione dell' ....

ENDOGENE:
1 ....
2 ....
3 ....
azione ....

ESOGENE:
1 ....
2 ....
azione ....

10 Vero o falso?

a. Le forze esogene hanno una funzione costruttiva.	V	F
b. Solo il paesaggio agrario è naturale.	V	F
c. Un ambiente naturale è costituito solo da esseri viventi.	V	F
d. Il versante rivolto a nord è quello meno scaldato dal Sole.	V	F

e. Pioggia e vento possono erodere le rocce.	V	F
f. La temperatura aumenta con l'altitudine.	V	F
g. L'alta pressione porta brutto tempo.	V	F
h. La vicinanza del mare rende il clima più mite.	V	F
i. Le monocolture rendono il paesaggio agrario più uniforme.	V	F

A — Il paesaggio

11 Scegli l'alternativa corretta.

Una massa d'aria calda e umida è **leggera** / **pesante** e crea una zona di **alta** / **bassa** pressione.
Una massa d'aria fredda e secca è **leggera** / **pesante** e crea una zona di **alta** / **bassa** pressione.
Nelle zone con alta pressione il tempo è **bello** / **brutto**, nelle zone con bassa pressione il tempo è **bello** / **brutto**.
Il vento soffia dalle zone di **alta** / **bassa** pressione alle zone di **alta** / **bassa** pressione.

12 Scegli l'alternativa corretta.

1. Quale di questi elementi non fa parte del paesaggio rurale?
   - A casa isolata
   - B campo coltivato
   - C porto
   - D strada

2. Quale di questi non costituisce un elemento del clima?
   - A temperatura
   - B latitudine
   - C pressione
   - D umidità

13 Scrivi 3 didascalie che spieghino il processo illustrato nel disegno.

1 ....

2 ....

3 ....

Capitolo 2 I fattori che modificano il paesaggio

14 Collega i seguenti fenomeni e individua le relazioni corrette di causa/effetto. ▲▲▲

	Aggiungi il collegamento giusto (è la causa di, è la conseguenza di)	
a. Il movimento delle placche	è la causa di	presenza di rocce argillose impermeabili.
b. L'azione degli agenti atmosferici		eruzioni vulcaniche e terremoti.
c. Lo tsunami		sollevamento del fondale marino.
d. Il ristagno dell'acqua piovana e il suo scivolamento a valle		presenza di rocce calcaree solubili.
e. La penetrazione dell'acqua piovana nella roccia		erosione della crosta terrestre.

Gli strumenti

15 Costruisci due grafici, usando colori diversi, per rappresentare i dati relativi alle temperature medie mensili di Bologna e Ancona. Poi rispondi alle domande. ▲▲▲

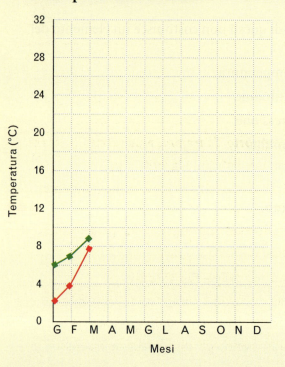

BOLOGNA

Temperatura (°C)	2	4	8	13	18	22	25	24	20	15	8	3
Mese	G	F	M	A	M	G	L	A	S	O	N	D

ANCONA

Temperatura (°C)	6	7	9	12	16	20	22	21	19	15	10	7
Mese	G	F	M	A	M	G	L	A	S	O	N	D

■ Bologna
■ Ancona

a. Qual è la temperatura media del mese più caldo? Bologna = ... Ancona = ...

b. Qual è la temperatura media del mese più freddo? Bologna = ... Ancona = ...

c. Calcola l'escursione termica annua. Bologna = ... Ancona = ...

d. Quale fattore del clima determina principalmente le differenze di temperatura fra le due città?

☐ latitudine ☐ altitudine ☐ vicinanza del mare

16 **Sei tu il geografo.** Osserva la fotografia dell'isola di Stromboli, in Sicilia. Poi indica quali forze naturali endogene ed esogene e quali fattori antropici hanno determinato il paesaggio attuale.

Forze naturali endogene	Forze naturali esogene
Fattori antropici	

17 Sai rispondere?

Il paesaggio e i fattori che lo modificano

a. Il paesaggio: da quali forme è composto?
 1. ....
 2. ....

b. Quali forze agiscono sul paesaggio modificandolo?

c. Quali forze naturali hanno una funzione costruttiva e quali una funzione distruttiva?

d. Quali sono i principali fenomeni naturali che hanno origine all'interno della Terra?
 1. ....
 2. ....
 3. ....

e. Quale collegamento esiste fra vulcani e terremoti?
f. Come avviene un'eruzione vulcanica?
g. Come avviene un terremoto?
h. Che cos'è e come si forma uno tsunami?
i. Quali sono i principali fenomeni naturali che hanno origine all'esterno della Terra?
 1. ....
 2. ....

l. Quali sono le conseguenze dell'azione degli agenti atmosferici sulla superficie terrestre?

Il clima

m. Quali sono gli elementi del clima?
 1. ....
 2. ....
 3. ....
 4. ....
 5. ....

n. Quale rapporto c'è fra pressione e temperatura?
o. Come agisce sul clima la latitudine?
p. Quale fattore del clima agisce principalmente sulle località costiere?
q. Quali fattori influenzano il clima delle località montane?

L'uomo modifica l'ambiente

r. Da quali elementi è composto il paesaggio rurale?
s. Che cosa si intende per sviluppo sostenibile?
t. Che ruolo hanno gli alberi nella difesa dalle frane?
u. Quali elementi dell'ambiente possono essere inquinati dalle attività umane?
 1. ....
 2. ....
 3. ....

Capitolo 3
I rilievi

Per orientarti nel capitolo

In questo capitolo vedremo che la superficie terrestre ha forme varie: montagne, colline, pianure e non solo. Nel loro complesso le strutture della crosta terrestre vengono chiamate rilievi.

Nel **paragrafo 1**: i diversi tipi di rilievo, per esempio le montagne e le colline, si distinguono in base all'altezza sul livello del mare e al modo in cui si sono formati.

Nel **paragrafo 2**: le montagne possono avere forme diverse e sono separate dalle valli che sono state scavate dai ghiacciai o dai fiumi.

Le Pale di San Martino nelle Dolomiti.

A — Il paesaggio

CIAK si impara! **VIDEO NELLE RISORSE DIGITALI**

Prima di iniziare lo studio del capitolo puoi guardare il video e scoprire quali sono gli argomenti che affronteremo. Alla fine del video troverai una mappa del capitolo; ricopiala e usala per orientarti durante lo studio.

Nel **paragrafo 3**: ci sono molti modi in cui può formarsi una pianura, ma il più comune è l'accumulo di detriti trasportati da un fiume.

Nel **paragrafo 4**: a ogni altitudine si trovano condizioni climatiche diverse e per questo motivo cresce una vegetazione differente, per esempio i cespugli bassi ad alta quota.

Nel **paragrafo 5**: gli esseri umani hanno modificato il paesaggio delle montagne e delle pianure, per esempio creando spazi per le industrie.

Capitolo 3 **I rilievi**

1. L'altezza e la formazione dei rilievi

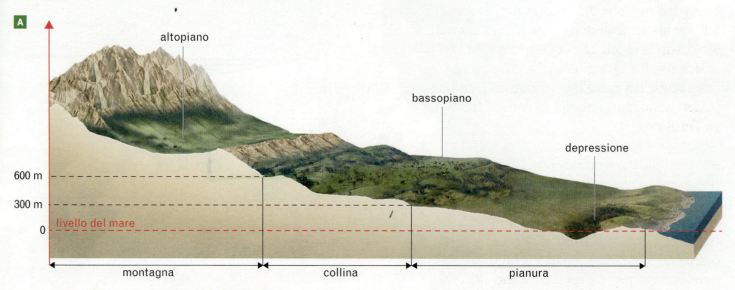

A

Mentre la superficie del mare si presenta piatta, quella delle terre emerse è molto varia e vi si possono riconoscere più forme: pianure, colline, bassopiani, altopiani, cime, massicci, catene montuose. Queste forme, nell'insieme, sono chiamate **rilievo**.

▶ L'**altezza** di un rilievo si misura in metri, calcolando la distanza verticale tra il livello del mare e il punto più alto (figura A). L'altezza sul livello del mare è detta *altitudine* oppure *quota*.

I geografi chiamano **montagne** i rilievi con un'altitudine superiore a 600 metri, mentre al di sotto dei 600 metri li chiamano **colline**. Un'area pianeggiante che si estende a una quota superiore ai 600 m si chiama *altopiano*.

▶ La **formazione delle montagne** (cioè l'*orogenesi*) risale a momenti diversi della storia della Terra: alcune sono molto antiche perché si sono formate centinaia di milioni di anni fa; altre sono più giovani perché si sono formate «solo» pochi milioni di anni fa. La maggior parte di esse deriva dal *sollevamento* della crosta terrestre provocato dalle forze endogene (figura B). Altre, invece, sono nate dalle *eruzioni vulcaniche*.

L'altezza di una montagna con il tempo può aumentare se il processo di sollevamento prosegue, oppure può diminuire in seguito all'erosione.

B La formazione di una montagna

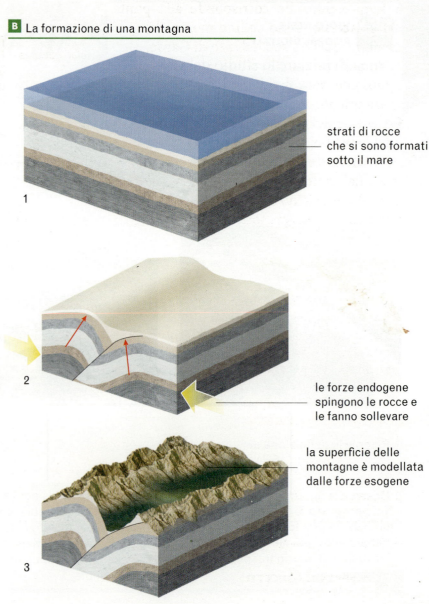

strati di rocce che si sono formati sotto il mare

le forze endogene spingono le rocce e le fanno sollevare

la superficie delle montagne è modellata dalle forze esogene

Come si formano le colline?

1. La maggior parte delle colline si forma a causa dell'**erosione** delle montagne (figura C). Gli agenti atmosferici, i fiumi e i ghiacciai attaccano la roccia che col tempo si sbriciola e cade a valle. Questi detriti sono portati via dalle acque dei ruscelli e dei fiumi. Le colline inglesi sono un esempio di colline formate dall'erosione.

Quando l'erosione crea un'area quasi pianeggiante a bassa quota (da 200 a 500 metri), questa è detta *bassopiano* (come le colline del Bassopiano Sarmatico in Russia).

2. Altre colline sono dette **moreniche** perché formate da *morene*, cioè da ammassi di detriti trascinati dai ghiacciai (figura D). Si riconoscono perché spesso hanno la forma a semicerchio che corrisponde alla punta del ghiacciaio. Sono colline moreniche, per esempio, quelle a sud del lago di Garda.

3. In qualche caso le colline si sono sollevate a causa dei movimenti della crosta terrestre: si chiamano colline **tettoniche** (figura E). Per esempio, hanno origine tettonica le colline delle Murge in Puglia.

4. Infine esistono le colline **vulcaniche**, formate dai crateri di antichi vulcani (come i Colli Albani vicino a Roma) o dalla spinta di una massa di magma sotterranea (figura F).

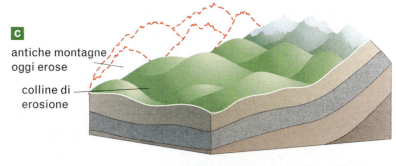

antiche montagne oggi erose
colline di erosione

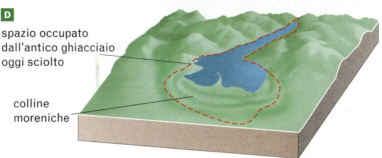

spazio occupato dall'antico ghiacciaio oggi sciolto
colline moreniche

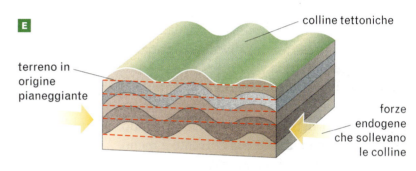

colline tettoniche
terreno in origine pianeggiante
forze endogene che sollevano le colline

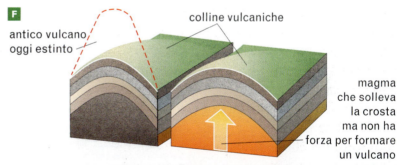

antico vulcano oggi estinto
colline vulcaniche
magma che solleva la crosta ma non ha forza per formare un vulcano

---

Impara le parole

Altitudine deriva dal latino *altitudo* (= altezza).

Tettonico è un aggettivo che si usa per tutti i fenomeni legati a movimenti della crosta terrestre. La **Tettonica** è la scienza che studia questi movimenti, dovuti alle forze endogene.

Impara a imparare

1 Ricopia la definizione di *orogenesi*: ....

2 Osserva la figura A e elenca i tipi di rilievo dal più alto. ....

Mappa dei concetti

Mettiti alla prova

3 Scegli l'alternativa corretta.
In seguito all'erosione, l'altezza di una montagna

A diminuisce.   B aumenta.

4 Completa le frasi.
Scegli tra i seguenti termini:
cresce • diminuisce • erosione • eruzione • sollevamento

Le montagne si possono formare per .... della crosta terrestre oppure in seguito a .... di un vulcano. Se il processo continua, la montagna .... ancora.

2. Le montagne

Le montagne sono i rilievi che superano i 600 metri di altitudine. In ogni montagna si distinguono diverse parti (figura A): il punto più alto si chiama *vetta* o *cima*, ma la parte alta può avere anche altri nomi a seconda della forma (dente, guglia, torre, pala ecc.).

La linea che unisce i punti più alti di un rilievo è detta *crinale*; essa separa i fianchi del rilievo (chiamati *versanti*, o *pareti* se sono molto ripidi). Il crinale è detto anche *spartiacque* perché separa le acque piovane che scendono lungo versanti opposti.

Dove il crinale si abbassa è più facile attraversare la catena montuosa: quel punto si chiama *valico* o *passo*.

Quando i fiumi scendono dai versanti delle montagne, scavano solchi nei rilievi, trasportano con sé i detriti e li depositano quando la pendenza diminuisce e la corrente è meno impetuosa: queste incisioni fra le montagne – a volte profonde – si chiamano *valli*.

Se le valli scendono perpendicolarmente rispetto alla direzione del crinale sono dette *valli trasversali;* se invece si sviluppano parallelamente al crinale sono dette *valli longitudinali*.

In base alla loro origine, si possono distinguere due tipi di valli.
- Le **valli a V**, o *valli fluviali*, sono scavate da un fiume che continua a scorrere al centro del fondovalle: hanno fianchi inclinati e fondo stretto.
- Le **valli a U**, o *valli glaciali*, sono state scavate da un ghiacciaio che in passato ha eroso i fianchi della montagna su tutti i lati, non solo nel fondo: il ghiaccio si è poi sciolto e ha lasciato una valle modellata con fianchi ripidi (quasi verticali) e fondo molto largo, dove talvolta scorre un fiume.

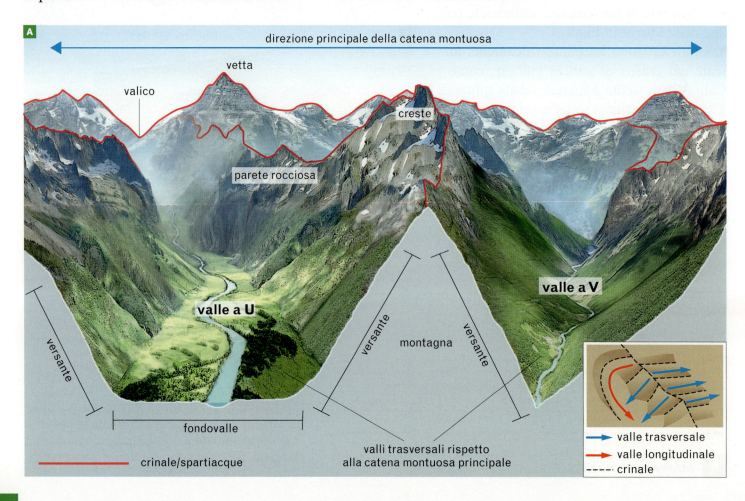

Che forma hanno le montagne?

Oltre ad avere diversa altezza, le montagne possono essere isolate, riunite in un massiccio con più cime, oppure formare catene.

La loro forma dipende da come si sono sollevate, dal tipo di roccia di cui sono fatte e dalle forze esogene che le hanno modellate. Le montagne più **antiche**, come quelle scozzesi (figura B), hanno subito più a lungo l'erosione quindi sono più basse e hanno cime più arrotondate. Invece, le montagne più **«giovani»**, come le Alpi (figura C), sono alte e hanno cime più aguzze.

Di quali rocce è fatta una montagna?

Le maggior parte delle montagne (fra cui le cime più famose delle Alpi) sono formate da **rocce ignee**, cioè da magma raffreddato, come il *granito*: hanno la forma di piramide con spigoli e pareti ripide (figura D).

Altre montagne, invece, sono formate da **rocce sedimentarie**, cioè strati di detriti che si sono depositati su fondali marini e nel corso di milioni di anni si sono trasformati in roccia. Alcune di esse – come la dolòmia di cui sono fatte le Dolomiti (figura E) – sono costituite quasi interamente da coralli.

Glen Coe, in Scozia.

Le Alpi.

Il Cervino, nelle Alpi.

Cima Pisciadù, nelle Dolomiti.

Impara a imparare

1 Evidenzia nel testo le parti principali di una montagna sottolineandole; poi individuale nella figura A.

 Mappa dei concetti

Mettiti alla prova

2 Completa la tabella con i seguenti termini:
aguzza • arrotondata • bassa • elevata

	montagne	
età	altitudine	forma
antica		
giovane		

Impara le parole

Montagna: spesso si associa all'aggettivo «impervia», cioè scoscesa.
«Una montagna» si usa anche in senso figurato, per indicare una grande quantità; per esempio, «una montagna di debiti» o «una montagna di soldi».

Ignee deriva dal latino *ignis* (= fuoco) e si riferisce alla temperatura del magma da cui queste rocce hanno avuto origine.

Sedimentarie deriva dalla sedimentazione (= deposito di sedimenti).
Il verbo **sedimentare** si usa anche per idee e ricordi che si depositano nella mente, in espressioni come «lasciamo sedimentare questa esperienza».

Capitolo 3 I rilievi

3. Le pianure

▶ Le pianure sono aree di bassa quota, sotto i 300 metri di altitudine, pianeggianti o lievemente ondulate e poco inclinate. Possono avere diversa origine.

La **pianura di erosione** (figura A) si è formata in seguito alla demolizione totale di antichissimi rilievi da parte dei fiumi, dei ghiacciai e del vento. Alcune di queste pianure costituiscono le parti più antiche della crosta terrestre.

La **pianura alluvionale** (figura B) si è formata in seguito all'accumulo, nel corso di milioni di anni, di grandi quantità di detriti trasportati dai fiumi, dal mare o dal vento. Le pianure alluvionali si formano nella parte meno ripida del corso dei fiumi e digradano in leggera pendenza dai piedi delle montagne verso il mare. Anche la *pianura costiera* è una pianura alluvionale che si estende avanzando verso il mare nel corso dei secoli, grazie al deposito di sedimenti fluviali sulla costa.

La **pianura vulcanica** (figura C) è formata dai materiali eruttati da un vulcano, in genere detriti fini, di colore scuro, che danno origine a terreni molto fertili.

La **pianura tettonica** (figura D) è dovuta al sollevamento o allo sprofondamento del terreno a causa dei movimenti della crosta terrestre (per esempio il Campidano in Sardegna o il Tavoliere in Puglia).

Esistono infine pianure *artificiali*, cioè create dagli esseri umani, per esempio in zone un tempo sommerse dal mare.

Se la pianura è a un livello inferiore di quello marino si chiama *depressione*.

▶ Le pianure sono le aree più popolate ed economicamente importanti della Terra, perché in pianura:
- in genere il suolo è fertile,
- l'acqua è abbondante per la presenza di fiumi,
- la costruzione degli insediamenti umani è più agevole,
- anche gli spostamenti sono più agevoli.

Pianura di erosione in Finlandia.

Pianura alluvionale in Inghilterra.

Pianura vulcanica, in Campania.

Pianura di origine tettonica, nel Tavoliere delle Puglie.

Come si forma una pianura alluvionale?

I detriti trasportati dai fiumi viaggiano in modo diverso a seconda delle dimensioni e vengono depositati in punti differenti del corso del fiume (figura E). Per questo motivo una pianura alluvionale è costituita solitamente da due zone, l'*alta* e la *bassa pianura* (figura F).

L'**alta pianura** si trova in genere da 300 a 100 metri di altitudine ed è formata dai depositi di detriti grossolani, che fiumi e torrenti montani depositano allo sbocco delle valli quando la brusca diminuzione di pendenza fa rallentare la corrente del fiume.

Il materiale più fine, e quindi più leggero,

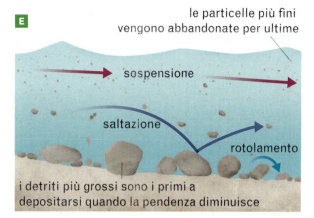

come sabbie e argille, viene invece trasportato più a lungo dal fiume e deposto nella zona detta **bassa pianura**, che ha un'altitudine inferiore a 100 m. Qui il terreno è più fertile e facilmente coltivabile.

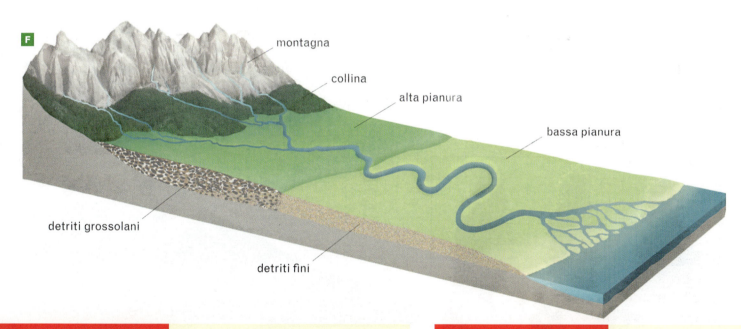

Impara a imparare

1 Dopo aver letto il testo, evidenzia e numera i diversi tipi di pianure; poi scrivi il numero corrispondente accanto a ciascuna fotografia.

2 Completa la tabella con: *100-300* • *<100* • *detriti fini* • *detriti grossi* • *meno fertile* • *più fertile*.

	altitudine (m)	formata da	fertilità
alta pianura			
bassa pianura			

3 Ricopia la definizione di *depressione*:

....

Mappa dei concetti

Mettiti alla prova

4 Scegli l'alternativa corretta.
Un'area pianeggiante o lievemente ondulata situata sotto i 300 metri di altitudine si chiama

A bassopiano
B pianura

Le pianure vulcaniche sono di solito

A molto fertili.
B poco fertili.

Le pianure sono aree molto popolate perché

A sono tutte artificiali, cioè create dall'uomo.
B sono fertili e ricche d'acqua e gli spostamenti sono facili.

4. La vegetazione

▶ La **vegetazione spontanea** varia con il variare delle *condizioni climatiche*: molte specie vegetali e animali vivono e si riproducono solo con certe condizioni di luce, temperatura, umidità e sono rarissime le specie in grado di adattarsi a diversi climi (una di queste è l'uomo).

Le piante dei climi freddi sono le *conifere*, che hanno le foglie ad ago (e sono perciò chiamate anche **aghifoglie**). Hanno rami disposti in forma compatta e allargata verso il basso, tronco ricco di resina per poter affrontare abbondanti nevicate e gelo.

Le piante dei climi caldi hanno foglie larghe (e sono perciò chiamate **latifoglie**) che cadono prima dell'inverno e una chioma molto ampia e aperta verso l'alto per assorbire più luce.

▶ La **vegetazione dei rilievi** varia quindi in base alle fasce climatiche che si trovano alle diverse altitudini (figura A).

A bassa quota troviamo le latifoglie; man mano che si sale prevalgono invece le aghifoglie, più adatte ad affrontare i rigori invernali. Salendo ancora, il freddo e il vento ostacolano la crescita degli alberi: il suolo è ricoperto di vegetazione bassa composta da erbe spontanee (*pascoli*) e cespugli; ancora più in alto crescono solo *muschi e licheni*. Sulle cime più elevate troviamo la roccia nuda.

▶ La vegetazione spontanea tipica di ogni territorio è stata sostituita nel corso dei secoli da piante utili per l'uomo: la pianura e la collina conservano pochissimi resti delle antiche foreste di latifoglie, oggi sostituite dalle coltivazioni.

abete — larice — pino silvestre
aghifoglie

castagno — faggio
latifoglie di bassa montagna

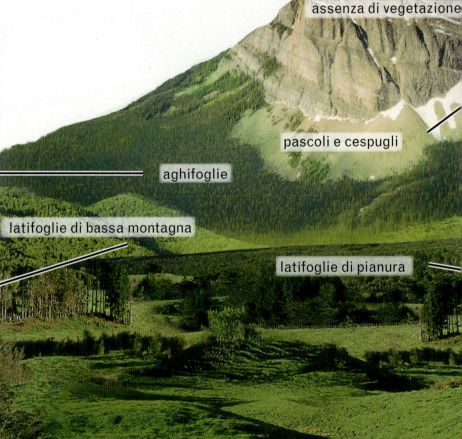

assenza di vegetazione
pascoli e cespugli
aghifoglie
latifoglie di bassa montagna
latifoglie di pianura

A

Quali terreni hanno scarsa vegetazione?

Talvolta anche a quote basse la vegetazione stenta a crescere.

Nei **rilievi calcarei** l'acqua penetra profondamente nella roccia, che è molto permeabile, perciò il suolo è arido e brullo (figura B).

Le **colline argillose**, al contrario, sono impermeabili; perciò l'acqua piovana non viene assorbita dal terreno e scivola via formando canaloni (i *calanchi*, figura C) sui quali solo pochissime piante riescono a crescere.

Zona carsica in Montenegro.

Calanchi in Toscana.

rododendro
pino mugo
cespugli

pioppo
quercia
latifoglie di pianura

Impara le parole

Vegetazione: un aggettivo tipico che si riferisce alla vegetazione è lussureggiante, che si usa se è molto rigogliosa.
Latifoglia deriva dal latino *latus* (= largo) più il nome «foglia».

Impara a imparare

1 Rileggi il testo e cerchia nella figura i tipi di vegetazione citati; numerali salendo dalla pianura alla montagna.

2 Scrivi la definizione di *calanco*.

....
....

▸ **Mappa dei concetti**

Mettiti alla prova

3 Scegli l'alternativa corretta.
Le foglie ad ago permettono agli alberi di:
A resistere meglio al freddo.
B assorbire più acqua.

4 Vero o falso?
I rilievi calcarei sono aridi e poveri di vegetazione. V F

Capitolo 3 **I rilievi**

5. I rilievi e l'uomo

▶ Le **zone montane** sono le meno adatte agli insediamenti umani. Nel passato sono state abitate da comunità che si dedicavano prevalentemente allo sfruttamento dei *boschi* e alla *pastorizia*.

Dove il terreno è in costante pendio, il fianco della montagna è stato scavato creando ampi gradini, chiamati *terrazzamenti*, per ricavare spazio pianeggiante più adatto all'agricoltura (figura A). I terreni coltivati si riducono più si sale in altezza a causa delle pendenze, della presenza di pareti di roccia e si riduce anche il numero delle piante coltivate, poiché ogni varietà non può maturare sopra una certa quota. Il *limite delle colture* corrisponde anche al limite degli insediamenti; quindi, man mano che aumenta l'altitudine, diminuiscono gli abitanti.

In montagna e in collina, in presenza di ostacoli naturali come pareti rocciose e fiumi, gli esseri umani hanno costruito collegamenti stradali e ferroviari con *viadotti* (figura B) e *ponti* che permettono di superare i dislivelli oppure hanno scavato *tunnel* che passano sotto le montagne per non salire fino al valico. Le strade che attraversano le montagne hanno un andamento a zig-zag (a *tornanti*) per essere meno ripide.

Oggi la montagna tende a spopolarsi, mentre crescono i centri abitati a fondovalle perché lì si concentrano le attività economiche e gli spostamenti sono più veloci.

▶ La **pianura** è stata completamente modificata dall'intervento umano (figura C). I terreni sono stati livellati perché in tal modo le macchine agricole operano meglio. Le zone umide sono state prosciugate costruendo canali artificiali per raccogliere le acque in eccesso. Strade, autostrade e ferrovie collegano le città che si allargano a macchia d'olio inglobando quelli che in passato erano paesi agricoli. Vicino alle grandi vie di comunicazione si estendono le aree industriali, artigianali e commerciali che man mano tolgono spazio alla campagna.

Vigne su terrazzamenti in Germania.

Viadotto nei Pirenei, in Francia.

Pianura Padana.

Quali luoghi sono più adatti agli insediamenti umani?

In passato le **colline** erano il luogo più adatto per l'insediamento umano (figura D) sia per le migliori possibilità di difesa in caso di attacco nemico, sia per il clima mite e ventilato che favorisce la coltivazione di molti prodotti agricoli. Vivere in **montagna** è sempre stato difficile, per il clima e soprattutto per l'asperità del terreno. D'altra parte la pianura era un territorio più esposto alle invasioni dei nemici e alle piene dei fiumi e la presenza delle paludi rendeva il clima malsano e l'agricoltura difficile.

Al giorno d'oggi, più del 70% degli italiani vive invece nelle **pianure** anche se esse occupano solo il 23% del territorio: i corsi d'acqua sono controllati da dighe e argini, le paludi sono state prosciugate, l'agricoltura è diventata più produttiva perché in pianura è agevole l'uso di macchine agricole e l'industria sfrutta le vie di comunicazione e gli spazi pianeggianti. In pianura quindi cresce l'urbanizzazione.

La città di Orvieto, in Umbria, è stata costruita nel Medioevo su un'altura.

Zone rurali alluvionate in Inghilterra.

Quali sono le conseguenze negative degli interventi umani?

Sui rilievi l'abbandono di centri abitati, boschi, terrazzamenti e la mancanza di manutenzione del suolo possono comportare diversi rischi, fra cui quello delle *frane*. Inoltre gli *incendi* (dovuti sia a cause naturali sia ad azioni irresponsabili) si diffondono più facilmente nei boschi abbandonati, perché fra i tronchi si sviluppa un fitto sottobosco che alimenta le fiamme.

In pianura sono possibili alluvioni che risultano particolarmente dannose se si è costruito troppo vicino ai fiumi (figura E).

Ma i danni ecologici principali derivano dalla distruzione degli ambienti naturali ricchi di vegetazione.

Impara a imparare

1 Rileggi il testo e completa l'elenco dei principali interventi dell'uomo in montagna:

terrazzamenti, ...

....

2 Rintraccia nel testo e fai un elenco dei motivi per i quali oggi la maggioranza degli italiani vive in pianura:

- ....
- ....
- ....
- ....

 **MAPPA DEI CONCETTI**

Mettiti alla prova

3 Completa le frasi. Scegli tra i seguenti termini:
l'agricoltura • l'altitudine • la latitudine • la pastorizia

In passato, le attività prevalenti in montagna erano lo sfruttamento dei boschi e .... È possibile praticare anche .... grazie ai terrazzamenti, ma i terreni coltivati diminuiscono con ....

Capitolo 3 **I rilievi**

A
Uno sguardo d'insieme

Il paesaggio

La superficie terrestre ha forme molto varie, che chiamiamo rilievi. I vari tipi di rilievo hanno altezze diverse, che si calcolano a partire dal livello del mare.

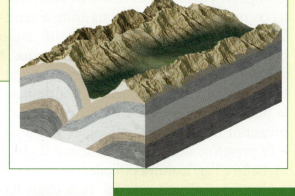

1. L'altezza e la formazione dei rilievi

In base all'**altezza** distinguiamo:
▶ le *montagne*, più alte di 600 m,
▶ le *colline*, con altitudine compresa fra i 300 e 600 m,
▶ le *pianure*, inferiori a 300 m.

Le **montagne** sono nate in momenti diversi della storia del nostro pianeta:
▶ la maggior parte si sono formate per il corrugamento della crosta terrestre,
▶ altre si sono formate in seguito ad eruzioni vulcaniche.

Le **colline** possono essere:
▶ *di erosione*, se sono resti di antiche montagne erose;
▶ *moreniche*, se derivano dall'accumulo di detriti portati dai ghiacciai;
▶ *tettoniche*, se si sono sollevate a causa dei movimenti della crosta;
▶ *vulcaniche*, se derivano da antichi vulcani consumati.

Vediamo quali sono le caratteristiche delle montagne e delle pianure.

2. Le montagne

Le **parti principali** di una montagna sono: la *vetta* e i *versanti*.
Tra una montagna e l'altra ci sono le **valli**, scavate
▶ dai fiumi (hanno una forma *a V*),
▶ dai ghiacciai (hanno una forma *a U*).

La **forma** delle montagne dipende anche
▶ dalla loro *età* (le montagne più giovani sono più alte e appuntite, le montagne più antiche sono più basse e arrotondate),
▶ dalle *rocce* che le compongono.

3. Le pianure

Una pianura può avere diverse **origini**:
▶ *di erosione*, se antiche montagne sono state completamente spianate;
▶ *alluvionale*, se è formata da detriti trasportati da un fiume;
▶ *vulcanica*, se è fatta di materiali eruttati da un vulcano;
▶ *tettonica*, se deriva da movimenti della crosta terrestre;
▶ *artificiale*, se è stata costruita dagli uomini.

La più comune è la **pianura alluvionale** in cui si distinguono l'*alta pianura*, formata da detriti grossolani, e la *bassa pianura* formata da detriti fini.

4. La vegetazione

La vegetazione spontanea che cresce sui rilievi varia a seconda delle **fasce climatiche** che si trovano alle diverse altitudini.
Partendo dalla pianura si incontrano:
▶ *latifoglie di pianura*, come il pioppo;
▶ *latifoglie di bassa montagna*, come il faggio;
▶ *aghifoglie*, come l'abete;
▶ *pascoli* e *cespugli*;
▶ *muschi* e *licheni*.
In pianura e in collina la maggior parte della vegetazione spontanea è stata sostituita da piante utili per gli uomini.

I rilievi sono caratterizzati da diverse condizioni climatiche alle diverse altitudini.

5. I rilievi e l'uomo

▶ Le **zone di montagna** presentano numerosi ostacoli naturali per gli insediamenti umani: la pendenza dei terreni, la difficoltà delle coltivazioni, i grandi dislivelli.
Le montagne sono state popolate soprattutto nel passato, mentre oggi i centri abitati si sono spostati da mezzacosta a fondovalle; i boschi e i pascoli in quota sono spesso abbandonati.
▶ L'uomo modifica di più l'ambiente delle **zone di pianura** perché è quello in cui si concentrano le attività umane. La crescita delle città, delle industrie e delle vie di comunicazione ha avuto conseguenze notevoli sull'ambiente.

Nel corso dei secoli l'uomo ha trasformato l'ambiente naturale della montagna, della collina e della pianura.

Capitolo 3 **I rilievi**

Mettiti alla prova

Le parole

1 Completa il disegno con i seguenti termini:
altopiano • crinale • valle • versante

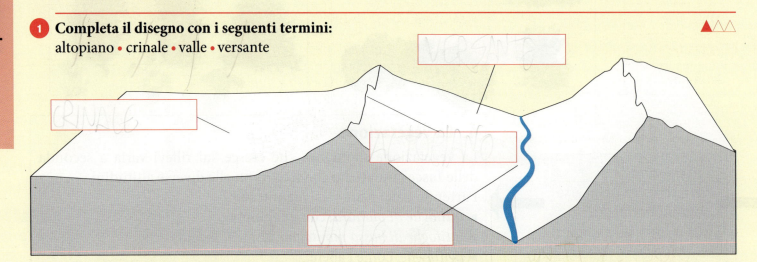

2 Completa i disegni con i seguenti termini:
terrazzamenti • tunnel • tornanti • viadotto.

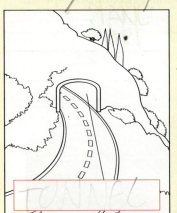 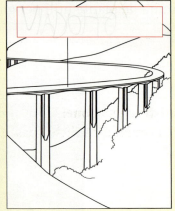 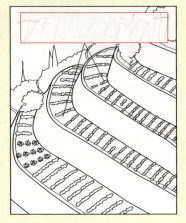 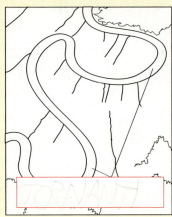

3 Osserva il disegno e colloca alla giusta altitudine i seguenti termini:
alta pianura • bassa pianura • collina • montagna

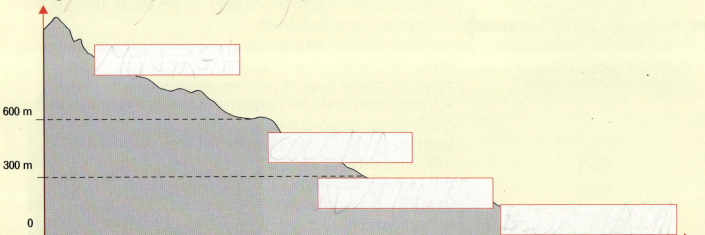

4 Collega con frecce i termini alle corrispondenti definizioni.

a. spartiacque	**1.** Fianco di un rilievo montuoso.
b. aghifoglia	**2.** Linea immaginaria che collega tutti i punti più elevati di un rilievo.
c. altitudine	**3.** Pianta a foglia larga che cresce a bassa quota.
d. versante	**4.** Distanza di un punto dal livello del mare.
e. latifoglia	**5.** Pianta con foglie ad ago adatta ai climi freddi.

5 Abbina a ciascuna pianta il nome corretto, scegli tra:
aghifoglie • cespuglio • latifoglie

a. CESPUGLIO   b. LATIFOGLIE   c. AGHIFOGLIE

6 Osserva il disegno e colloca alla giusta altitudine i tipi di vegetazione:
boschi di aghifoglie • boschi di latifoglie • campi coltivati • muschi e licheni • pascoli

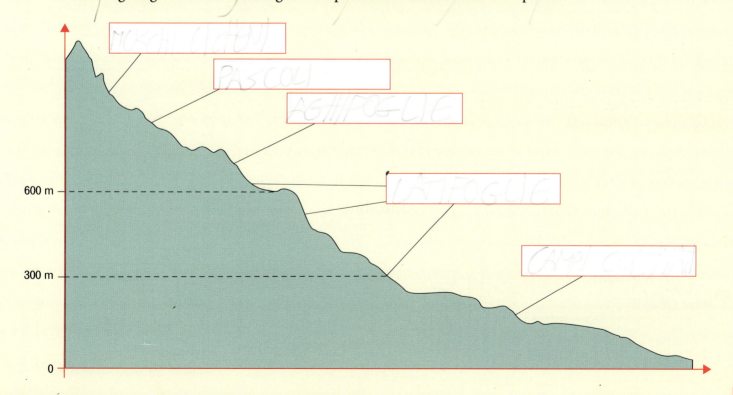

MUSCHI LICHENI
PASCOLI
AGHIFOGLIE
LATIFOGLIE
CAMPI COLTIVATI

Capitolo 3 **I rilievi**

7 Data la definizione, scrivi il termine specifico.

a.	Rocce formate in seguito al raffreddamento del magma.
b.	Rocce formate in seguito al deposito di detriti sui fondali marini.
c.	Area pianeggiante nata in seguito alla demolizione totale di antichissimi rilievi.
d.	Area pianeggiante formata dall'accumulo di grandi quantità di detriti da parte dei fiumi.
e.	Vegetazione bassa composta da erbe spontanee.

8 Dato il termine, scrivi la definizione.

a. orogenesi ....

d. colline vulcaniche *VULCANI CHE SI SONO SPENTI E SONO DIVENTATI COLLINE*

b. bassopiano *PIANURA DA 0 A 100 METRI*

e. valle fluviale ....

c. valle longitudinale ....

f. terrazzamenti ....

I concetti

9 Completa la mappa sull'altitudine dei rilievi.

Altitudine

- **Montagna**
  oltre *600*

- **Collina**
  da *300*
  a *600*

- **Pianura**
  – alta: da *700*
  a *300*
  – bassa: ≤ *100*

10 Completa la mappa sull'origine delle montagne e delle pianure

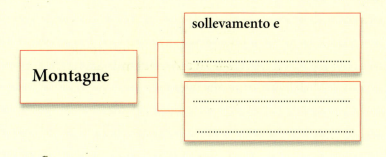
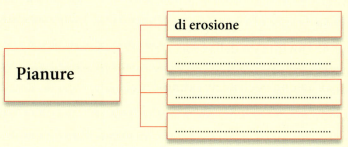

11 Vero o falso?

a. Le cime più alte delle Alpi sono costituite da rocce ignee.	V	F
b. Le rocce delle Dolomiti erano antichi fondali marini.	V	F
c. Le rocce calcaree sono impermeabili.	V	F
d. Le rocce argillose sono impermeabili.	V	F
e. Le colline moreniche sono formate da detriti portati dai ghiacciai.	V	F
f. Le valli trasversali seguono la stessa direzione del crinale.	V	F
g. Sulle rocce calcaree cresce abbondante vegetazione.	V	F
h. La bassa pianura è più fertile dell'alta pianura.	V	F
i. La vegetazione spontanea dipende dal clima.	V	F

12 Scegli l'alternativa corretta.

a. I detriti trasportati dai fiumi si depositano man mano che la loro pendenza **diminuisce** / **aumenta**.
b. Per primi vengono abbandonati i detriti più **fini** / **grossi**, che formano **l'alta pianura** / **la bassa pianura**.
c. Per ultimi vengono depositati i detriti più **fini** / **grossi**, che formano **l'alta pianura** / **la bassa pianura**.

13 Scegli l'alternativa corretta.

1. Le montagne antiche
   A sono più alte
   B hanno forme arrotondate
   C sono fatte solo di rocce ignee

2. Nel passato gli uomini costruivano soprattutto
   A in montagna
   B in collina
   C in pianura

3. Il punto in cui è più facile attraversare la catena montuosa è il
   A valico
   B versante
   C crinale

14 Scegli l'alternativa corretta.

1. Sopra il limite delle colture
   A crescono solo muschi e licheni
   B non cresce nessun tipo di vegetazione
   C non si riesce a praticare l'agricoltura

2. I calanchi si formano
   A sulle colline argillose
   B sui rilievi calcarei
   C a causa dell'erosione operata dai ghiacciai

3. Nel passato era difficile abitare in montagna perché
   A le paludi rendevano il clima malsano
   B il territorio era esposto alle invasioni dei nemici.
   C il terreno è impervio.

Capitolo 3 I rilievi

15 Collega i seguenti fenomeni e individua le relazioni corrette di causa/effetto.

	Aggiungi il collegamento giusto (è una causa, è una conseguenza)	
a. Il movimento della crosta terrestre	è una causa	della formazione di colline moreniche.
b. L'azione degli agenti atmosferici		dell'erosione glaciale.
c. L'erosione glaciale		dell'arrotondamento e livellamento dei rilievi.
d. La valle a V		dell'orogenesi.
e. La valle a U		dell'erosione fluviale.

16 Utilizzando i termini dati, completa la descrizione dei seguenti fenomeni e poi mettili in ordine logico:
bosco • incendi • montagna • sottobosco • valle

a. aumento del pericolo di ....

b. spopolamento della ....

c. crescita incontrollata del ....

d. trasferimento degli abitanti della montagna a ....

e. abbandono del ....

☐ → ☐ → ☐ → ☐ → ☐

Gli strumenti

17 Individua nella carta delle Alpi Orientali le 5 cime più alte e ricopiale nella tabella.

cima	altezza (m)
1	
2	
3	
4	
5	

18 **Sei tu il geografo.** I 100 quadretti del riquadro a destra rappresentano l'estensione del territorio europeo. Colorali in base ai dati.
Colora in modo corrispondente i quadretti della tabella.

territorio europeo	
montagna	13%
collina	29%
pianura	58%

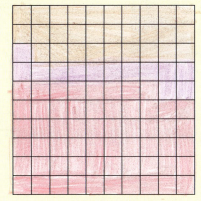

19 Sai rispondere?

Montagne, colline, pianure

a. Che differenza c'è tra montagna e collina?
b. Come si formano le colline?
   1. ....
   2. ....
   3. ....
   4. ....
c. Come si formano le valli?
   1. ....
   2. ....
d. Come possiamo distinguere le montagne più antiche da quelle più recenti?
e. Quali sono i principali tipi di rocce di cui sono fatte le montagne?
   1. ....
   2. ....
f. Perché talvolta nelle rocce montane si trovano resti di animali marini?
g. Come si formano le pianure?
   1. ....
   2. ....
   3. ....
   4. ....
h. Perché l'alta pianura è meno fertile della bassa pianura?
i. Perché ai piedi dei vulcani troviamo spesso aree molto fertili?

La vegetazione

l. Da che cosa dipende la vegetazione che cresce spontaneamente sui rilievi?
m. Elenca i tipi di vegetazione che crescono in montagna a partire dalla quota più bassa.
   1. ....
   2. ....
   3. ....
   4. ....
n. Qual è la differenza fra aghifoglie e latifoglie?
o. Su quali terreni è scarsa la vegetazione?
p. Quale vegetazione si trova in pianura?

I rilievi e l'uomo

q. Quali caratteristiche hanno le vie di comunicazione in montagna?
r. In quale modo è stato modificato l'ambiente naturale in pianura?
s. Quali problemi ambientali nascono dall'abbandono delle montagne?
t. Per quali motivi in passato gli insediamenti venivano costruiti sulle alture?
u. Per quale motivo oggi la maggioranza della popolazione vive in pianura?

Capitolo 4
Le acque

Per orientarti nel capitolo

Nel **paragrafo 1**: l'acqua ricopre i tre quarti della Terra e si muove in un ciclo continuo, che comincia con l'evaporazione dal mare.

Nel **paragrafo 2**: i ghiacciai sono grossi accumuli di ghiaccio che, muovendosi con le loro lingue allungate, scavano le montagne.

Nel **paragrafo 3**: il corso dei fiumi può essere diviso in tre parti con caratteristiche e forme differenti; una di queste è la foce.

Il ponte 25 de Abril sul fiume Tago, a Lisbona (Portogallo).

A Il paesaggio

CIAK si impara! VIDEO NELLE RISORSE DIGITALI

Prima di iniziare lo studio del capitolo puoi guardare il video e scoprire quali sono gli argomenti che affronteremo.
Alla fine del video troverai una mappa del capitolo; ricopiala e usala per orientarti durante lo studio.

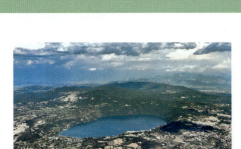

Nel **paragrafo 4**: l'acqua dolce si raccoglie nei laghi, che hanno diverse forme a seconda della loro origine: alcuni, per esempio, riempiono il cratere di un antico vulcano.

Nel **paragrafo 5**: oceani e mari sono in continuo movimento e modificano le coste dei continenti, per esempio erodendo le scogliere.

Nel **paragrafo 6**: gli esseri umani hanno bisogno di acqua per tutte le loro attività e perciò modificano le coste e il corso dei fiumi, per esempio costruendo le dighe.

A77

1. L'acqua sulla Terra

▶ L'acqua ricopre i tre quarti della superficie terrestre (figura A).

L'insieme delle acque del pianeta si chiama **idrosfera**: il 96% è acqua salata, solo il 4% è costituito da acqua dolce.

L'acqua si trova allo stato *liquido* nei mari, nei fiumi e sottoterra, allo stato *solido* nei ghiacciai, allo stato *aeriforme* come vapore acqueo nell'atmosfera.

▶ Il calore del Sole provoca il passaggio dell'acqua da uno stato all'altro: questi passaggi continui sono detti **ciclo dell'acqua**. Vediamo come funziona (figura B).

1. L'acqua dei mari e degli oceani è riscaldata dal calore del Sole e in parte *evapora*, cioè passa allo stato gassoso. Lo stesso accade, ma in misura minore, per tutte le acque superficiali dei fiumi e dei laghi.

2. Essendo più leggero, il vapore acqueo sale e viene trasportato dai venti.

3. Se l'aria si raffredda, il vapore acqueo *condensa* nelle goccioline che formano le nuvole e ricade in parte sotto forma di pioggia. Se la temperatura scende sotto zero, l'acqua delle precipitazioni *solidifica* in grandine o in neve, che forma nevai e ghiacciai.

4. L'acqua caduta sulle terre emerse si riversa nei corsi d'acqua e si infiltra nel terreno; impiegando un tempo più o meno lungo ritorna al mare, da dove il ciclo ricomincia.

Impara le parole

Idrosfera: il suffisso «idro», da cui è formata questa parola, deriva dal greco *ýdor* (= acqua). *Idrosfera* significa quindi «sfera dell'acqua».
Altre parole di uso comune che contengono il suffisso «idro» sono **idrogeno**, **idraulico**, **idromassaggio**.

Acqua è una parola usata in molte espressioni idiomatiche, come «calmare le acque» (= placare la tensione), «avere l'acqua alla gola» (= essere incalzato da impegni urgenti) o «fare un buco nell'acqua» (= non ottenere alcun risultato).

Falda acquifera: l'aggettivo **acquifero** deriva da acqua + il verbo latino *fero* (= portare); significa quindi «che porta l'acqua».

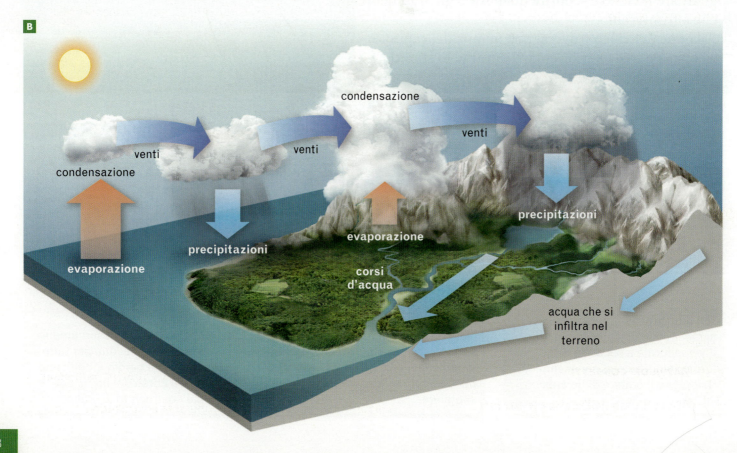

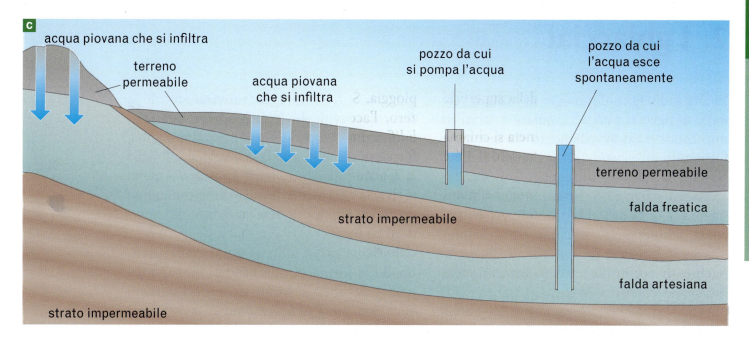

Dove va l'acqua che si infiltra nel terreno?

Nel terreno l'acqua può accumularsi nelle **falde acquifere**, cioè in *depositi naturali sotterranei* (figura C). Se il terreno è poroso e permeabile, cioè la roccia ha piccoli buchi e fessure nei quali l'acqua può infilarsi, l'acqua piovana penetra in profondità e viene filtrata dal terreno. Scendendo, quando incontra uno strato impermeabile, l'acqua si accumula e forma una *falda freatica*. Talvolta l'acqua si accumula fra due strati di roccia impermeabile: in questo caso forma una *falda artesiana*.

Scavando pozzi, l'uomo ricava acqua dolce dalle falde, che sono la principale fonte di approvvigionamento per il consumo umano, in quanto naturalmente depurate.

L'acqua esce spontaneamente quando si forma una *sorgente*, cioè quando uno strato impermeabile affiora lungo il fianco di una montagna costringendo l'acqua sovrastante a uscire (figura D).

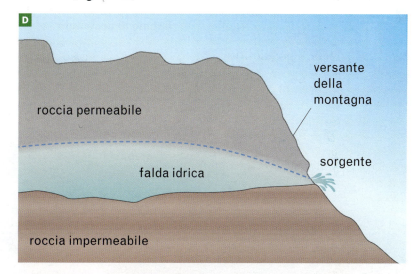

Impara a imparare

1 Guardando la figura B ripeti a voce alta il percorso che fa l'acqua in un ciclo intero.

2 Ricopia la definizione di
falda acquifera: DEPOSITI NATURALI SOTTERRANEI

▶ **Mappa dei concetti**

▶ **Video: Il ciclo dell'acqua e le sue fasi**

Mettiti alla prova

3 Vero o falso?
a. L'idrosfera è costituita in prevalenza da acqua dolce. V **F**
b. Il vapore acqueo è acqua che si trova allo stato solido. V **F**
c. Le nuvole sono formate da goccioline d'acqua. **V** F

4 Completa scegliendo fra i seguenti termini:
artesiana • freatica • pozzi • sorgenti
Una falda ARTESIANA si trova fra due strati impermeabili di terreno.
L'acqua delle falde può essere raggiunta costruendo POZZI.

2. I ghiacciai

In alta montagna, dopo ogni nevicata invernale, la neve si può accumulare a strati in una conca o un avvallamento fra due cime formando un *nevaio*. In certi luoghi la neve si scioglie quasi completamente nella stagione estiva; in altri, invece, è così abbondante che, a causa del suo stesso peso e della bassa temperatura, si compatta e si trasforma in ghiaccio (questa zona è chiamata **bacino di accumulo**). Se il ghiaccio accumulato si conserva negli anni, senza sciogliersi durante l'estate, si forma un ghiacciaio (figura A).

I ghiacciai si formano e si conservano oltre il **limite delle nevi perenni**, cioè l'altitudine sopra la quale la temperatura permette la conservazione del ghiaccio anche d'estate.

Anche se a occhio nudo non sembra, il ghiacciaio è sempre **in movimento**. È la forza di gravità che lo fa muovere, come un lento fiume, e quando la pendenza aumenta, il ghiacciaio aumenta la sua velocità. Poiché si muove più velocemente al centro e meno ai lati, si formano fessure longitudinali o *crepacci*, oppure si staccano blocchi interi detti *seracchi*.

Il ghiacciaio si allunga verso valle prendendo la forma di una **lingua**. La zona del ghiacciaio sotto il limite delle nevi perenni si chiama **zona di ablazione**; in questa zona prevale lo scioglimento del ghiaccio in acqua poiché la temperatura è più alta.

Il ghiacciaio termina solitamente con una parete ad arco, detta **fronte**, sotto la quale scorre l'acqua di scioglimento che alimenta un corso d'acqua.

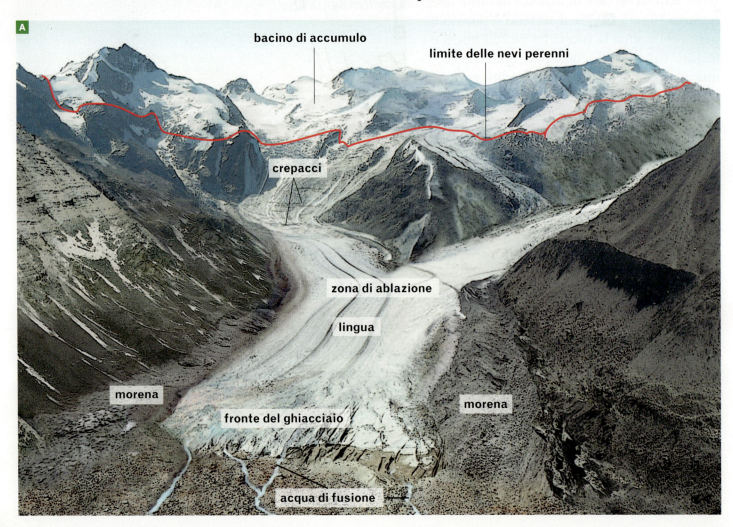

Quale azione svolgono i ghiacciai sui rilievi?

Il ghiacciaio svolge una forte azione di erosione sia sul fondo sia sui fianchi del bacino in cui scende (figura B). Questa azione dà alla **valle** una forma a U, larga e piatta sul fondo e ripida sui fianchi (figura C).

Poiché milioni di anni fa i ghiacciai occupavano aree molto più estese, si possono osservare valli glaciali in luoghi in cui ora non ci sono più ghiacci. In certi casi la valle scavata dal ghiacciaio è stata riempita da un **lago**, come nei laghi prealpini italiani (per esempio il Lago di Garda), o dall'acqua del mare, come nei **fiordi** norvegesi (figura D). Laghi glaciali e fiordi sono profondi, hanno forma allungata e sono fiancheggiati da montagne a picco sull'acqua.

I detriti staccati dal ghiacciaio sono trasportati a valle dal ghiacciaio stesso e danno origine alle **morene**, cioè accumuli di massi e ciottoli, visibili quando il ghiacciaio arretra. Grandi quantità di detriti possono formare vere e proprie colline.

Valle glaciale in Svizzera.

Un fiordo in Norvegia.

Impara a imparare

1 Rileggi il testo e individua nella figura A le parti che compongono un ghiacciaio.

2 Sottolinea nel testo le caratteristiche comuni a: valli glaciali, laghi glaciali, fiordi.

 MAPPA DEI CONCETTI

Mettiti alla prova

3 Scegli l'alternativa corretta.
Gli accumuli di detriti trasportati a valle dal ghiaccio si chiamano
- A lingue
- B morene

La zona di ablazione è la zona del ghiacciaio
- A sotto il limite delle nevi perenni.
- B dove la neve si compatta e diventa ghiaccio.

Capitolo 4 **Le acque**

3. I fiumi

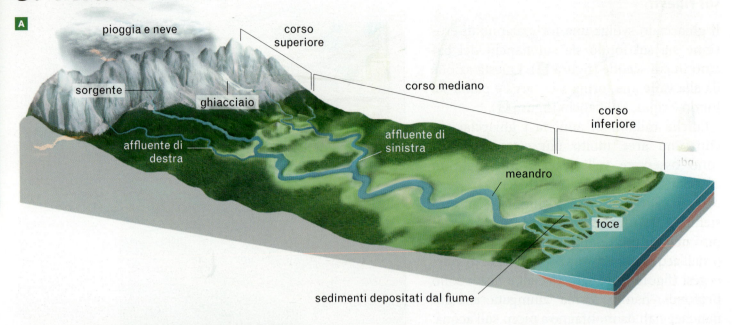

Il fiume è un corso d'acqua perenne alimentato dall'acqua che si scioglie dai ghiacciai o che cade in forma di precipitazioni (figura A): l'acqua contenuta nel suo **letto** (detto anche *alveo*) è presente tutto l'anno in misura maggiore o minore. Aumenta quando si sciolgono le nevi o quando sono più intense le piogge (*periodo di piena*) e diminuisce quando scarseggiano le precipitazioni (*periodo di magra*).

Si chiama **torrente** un corso d'acqua stagionale che si asciuga completamente nel periodo di magra.

L'**affluente** è un fiume minore che confluisce in un fiume più importante. Guardando nella direzione della corrente e avendo la sorgente alle spalle si distinguono *affluenti di destra* e *di sinistra*.

Il **bacino idrografico** è l'area all'interno della quale tutte le acque confluiscono in un unico fiume. Tutte le terre emerse sono divise perciò in bacini idrografici, separati da *linee spartiacque*.

La **portata** di un fiume è la quantità d'acqua che passa ogni secondo per una sezione del suo corso. Le variazioni di portata che si registrano durante l'anno costituiscono il **regime** del fiume. Il regime irregolare dei torrenti, per esempio, si chiama *regime torrentizio*.

Quali sono le parti di un fiume?

I fiumi nascono dalla fronte di un ghiacciaio oppure da una *sorgente*, in un punto dove l'acqua immagazzinata nel sottosuolo sgorga dalla parete di una montagna.

Nel primo tratto, cioè nel **corso superiore**, il fiume scende con notevole pendenza scavando in profondità un proprio alveo e staccando numerosi detriti: la corrente è impetuosa, l'erosione molto forte, il tracciato lineare. Se scorre fra rocce difficilmente erodibili, forma salti d'acqua o cascate, altrimenti incide profondamente la roccia scavando gole o canyon. Qui il fiume scava la tipica valle dalla forma a V (figura B).

Valle fluviale nelle Marche.

Meandri del fiume Severn in Gran Bretagna.

Delta del Danubio in Romania.

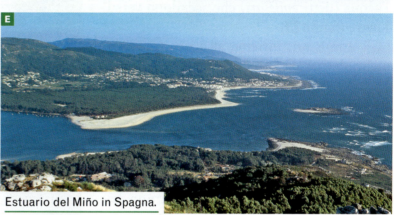
Estuario del Miño in Spagna.

Quando la pendenza del terreno diminuisce, il fiume rallenta la sua velocità ed entra nel **corso mediano**, dove comincia a depositare i detriti che sta trasportando: prima deposita i detriti più grandi, poi quelli medi. Il fiume riceve l'apporto di altri corsi d'acqua che scendono dalla montagna (i suoi affluenti), e rallentando forma *anse* o *meandri*, assumendo un profilo a S (figura C). In ogni ansa, erode la parte esterna della curva e deposita detriti nella parte interna, per cui il suo andamento sinuoso si accentua sempre più.

In prossimità del mare, la pendenza è minima e la corrente molto lenta: il fiume è nel suo **corso inferiore** e deposita sabbie e detriti fini. Lo sbocco in mare (la *foce*) può essere *a delta*, cioè ramificato fra isolotti e cordoni di detriti, se la corrente marina è debole e non riesce a ripulire l'alveo (figura D), oppure *a estuario*, cioè a imbuto, se il mare penetra nel tratto finale del fiume e riesce a trascinare via i detriti (figura E).

Impara le parole

Fiume: la parola fiume può essere usata in senso figurato per indicare una grande quantità, per esempio in espressioni come «versare un fiume di lacrime» o «dire un fiume di parole».

Delta: questo tipo di foce dalla forma triangolare prende il nome dalla lettera dell'alfabeto greco «delta» che, quando è maiuscola (Δ), ha la forma del triangolo.

Impara a imparare

1 Sottolinea la definizione di *torrente*.

2 Nel testo evidenzia e numera le tre parti di un fiume. Guarda il disegno e scrivi l'elemento principale di ciascuna.

I ....
II ....
III ....

▶ **Mappa dei concetti**

▶ **Video: Il fiume dalla sorgente alla foce**

Mettiti alla prova

3 Vero o falso?
a. Nel corso superiore di un fiume la corrente è forte. V F
b. Il bacino idrografico è delimitato dalla linea spartiacque. V F

4 Scegli l'alternativa corretta.

Quando il mare penetra nel tratto finale del fiume portando via i detriti, si forma una foce

A a destra   B a estuario

I fiumi che confluiscono in un fiume più importante si chiamano

A affluenti   B meandri   C torrenti

4. I laghi

Un lago è una massa d'acqua dolce, raccolta in una cavità della superficie terrestre.

Il lago è di solito alimentato da uno o più fiumi (detti *immissari*), ma anche direttamente dalle acque piovane o da quelle provenienti dalla fusione di neve e ghiaccio. A sua volta il lago alimenta uno o più corsi d'acqua (detti *emissari*) che scendono verso il mare (figura A).

Gli immissari, insieme all'acqua, portano anche detriti che si depositano sul fondo del lago: per questo motivo, quando piove molto, le acque del lago sono poco limpide. Per la stessa ragione, il destino di ogni lago è quello di venire prima o poi riempito dai detriti portati dai fiumi.

Se un lago si è formato in una depressione ed è alimentato da immissari, ma non ha nessun emissario (perché l'acqua non riesce a uscire dalla cavità), l'evaporazione fa diventare le sue acque sempre più salate.

I **laghi naturali** possono avere diverse origini che ne influenzano la forma. Ne parliamo nella pagina a fronte.

I **laghi artificiali** sono costruiti dagli esseri umani, sbarrando un corso d'acqua con una diga (figura B), per esempio allo scopo di produrre energia idroelettrica. Vedremo nel paragrafo 6 in che modo ciò avviene.

Più un lago è esteso e profondo, più esercita un'azione simile a quella del mare sul clima. Poiché le sue acque impiegano molto più tempo delle terre circostanti a riscaldarsi e a raffreddarsi, sulle rive dei laghi la temperatura dell'aria è più fresca d'estate e più tiepida d'inverno. Perciò, nel caso dei laghi di grandi dimensioni (come il Lago di Garda), si crea un microclima diverso rispetto a quello delle zone vicine (figura C).

Il lago di Lucerna, in Svizzera. In basso, il suo emissario, il fiume Reuss.

Il lago artificiale di Esparran in Francia.

Sulle rive del lago di Garda si coltivano limoni e ulivi.

Come si formano i laghi?

I laghi possono avere diversa **origine**.

- Il **lago glaciale** occupa la conca scavata anticamente da un ghiacciaio: ad alta quota è in genere circolare e si chiama *di circo*; a valle è profondo, a forma di lingua, e si chiama *lago vallivo* (figura D).
- Il **lago di sbarramento** si forma lungo un fiume quando a valle il suo corso viene ostruito da un ostacolo naturale, in genere una frana (figura E), oppure da una diga artificiale.
- Il **lago tettonico** occupa un avvallamento che si è formato anticamente per lo sprofondamento di una porzione di crosta terrestre (figura F).
- Il **lago vulcanico** si trova all'interno del cratere di un antico vulcano (figura G).
- Il **lago costiero** è formato da acqua racchiusa da uno sbarramento di sabbia e detriti (figura H); se permangono bocche di comunicazione tra il lago e il mare viene chiamato *laguna*.
- Il **lago carsico** si forma quando la roccia è di tipo calcareo: l'acqua piovana la scioglie e la erode, scava in profondità una conca e infine la riempie (figura I).

lago glaciale

lago di sbarramento naturale

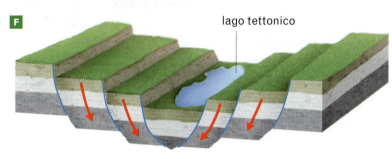
lago tettonico

lago vulcanico

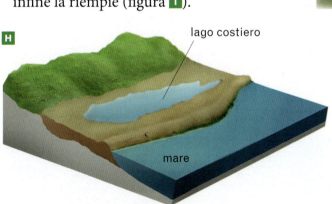
lago costiero
mare

lago carsico

Impara a imparare

1. Ricopia la definizione di
   immissario: ....
   emissario: ....

2. Nel testo numera ed evidenzia i 6 tipi di lago.

3. Osservando i disegni, ripeti l'origine di ciascun lago.

 Mappa dei concetti

Mettiti alla prova

4. Vero o falso?
   a. I laghi sono alimentati solo dai fiumi immissari.
   b. Un lago grande e profondo influenza il clima rendendo le temperature più rigide.
   c. Nei laghi si depositano molti dei detriti trasportati dai fiumi.
   d. I laghi di sbarramento possono essere di origine sia naturale sia artificiale.

5. I mari e le coste

▶ L'**oceano** è una vasta distesa di acqua delimitata dai continenti; i bacini più piccoli e meno profondi sono chiamati **mari**.

Poiché l'evaporazione lascia disciolti in mare i sali minerali trasportati dai fiumi, l'acqua marina è salata. I mari poco profondi, poco mossi e più caldi (dove l'evaporazione è maggiore e il ricambio d'acqua minore) sono più salati dei mari più freddi e agitati.

▶ La linea di confine tra acqua e terra è detta **costa** o *litorale* (figura A). La forma delle coste dipende principalmente dalle caratteristiche delle rocce e dall'azione del mare e del vento: le coste possono essere frastagliate o lineari, alte o basse, rocciose o sabbiose.

Un'insenatura della costa si chiama *golfo* o *baia*, mentre una sporgenza si chiama *promontorio* (o *capo*, o *punta*), se è alta e arrotondata, oppure *penisola*, se è più allungata.

Uno stretto cordone di terra che collega due porzioni più estese si chiama *istmo*. Un braccio di mare fra due terre si chiama *canale* o *stretto*. Un'*isola* è una terra completamente circondata dal mare; un insieme di isole vicine si chiama *arcipelago*.

Quali sono i movimenti del mare?

Il mare è in perenne movimento. I principali movimenti sono:
- le *onde*, cioè oscillazioni della superficie marina che sono prodotte principalmente dall'azione del vento;
- le *maree*, cioè periodici innalzamenti e abbassamenti del livello del mare dovuti all'attrazione della Luna e del Sole;
- le *correnti marine*, cioè spostamenti di grandi masse d'acqua, causati dalla risalita o sprofondamento dell'acqua, che a loro volta sono dovuti alle differenze di temperatura e salinità delle acque oceaniche.

Impara le parole

Arcipelago deriva dal nome usato dagli antichi Greci per indicare il mare Egeo: *Aigáios Pélagos* (*pélagos* = mare, *Aigáios* = Egeo). L'espressione si è trasformata in «arcipelago», per indicare un gruppo di isole (l'Egeo infatti ne è particolarmente ricco).

Quali forze naturali modellano le coste?

Il mare e il vento sono i principali agenti naturali del modellamento delle coste.

Il **moto ondoso** modifica le coste sia con la demolizione sia con l'accumulo di detriti. Sulle coste basse deposita il materiale proveniente, in parte, dall'azione diretta delle onde sulle coste rocciose e, soprattutto, dallo spostamento dei detriti che i corsi d'acqua scaricano in mare. In questo modo determina la formazione delle *spiagge*. Sulle coste alte prevale l'erosione: le onde scavano *grotte* marine, erodono la base di pareti rocciose e provocano crolli formando *falesie* (figura B), *archi* e *faraglioni* (figura C).

Il **vento** forma *dune* sulle spiagge, che, specialmente se ricoperte di vegetazione, hanno una funzione importantissima di protezione delle coste sabbiose dall'erosione marina perché assorbono l'acqua durante le mareggiate e permettono la crescita di vegetazione (figura D). Inoltre il vento ha un'importante azione «levigatrice» sulle sporgenze delle rocce, specie quando trasporta sabbie fini che accentuano l'erosione.

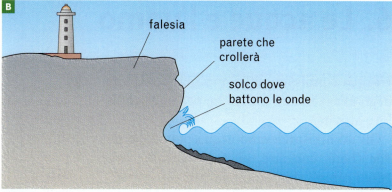

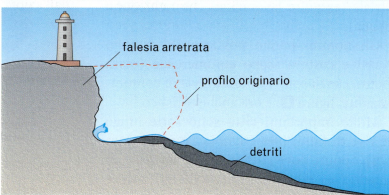

Un faraglione in Scozia.

Una spiaggia con dune in Lituania.

Impara a imparare

1 Rileggi il testo e individua nel disegno gli elementi della costa che vengono nominati.

2 Sottolinea la definizione di *oceano* e *isola*.

 Mappa dei concetti

 Video: Il modellamento delle coste alte

Mettiti alla prova

3 Scegli l'alternativa corretta.
Un'importante difesa contro l'erosione delle coste è svolta
- A dalle dune.
- B dalle falesie.

Le maree sono movimenti dovuti
- A alla diversa temperatura e salinità delle acque.
- B all'attrazione della Luna e del Sole.

6. Le acque e l'uomo

L'acqua è indispensabile non solo per la vita degli esseri umani ma anche per moltissime loro attività.

Gli uomini prelevano acqua per scopo civile (bere, cucinare, pulire), agricolo (irrigare i campi, abbeverare gli animali) e industriale (eseguire lavorazioni che richiedono acqua).

Gli uomini hanno poi sempre sfruttato fiumi e coste a scopo commerciale (mari, fiumi, canali sono importanti vie di comunicazione, figura A) e ora anche turistico.

Molte importanti **città** sono sorte lungo le rive di fiumi (per esempio Londra e Mosca), oppure dove i detriti hanno formato un guado (per esempio Roma e Parigi) o dove un fiume confluisce in un altro (per esempio Torino e Lione). E le coste, in tutto il mondo, sono zone densamente abitate.

I fiumi, inoltre, depositano detriti utili come materiale da costruzione e infine forniscono energia grazie alle *centrali idroelettriche* (figura B). Esistono anche centrali che producono energia sfruttando il movimento delle onde e quello delle maree.

I **porti** più protetti sono quelli costruiti negli estuari (per esempio Amburgo e Lisbona) perché la corrente marina allontana i detriti che possono ostacolare la navigazione di grandi navi. Anche le foci a delta e le lagune hanno avuto grande importanza in passato, non solo perché erano ricche di pesci e di selvaggina, ma anche perché erano ben protette in caso di attacco (per esempio Ravenna e Venezia).

Per tutti questi motivi l'uomo ha profondamente modificato gli ambienti fluviali e costieri.

In particolare, l'**inquinamento** delle acque è una grave conseguenza delle attività umane. Ogni forma di inquinamento, infatti, anche quello dell'aria e del suolo, in seguito all'azione delle piogge arriva prima o poi alle falde acquifere e ai corsi d'acqua, e da essi al mare.

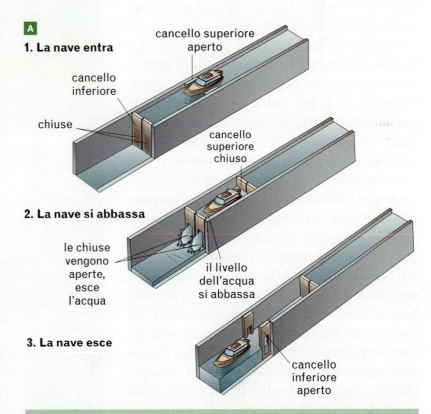

A
1. La nave entra
2. La nave si abbassa
3. La nave esce

Per rendere navigabile un fiume con forti dislivelli si inseriscono delle coppie di «porte» (dette *chiuse*) che si aprono in successione. Tra le due chiuse si crea un bacino dove il livello dell'acqua può essere innalzato o abbassato a comando.

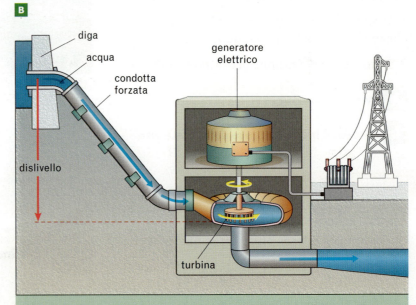

B

Una diga artificiale sbarra il corso di un fiume in montagna. L'acqua viene incanalata dentro un grande tubo d'acciaio (detto *condotta forzata*) e spinta a valle contro le pale di una turbina che girano velocemente caricando un generatore di corrente elettrica.

Quali sono gli interventi dell'uomo sui fiumi?

Gli esseri umani modificano incessantemente il corso dei fiumi:
- rinforzano e alzano gli argini e deviano il corso dei fiumi che spesso scorrono oggi in alvei completamente artificiali;
- costruiscono dighe, bacini e canali per regolare la disponibilità d'acqua dei fiumi e per produrre energia idroelettrica;
- estraggono dal letto dei fiumi ghiaie e sabbie da usare come materiale per l'edilizia;
- correggono la pendenza dei corsi d'acqua con *chiuse* per favorire la navigazione.

Gli interventi sul letto dei fiumi (figura **C**) possono rendere più pericolose le ondate di piena, se sottraggono al fiume la *golena*, cioè quello spazio ricco di vegetazione spontanea e di detriti che assorbe e trattiene la maggiore quantità d'acqua causata dalle piogge.

Se si estraggono troppi sedimenti dall'alveo, aumenta la forza e la velocità dell'acqua che, non trovando più ostacoli naturali, può irrompere contro argini ritenuti sicuri.

Se invece la corrente è debole, aumenta il deposito di detriti sul fondo ed è necessario innalzare progressivamente gli argini finché il letto del fiume diventa più alto della pianura circostante, con rischi più gravi per gli insediamenti in caso di *esondazione*.

Quali sono gli interventi dell'uomo sulle coste?

Sulle coste gli esseri umani:
- eliminano dune e vegetazione, per costruire strade ed edifici anche vicino alla riva;
- costruiscono saline e bacini per la pesca e l'*itticoltura*, cioè l'allevamento dei pesci;
- creano moli, barriere di protezione (figura **D**) e scavano bacini nei porti.

Le pesanti modifiche fatte dall'uomo spesso privano i litorali delle naturali protezioni contro l'erosione, favorendo l'arretramento della linea di costa e la riduzione delle spiagge, l'aumento di mareggiate disastrose, lo spopolamento degli ecosistemi marini e il degrado del paesaggio.

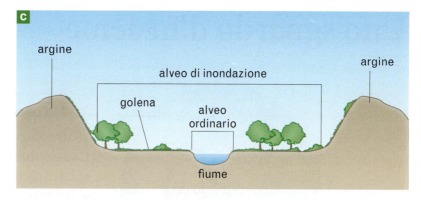

Barriere contro l'erosione della spiaggia sulla costa inglese.

Impara a imparare

1 Rileggi il testo e numera gli scopi per i quali vengono sfruttati le acque e i fiumi.

2 Sottolinea in questa pagina la definizione di *golena*.

- **Mappa dei concetti**
- **Video:** Come può essere modificata un'area costiera
- **Video:** L'inquinamento delle acque costiere

Mettiti alla prova

3 Scegli l'alternativa corretta.

a. L'eliminazione di dune e vegetazione vicino al mare favorisce **l'allungamento / la riduzione** della spiaggia.

b. Se si estrae troppa ghiaia da un fiume, la corrente può diventare troppo **forte / lenta**.

c. I detriti si accumulano e aumenta l'altezza del letto del fiume se la corrente è **forte / lenta**.

d. I porti meglio navigabili sono quelli costruiti nei pressi di foci **a delta / a estuario**.

Uno sguardo d'insieme

1. L'acqua sulla Terra

L'**idrosfera** è costituita da tutte le acque che si trovano sulla Terra.
Il **ciclo dell'acqua** è attivato dall'energia del Sole:
▶ l'acqua evapora dagli oceani e dalle terre emerse,
▶ il vapore acqueo viene trasportato dai venti,
▶ se l'aria si raffredda, il vapore acqueo condensa nelle nuvole,
▶ dalle nuvole l'acqua ricade sotto forma di precipitazioni,
▶ scorrendo nei fiumi o sotto terra, l'acqua ritorna agli oceani.
Le *falde acquifere* sono depositi sotterranei di acqua dolce.

Il ciclo dell'acqua permette alle acque terrestri di circolare fra i diversi serbatoi che le contengono: i più importanti sono ghiacciai, fiumi, laghi e mari.

2. I ghiacciai

I ghiacciai sono grandi depositi di ghiaccio e di neve che si trovano in alta montagna, al di sopra del **limite delle nevi perenni**: si accumulano durante l'inverno e in estate in parte si sciolgono.
Il ghiacciaio è sempre in lento movimento verso valle e quindi modella i rilievi:
▶ scava **valli** con fondo piatto e pareti ripide, che possono essere riempite da acqua dolce (laghi) o da acqua di mare (fiordi);
▶ trasporta detriti che si accumulano dove la pendenza si riduce (**morene**).

3. I fiumi

Il fiume è un corso d'acqua perenne. I corsi d'acqua che si prosciugano in estate si chiamano *torrenti*.
L'**alveo** è il solco che contiene il fiume.
Il **bacino idrografico** è la superficie di raccolta delle acque del fiume.
Il **corso del fiume** può essere diviso in tre parti.
1. Nel *corso superiore* il fiume scorre ripido e impetuoso: prevale la funzione di erosione, il fiume scava le valli.
2. Nel *corso mediano* il fiume aumenta la sua portata ma riduce la velocità: prevale la funzione di trasporto.
3. Nel *corso inferiore*, ormai in pianura, il fiume scorre lento e sinuoso: prevale la funzione di deposito.
Se il fiume versa le proprie acque in quelle di un altro fiume si chiama *affluente*; se sfocia in mare può avere un **delta** o un **estuario**.

L'acqua è indispensabile per la vita e le attività degli esseri umani che sfruttano i fiumi e i mari in diversi modi.

6. Le acque e l'uomo

I **fiumi** sono molto importanti per l'uomo che li sfrutta modificandone il corso:
- forniscono acqua per i diversi usi umani (agricoli e industriali) e per gli animali;
- sono un'importante via di comunicazione soprattutto per il trasporto delle merci,
- forniscono energia (grazie alle *centrali idroelettriche*).

Molte importanti città e diversi porti sono stati costruiti lungo le rive dei fiumi.
L'uomo modifica anche le **coste** costruendo porti, edifici, vie di comunicazione.
Questi interventi possono però avere conseguenze negative, come l'esondazione dei fiumi e l'erosione delle coste.

4. I laghi

I laghi sono specchi d'acqua dolce sulla terraferma. Normalmente sono alimentati da un fiume chiamato **immissario** e alimentano un fiume che scende a valle che viene chiamato **emissario**.

Esistono laghi con forme diverse a seconda dell'origine:
- laghi glaciali di circo o vallivi,
- laghi di sbarramento, naturali o artificiali,
- laghi tettonici,
- laghi vulcanici,
- laghi costieri,
- laghi carsici.

5. I mari e le coste

Oceani e mari sono vaste distese di acqua salata in perenne movimento.
I **movimenti** principali sono:
- le onde,
- le maree,
- le correnti marine.

Con questi movimenti i mari modellano la forma delle **coste**:
- il mare forma le spiagge depositando i detriti che provengono sia dai fiumi sia dall'erosione delle coste;
- sulle coste alte il moto ondoso demolisce la costa erodendo le pareti rocciose.

Anche il vento modella le coste costruendo dune e levigando le rocce.

Capitolo 4 **Le acque**

Mettiti alla prova

Le parole

1 Completa il disegno con i seguenti termini:
bacino di accumulo • crepacci • fronte • lingua • morena

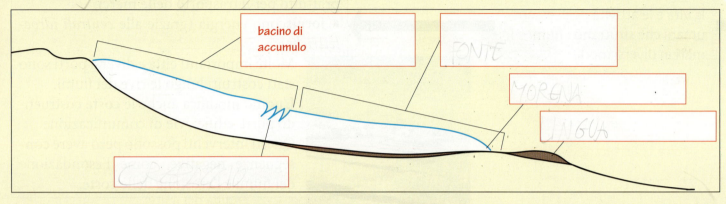

(labels: bacino di accumulo; FRONTE; MORENA; LINGUA; CREPACCIO)

2 Inserisci la didascalia corretta sotto ciascun disegno. Scegli tra:
affluente • foce a delta • foce a estuario • meandro

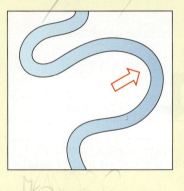 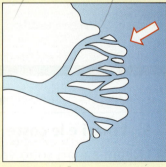 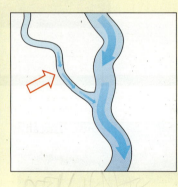 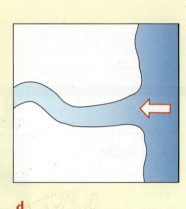

a. MEANDRO   b. ....   c. AFFLUENTE   d. ESTUARIO

3 Osserva il disegno di una zona costiera e inserisci nei riquadri i seguenti nomi:
canale • capo • golfo • istmo • spiaggia

(labels: CAPO; ISTMO; CANALE; SPIAGGIA; GOLFO)

4 Collega con frecce i termini alle corrispondenti definizioni.

a. fiume	1. Solco che contiene il fiume.
b. torrente	2. Area all'interno della quale tutte le acque confluiscono nel medesimo fiume.
c. bacino idrografico	3. Curva naturale del fiume.
d. alveo	4. Corso d'acqua stagionale.
e. meandro	5. Quantità d'acqua che passa ogni secondo per una sezione del fiume.
f. portata	6. Corso d'acqua perenne.

5 Data la definizione, scrivi il termine specifico.

a.	Valle scavata da un ghiacciaio e riempita dal mare.
b.	Sbocco di un fiume in mare.
c.	Materiale roccioso trasportato e depositato a valle da un ghiacciaio.
d.	Deposito sotterraneo di acqua compreso fra uno strato di rocce permeabili e uno di rocce impermeabili.
e.	Deposito sotterraneo di acqua compreso fra due strati di rocce impermeabili.
f.	Passaggio dell'acqua da uno stato all'altro (liquido, solido, aeriforme) sulla superficie terrestre.

6 Dato il termine, scrivi la definizione.

a. ghiacciaio ....

b. nevaio ....

c. limite delle nevi perenni ....

d. stretto ....

e. idrosfera ....

f. regime di un fiume ....

Capitolo 4 **Le acque**

I concetti

7 **Abbina il termine corretto a ciascun disegno.**
Completa le didascalie in basso; scegli tra: aeriforme • liquido • solido

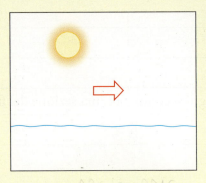
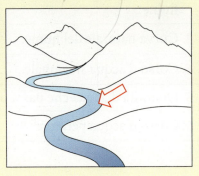
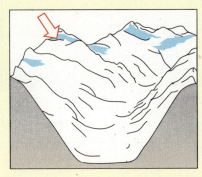

A. acqua allo stato ....

B. acqua allo stato ....

C. acqua allo stato ....

8 **Vero o falso?**

a. La velocità di un fiume è maggiore a valle anziché a monte.	V	F
b. Le valli a V sono di origine glaciale.	V	F
c. La laguna è uno specchio di mare chiuso da cordoni sabbiosi interrotti da bocche.	V	F
d. Il lago morenico si forma nel cratere di un vulcano spento.	V	F

e. I mari caldi e poco profondi sono più salati dei mari freddi.	V	F
f. Le spiagge sono formate da sabbie che i fiumi riversano in mare.	V	F
g. Le dune proteggono la spiaggia dall'erosione marina.	V	F
h. Le foci a delta si formano dove la corrente marina è molto forte.	V	F

9 **Completa la mappa usando le parole fornite:**
alte • frastagliate • mare • rocciose • uomo • vento

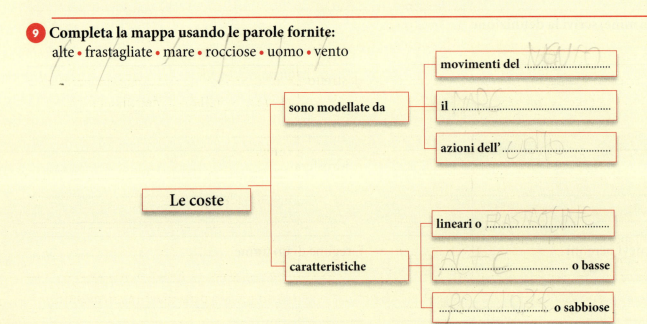

10 **Sei tu il geografo.** Rappresenta con un disegno schematico la forma dei seguenti laghi facendo capire la loro origine.

lago di sbarramento	lago vulcanico	lago glaciale	lago costiero

11 Scegli l'alternativa corretta.

1. Se un lago non ha nessun emissario, l'evaporazione renderà l'acqua sempre più
   - [A] dolce
   - [B] salata

2. Quando il mare erode una costa alta e rocciosa, può formare
   - [A] grotte
   - [B] spiagge

3. Se l'acqua di un fiume scorre impetuosamente fra rocce che si erodono può scavare
   - [A] una gola
   - [B] una cascata
   - [C] un meandro

12 Completa la descrizione dei seguenti fenomeni usando le parole fornite.
aumenta • case • dune • porti • si riduce
Poi numera in ordine logico.

1. Le spiagge sono ampie
.... si abbattono .... e si costruiscono strade e ....
.... si costruiscono molte ....
.... l'erosione
.... aumenta la popolazione turistica
.... la spiaggia ....

13 Collega i seguenti fenomeni e individua le relazioni corrette di causa/effetto.

	Aggiungi il collegamento giusto (è la causa di, è la conseguenza di, produce)	
a. Una pala mossa dall'acqua che scorre	produce	esagerato prelievo di detriti dai fiumi.
b. L'attrazione del Sole e della Luna		onde.
c. Il vento		energia idroelettrica.
d. L'eccessivo deposito di detriti nel letto di un fiume		maree.
e. La riduzione delle spiagge		fiumi più alti della pianura circostante.

A — Il paesaggio

Capitolo 4 Le acque

Gli strumenti

14 Leggi il grafico della portata media mensile del fiume Reno, in Germania.
Completa la tabella a destra e rispondi alle domande in basso.

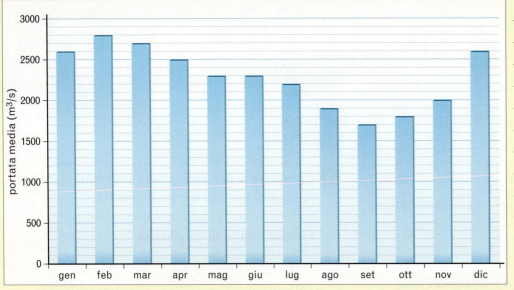

	portata media (m³/s)
gennaio	
febbraio	
marzo	
aprile	
maggio	
giugno	
luglio	
agosto	
settembre	
ottobre	
novembre	
dicembre	

In quale mese si verifica la piena? .... In quale la magra? ....

15 Leggi la tabella e completa il grafico. Poi rispondi alle domande.

	Coste rocciose (km)	Spiagge in totale (km)	Spiagge soggette ad erosione (km)
Grecia	3200	2000	500
Francia	3000	2500	1200
Italia	3200	3600	1400
Spagna	4000	1700	700

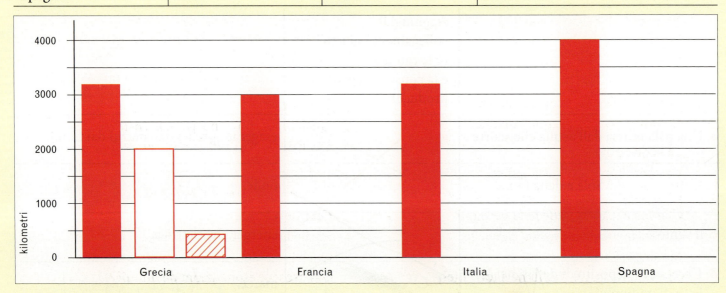

a. Quale paese ha più coste rocciose? ....
b. Quale paese ha più spiagge? ....
c. Quale paese ha più spiagge a rischio di erosione? ....

■ Coste rocciose
□ Spiagge in totale
▨ Spiagge a rischio di erosione

16 Osserva le due carte che rappresentano due tratti di un fiume. Completa la tabella abbinando a ciascuna carta il termine più appropriato per descrivere le caratteristiche del fiume.

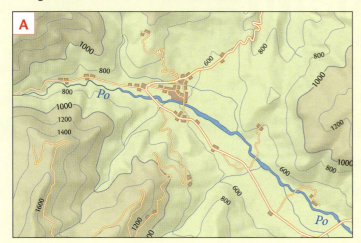

		Carta A	Carta B
Tracciato	(lineare • a meandri)		
Pendenza	(modesta • notevole)		
Velocità della corrente	(alta • moderata)		
Erosione	(debole • forte)		
Deposito	(abbondante • scarso)		
Detriti	(fini • grossi)		

17 Sai rispondere?

L'idrosfera

a. In quali stati si trova l'acqua sulla Terra?
  1. SOLIDO
  2. LIQUIDO
  3. AERIFORME
b. Come funziona il ciclo dell'acqua? EVAP. PREC.
c. Da dove si ricava l'acqua potabile? DA GHIACCAI

Le acque dolci

d. Che cosa sono le falde acquifere? TUB. ACQUA
e. Che differenza c'è tra ghiacciaio e nevaio? GHIACCIO
f. Che cos'è la linea delle nevi perenni? L'ALTEZZA NEVOSA
g. Che forme scavano i ghiacciai nelle montagne? VALLI
h. Che differenza c'è tra fiume e torrente? LA LUNGHEZZA
i. Come possiamo distinguere la riva destra dalla riva sinistra di un fiume? SX DX
l. Da quali parti è formato il corso di un fiume? MEDIA ALTA FOCE

m. Perché alcuni fiumi sfociano a delta e altri a estuario? PERCHÉ FINISCONO DIVERSAMENTE
n. Qual è la differenza fra immissario ed emissario di un lago? ESCE ENTRA
o. In base a che cosa si distinguono i tipi di lago? DALLA FONTE

Le coste

p. Quali forme possono avere le coste? FALESIE FARAGLIONI
q. Quali agenti naturali modificano le coste?
  1. ACQUA
  2. VENTO

Gli interventi umani

r. In che modo l'uomo utilizza i corsi d'acqua? DIGHE
s. Quali interventi umani rischiano di rendere più disastrose le esondazioni dei fiumi? DI SUL LETTO DEI FIUMI
t. Dove sono stati costruiti i porti più protetti? NEGLI ESTUARI
u. Quali interventi umani rischiano di accentuare l'erosione marina?

Capitolo 5
Il paesaggio italiano

Per orientarti nel capitolo

Nel **paragrafo 1**: le montagne italiane appartengono a due catene montuose principali, le Alpi (che comprendono le cime più alte) e gli Appennini.

Nel **paragrafo 2**: le colline sono il paesaggio più diffuso in Italia, soprattutto nell'Italia centrale; al nord un'ampia zona è occupata dalla Pianura Padana, la più grande del paese.

Nei **paragrafi 3** e **4**: l'Italia è ricca di corsi d'acqua, che scendono dalle Alpi e dagli Appennini; i laghi maggiori sono di origine glaciale e si trovano nella zona prealpina, per esempio il Lago di Garda.

Colline in Val d'Orcia, in Toscana.

A — Il paesaggio

VIDEO NELLE RISORSE DIGITALI

Prima di iniziare lo studio del capitolo, puoi guardare il video e scoprire quali sono gli argomenti che affronteremo. Mentre guardi il video, annota i nomi geografici che vengono citati e poi cercali nella carta d'Italia in fondo al libro.

Nel **paragrafo 5**: la penisola italiana è bagnata da quattro mari che fanno parte del Mar Mediterraneo; le coste italiane hanno forme diverse a seconda delle zone, per esempio in Calabria sono rocciose e frastagliate.

Nel **paragrafo 6**: il clima della penisola italiana è molto vario; tra i fattori che lo influenzano è molto importante la distanza dal mare che rende molto freddi gli inverni nella Pianura Padana.

Nel **paragrafo 7**: la vegetazione spontanea in Italia varia a seconda dei diversi climi, per esempio i boschi di conifere caratterizzano i climi di montagna.

Capitolo 5 **Il paesaggio italiano**

1. Le montagne

Le montagne italiane (figura A) si sono formate circa 20 milioni di anni fa, in tempi recenti rispetto ad altre montagne europee.

▶ Le **Alpi** italiane sono lunghe 1300 km e hanno una forma ad arco che si estende dalla Liguria, a ovest, al Carso, a est (figura B). Costituiscono il confine naturale fra l'Italia e gli altri paesi dell'Europa centrale. Sono formate da rocce granitiche, hanno cime elevate (82 superano i 4000 metri) e forme aguzze.

In Lombardia e Veneto, fra le catene maggiori e la pianura, si trovano le **Prealpi**.

▶ Gli **Appennini** sono lunghi 1500 km: si estendono per tutta la penisola dalla Liguria alla Calabria e proseguono in Sicilia. L'Appennino è formato in prevalenza da rocce calcaree e argillose più soggette all'erosione e perciò presenta forme più arrotondate.

La Sardegna ha un rilievo proprio; il massiccio principale è il Gennargentu.

Valli e valichi naturali, ma anche trafori artificiali, permettono di attraversare le Alpi. Valichi ad altitudine quasi sempre inferiore ai 1000 m permettono di passare da un versante all'altro degli Appennini.

Altre montagne italiane si sono formate in seguito a eruzioni vulcaniche: i **vulcani** italiani attivi sono in Sicilia e in Campania.

A Le montagne italiane.

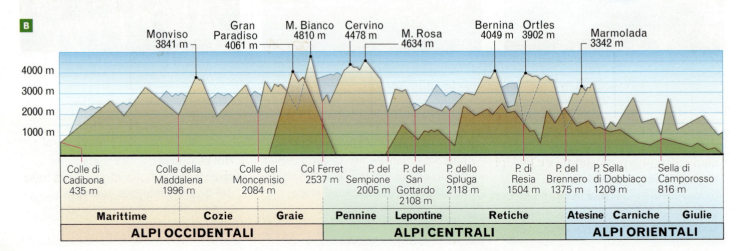

Come si sviluppano le Alpi?

Le Alpi italiane si dividono in tre settori.
1. Le **Alpi Occidentali**: Marittime, Cozie (dominate dal Monviso, 3841 m, da cui nasce il Po), Graie (dove si trova la vetta più alta delle Alpi, il Monte Bianco, 4810 m, figura **C**, e il Gran Paradiso, 4061 m).
2. Le **Alpi Centrali**: Pennine (con il Cervino, 4478 m, e il Monte Rosa, 4634 m), Lepontine (dove si trova il San Gottardo, in territorio svizzero, da cui scendono i fiumi Reno, Ticino e Rodano), Retiche (con le cime Bernina, 4049 m e Ortles, 3902 m).
3. Le **Alpi Orientali**: Atesine, Carniche, Giulie. Le Alpi italiane terminano a est con una serie di altopiani, il principale dei quali è il Carso. Fra le Atesine e le Carniche, si trovano le Dolomiti, composte dalla dolomia, una roccia sedimentaria di origine corallina che assume particolari forme e colori. La Marmolada, la cima più elevata, è alta 3342 m.

Come si sviluppano gli Appennini?

La catena appenninica viene suddivisa in tre settori principali, a loro volta suddivisi in tratti che prendono il nome dalle rispettive regioni.
1. L'**Appennino Settentrionale** comprende l'Appennino Ligure e l'Appennino Tosco-Emiliano e ha il Cimone (2163 m) come vetta più alta.
2. L'**Appennino Centrale** comprende i tratti dell'Appennino Umbro-Marchigiano e di quello Abruzzese; le due cime più elevate sono il Gran Sasso (2912 m, figura **D**), e la Majella (2793 m).
3. L'**Appennino Meridionale** comprende l'Appennino Sannita, Lucano, Campano, Calabro e, oltre lo stretto di Messina, l'Appennino Siculo. La vetta più alta è quella del massiccio calcareo del Pollino (2267 m), che si trova al confine fra la Calabria e la Basilicata.

Il massiccio del Monte Bianco.

Il Gran Sasso.

Impara a imparare

1 Rileggi il testo, evidenzia per ciascuna sezione delle Alpi e degli Appennini il nome della cima più alta e controlla dove si trova nella carta.

2 Nella figura **A** individua con quale paese confina ciascun settore delle Alpi.

 Mappa dei concetti

 Video: Le montagne italiane

Mettiti alla prova

3 Vero o falso?
In Italia non esistono più vulcani attivi. V F

4 Completa le frasi. Scegli tra:
Carso • Alpi Centrali • Monviso • Alpi Orientali • Alpi Occidentali
Il Po nasce dal ………………… che si trova nelle ………………… . Le Dolomiti si trovano nelle ………………… Le Alpi Orientali terminano a Est con l'altopiano del …………………

Capitolo 5 **Il paesaggio italiano**

2. Le colline e le pianure

▶ Le **colline**, cioè i rilievi con un'altitudine inferiore ai 600 m, costituiscono il paesaggio più diffuso in Italia (figura A): esse occupano più del 40% del territorio e nell'Italia centrale superano il 60%.

A nord troviamo: Langhe (figura B) e Monferrato (tettoniche) in Piemonte, Colline del Garda (moreniche), Colli Euganei (vulcanici) in Veneto.

Al centro: Colline Metallifere e Chianti (di origine tettonica) in Toscana, Volsini, Cimini, Sabatini, Lepini e Colli Albani (vulcanici) in Lazio.

A sud: le Murge (tettoniche) in Puglia.

▶ Le **pianure** italiane hanno in maggioranza origine alluvionale.

A nord: la Pianura Padana, alluvionale, è la più importante pianura italiana.

Al centro: altre pianure alluvionali, meno estese di quella padana, sono la Maremma e la Valdarno in Toscana, l'Agro Romano e l'Agro Pontino (figura C) nel Lazio.

A sud: è vulcanica la Pianura Campana, in Campania; sono di origine tettonica il Tavoliere delle Puglie e la Penisola Salentina, in Puglia; sono tutte alluvionali la Piana di Metaponto in Basilicata, la Piana di Sibari in Calabria, la Piana del Campidano in Sardegna, la Piana di Catania in Sicilia.

A Le fasce altimetriche.
- montagna
- collina
- pianura

Le colline delle Langhe in Piemonte.

L'Agro Pontino in Lazio.

Come è nata la Pianura Padana?

La Pianura Padana occupa una superficie di 46 000 km² tra Piemonte, Lombardia, Emilia-Romagna e Veneto. È stata formata dal fiume **Po**: nel corso di milioni di anni, l'acqua del fiume e dei suoi affluenti ha trasportato a valle i detriti, prelevati da Alpi e Appennini, depositando prima i più grossi (*alta pianura*) e poi i più fini (*bassa pianura*).

La Pianura Padana quindi non è piatta ma ha la forma di una «vasca», più profonda al centro (dove le acque confluiscono nel Po) e leggermente inclinata verso la foce (figura **D**).

Nell'alta pianura il terreno formato da detriti grossolani è permeabile e l'acqua scende nel sottosuolo fino a che non trova uno strato di rocce impermeabili, dove non riesce a infiltrarsi. Si forma così una falda idrica.

Scorrendo verso le zone a quote inferiori, quando incontra terreni impermeabili l'acqua riaffiora: l'insieme di queste sorgenti di pianura forma la **linea delle risorgive** (figura **E**). Qui l'abbondanza d'acqua è favorevole a coltivazioni che ne hanno molto bisogno, come il riso o, in passato, la canapa.

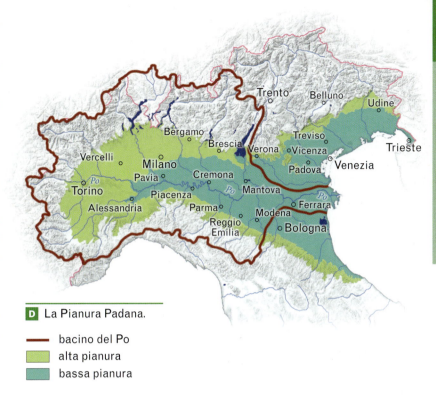

D La Pianura Padana.
— bacino del Po
▉ alta pianura
▉ bassa pianura

Impara le parole

Pianura Padana: il termine **padano** deriva da *Padus*, che era il nome latino del fiume Po.

Impara a imparare

1 Individua nella carta le località delle fotografie **B** e **C**.

2 Sottolinea la definizione di *linea delle risorgive*.

▶ **Mappa dei concetti**

▶ **Video: Le pianure italiane**

Mettiti alla prova

3 Scegli la risposta corretta.
Qual è il paesaggio più diffuso in Italia?
A la pianura   **B** la collina

4 Scegli l'alternativa corretta.
La Pianura Padana è una zona **povera** / **ricca** d'acqua; ha la forma di una vasca inclinata verso la **foce** / **sorgente**. La presenza d'acqua è favorevole a coltivazioni come **il riso** / **la vite**.

Capitolo 5 **Il paesaggio italiano**

3. I fiumi

▶ Essendo un paese molto montuoso, l'Italia è ricca di corsi d'acqua soprattutto al nord. Tuttavia, a causa della forma lunga e stretta della penisola, i fiumi italiani sono in maggioranza brevi e non navigabili, con bacino idrografico poco esteso e scarsa portata d'acqua.

In base alla loro origine, i fiumi italiani si distinguono in fiumi alpini e in fiumi appenninici (figura A).

I **fiumi alpini** nascono da nevai o ghiacciai: essendo alimentati da abbondanti nevicate, hanno una maggiore portata d'acqua e un regime più costante. La piena giunge con i mesi estivi, quando anche in alta montagna la temperatura si alza ed è maggiore il disgelo, mentre il periodo di magra è quello invernale, quando in quota la neve è compatta e la fusione è minima. Il Po è il primo fiume italiano; il secondo grande fiume alpino è l'Adige.

I **fiumi appenninici** sono alimentati prevalentemente dalle piogge e hanno un regime più irregolare. Le piene si verificano nei mesi più piovosi, dalla fine dell'autunno all'inizio della primavera, mentre d'estate il fiume è in magra: si presenta come un rigagnolo d'acqua che scorre fra una distesa di ciottoli e massi. In Italia meridionale sono detti *fiumare*, quando alternano piene improvvise in inverno a una grande carenza d'acqua in estate. Spesso il loro corso è breve e in forte pendenza perché il crinale è vicino al mare. Sul versante tirrenico si trovano i fiumi appenninici maggiori: l'Arno e il Tevere.

A I principali fiumi e laghi italiani.

— linea spartiacque

Fiumi alpini	Lunghezza (km)
Po	652
Adige	410
Adda (*)	313
Oglio (*)	280
Tanaro (*)	276
Ticino (*)	248
Piave	220

(*) affluenti del Po

Fiumi appenninici	Lunghezza (km)
Tevere	405
Arno	241
Reno	211
Ombrone	161
Liri-Garigliano	158
Volturno	175
Basento	149
Aterno Pescara	145
Ofanto	134

Quali sono i principali fiumi italiani?

Il **Po** è il primo fiume italiano per lunghezza (652 km), per estensione del suo bacino (oltre 70 000 km², un quarto della superficie italiana) e per portata d'acqua (la massima è di 10 300 m³ al secondo presso Ferrara).

I principali *affluenti di sinistra* del Po sono tutti **fiumi alpini** e formano importanti vallate: Dora Baltea, Dora Riparia, Sesia, Ticino, Adda, Oglio e Mincio.

I principali *affluenti di destra* (Scrivia, Trebbia, Taro, Secchia, Panaro) sono invece fiumi appenninici, a parte il Tànaro-Bormida che scende dalle Alpi.

Tutti gli affluenti del Po hanno un corso orientato verso est, a causa della doppia pendenza verso il Po e verso il mare.

Il secondo grande fiume alpino, che è anche il secondo fiume italiano per lunghezza, è l'Adige (figura B), che sfocia a breve distanza dal Po, di cui un tempo era un affluente. Piave, Tagliamento, Brenta e Isonzo sono gli altri principali fiumi alpini, alimentati dalle Alpi orientali, e sfociano nell'Adriatico.

Un tratto di pianura (in Veneto) del corso del fiume Adige.

La valle del Tevere, nei pressi di Todi (Perugia).

Vediamo gli altri **fiumi appenninici**.

Sul *versante tirrenico* si trovano quelli più importanti. L'Arno scende dal monte Falterona con un corso tortuoso formando diverse vallate; in pianura riceve il Sieve e, attraversate Firenze e Pisa, sfocia nel Mar Tirreno. Il Tevere (figura C) nasce dal Monte Fumaiolo, in Romagna, scorre per un tratto in Toscana, taglia Roma e sfocia a Ostia, in Lazio. A sud di Roma, i fiumi maggiori sono il Volturno, il Sele e il Garigliano.

Sul *versante adriatico* i fiumi hanno una modesta lunghezza e scorrono paralleli fra loro. I principali, dopo il Po, sono il Reno in Emilia-Romagna, l'Aterno-Pescara in Abruzzo e l'Ofanto in Puglia.

Appartengono al *versante ionico* il Basento e il Bradano.

Sul *versante mediterraneo*, in Sicilia il fiume principale è il Simeto, mentre in Sardegna è il Tirso.

Impara a imparare

1 Guarda la carta dei fiumi italiani e costruisci una tabella dei principali affluenti del Po. Nella prima colonna inserisci gli affluenti di sinistra e nella seconda colonna gli affluenti di destra.

2 Sottolinea la definizione di *fiumara*.

 MAPPA DEI CONCETTI

 VIDEO: Quali sono i fiumi principali in Italia

Mettiti alla prova

3 Completa la tabella con i seguenti termini: *estate • inverno • neve • pioggia*

	Fiumi alpini	Fiumi appenninici
Alimentati da		
Periodo di piena		
Periodo di magra		

Capitolo 5 **Il paesaggio italiano**

4. I laghi e le zone carsiche

In alta montagna – nelle Alpi e in misura minore negli Appennini – si trovano migliaia di piccoli laghi alimentati dalle acque di scioglimento dei nevai e dei ghiacciai. Ma oltre l'85% dell'acqua dei **laghi** italiani è contenuta nei grandi laghi prealpini che hanno come immissari ed emissari gli affluenti di sinistra del Po.

Nel resto d'Italia si trovano laghi naturali di origine tettonica, vulcanica o costiera alimentati direttamente dalle piogge.

Nelle zone in cui il terreno è prevalentemente calcareo si trovano **paesaggi carsici** e nel sottosuolo si formano grotte che possono contenere anche laghi sotterranei.

Quali sono i principali laghi italiani?

A nord i grandi **laghi prealpini** sono il Lago Maggiore, il Lago di Como, il più profondo (figura A), il Lago d'Iseo e il Lago di Garda, il più esteso. Sono laghi di forma allungata e molto profondi, perché di origine glaciale.

Nell'Italia centrale il lago più esteso è il Trasimeno che occupa invece una depressione di origine tettonica. Di forma circolare sono i **laghi vulcanici** del Lazio (Bolsena, Bracciano, Vico, Albano, Nemi, figura B).

I **laghi costieri** più importanti sono in Puglia: il Lago di Lesina (figura C) e quello di Varano.

Il Sud non è ricco di laghi naturali, perciò l'uomo ha costruito dighe per raccogliere le acque, creando **laghi artificiali** come l'Omodeo (figura D) in Sardegna e l'Ampollino in Calabria.

> **Impara le parole**
>
> **Lago** deriva dal latino *lacus*, da cui anche l'aggettivo **lacustre**. Metaforicamente, il termine lago si usa per indicare una grande quantità di liquido, come nell'espressione «un lago di sangue».

Il Lago di Como.

Il Lago di Nemi (Roma).

Il Lago di Lesina (Foggia).

Il Lago Omodeo (Oristano).

Che cos'è il carsismo?

Il calcare è una roccia solubile in acqua. Su questo tipo di rocce le piogge scavano solchi e ogni corso d'acqua scava un letto sempre più profondo e si inabissa formando depressioni, pozzi, laghetti sotterranei e grotte (figura E) ricche di formazioni come le stalattiti e le stalagmiti.

Poiché l'acqua scende in profondità, in superficie la vegetazione è scarsa (figura F).

Questo fenomeno prende il nome di *carsismo*, dalla regione del Carso fra Italia, Slovenia e Croazia, dove è particolarmente evidente.

In Italia vi sono zone carsiche in tutte le regioni esclusa la Valle d'Aosta (figura G).

La grotta di Frasassi (Marche).

Il Monte Albo (Sardegna).

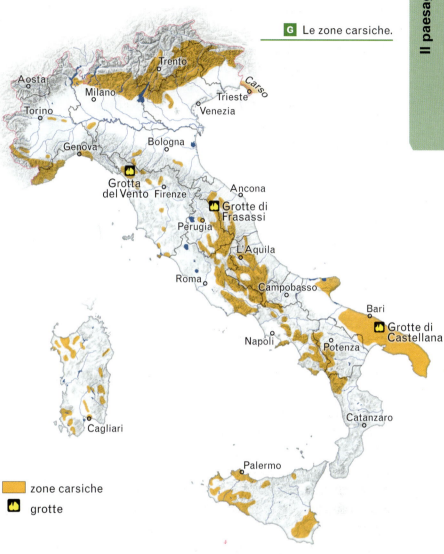

G Le zone carsiche.

zone carsiche
grotte

Impara a imparare

1 Individua nella carta del paragrafo 3 i laghi rappresentati nelle fotografie.

2 Osserva la figura G e individua le due regioni con più zone carsiche.

▸ **Mappa dei concetti**

▸ **Video: L'origine dei principali laghi Italiani**

▸ **Video: Come si è formato il Lago di Garda**

Mettiti alla prova

3 Completa la tabella con i seguenti termini:
artificiale • Calabria • costiero • glaciale • Lazio • Lombardia • Puglia • vulcanico

	origine del lago	regione
Lago di Como		
Lago di Bolsena		
Lago di Varano		
Lago Ampollino		

4 Scegli l'alternativa corretta.
I paesaggi carsici sono

A poveri di vegetazione.   **B** molto fertili.

Capitolo 5 Il paesaggio italiano

5. I mari e le coste

L'Italia è una **penisola**, pertanto ha un notevole sviluppo delle coste: 7300 km. Si allunga al centro del **Mar Mediterraneo**, il quale, rispetto all'Oceano Atlantico che lo alimenta, è meno profondo, più caldo e più salato, ha onde di minore altezza e maree di ampiezza limitata.

▶ Presso la costa italiana, il Mediterraneo forma 4 mari interni: il Mar Adriatico, il Mar Ionio, il Mar Tirreno e il Mar Ligure (figura A).

▶ In Italia è presente una grande varietà di coste: *alte e rocciose*, come in Liguria e in Sardegna, o *basse e sabbiose*, come in Veneto e in Emilia-Romagna.

La costa è in continuo mutamento: arretra per l'erosione marina, avanza per il deposito di detriti. Alcune città, che anticamente erano bagnate dal mare (per esempio Ravenna e Pisa), ora si trovano nell'entroterra.

▶ Oltre alle due isole maggiori, Sicilia e Sardegna, nei mari italiani sono presenti numerose **isole**:
- nell'Adriatico, le Tremiti;
- nel Tirreno, l'Arcipelago Toscano (Elba, Gorgona, Capraia, Pianosa, Montecristo, Giglio e Giannutri), le Isole Ponziane (Ponza, Palmarola, Ventotene), l'Arcipelago Campano (Capri, Procida e Ischia), Ustica, le Eolie (Lipari, Salina, Alicudi, Filicudi, Stromboli, Vulcano e Panarea), le Egadi (Levanzo, Favignana e Marettimo), l'Arcipelago della Maddalena.
- nel Mediterraneo, le Pelagie (Lampedusa, Linosa) e Pantelleria al largo della Sicilia; Sant'Antioco, San Pietro e l'Asinara al largo della Sardegna.

Le coste delle isole sono in genere rocciose.

A I mari e le coste italiane.

Impara le parole

Mare viene di frequente usato nelle espressioni «mare grosso» (= mare agitato), «alto mare» (= acque lontane dalla costa); si dice «essere in alto mare» (= essere lontano dal completamento di qualcosa), «è una goccia nel mare» (= è una cosa così piccola che ha poca importanza), «è un porto di mare» (= è un luogo frequentatissimo).

Mediterraneo significa «in mezzo alle terre», infatti è un mare interno circondato da terre emerse.

Quali mari bagnano le coste italiane?

1. Il **Mare Adriatico** si estende dal golfo di Trieste fino al canale d'Otranto: è un mare poco profondo (in media 200 m); le coste sono basse (figura B), a eccezione dei promontori del Conero e del Gargano.

2. Il **Mar Ionio** è il più profondo (la Fossa ionica, –5021 m, è la più profonda del Mediterraneo); si estende dal Canale d'Otranto allo Stretto di Messina; le coste sono basse e sabbiose in Puglia (figura C) e Basilicata; alte e rocciose in Calabria.

3. Il **Mar Tirreno**, il più esteso, va dalla costa nord della Sicilia al Canale di Corsica; ha coste più lineari e sabbiose in Toscana e Lazio, più frastagliate e rocciose a sud (dove forma i golfi di Gaeta, di Napoli e di Salerno) e in Sardegna (figura D).

4. Il **Mar Ligure**, il meno esteso, forma il grande golfo di Genova e quello di La Spezia ed è compreso fra l'isola d'Elba e la penisola di Cap-Ferrat presso Nizza; le sue coste sono alte e rocciose, con le montagne che scendono a picco in mare (figura E).

Costa bassa e sabbiosa presso Bibione (Veneto).

Costa bassa e lineare a Ugento (Puglia).

Costa rocciosa e frastagliata sull'isola di Mortorio (Sardegna).

Costa alta e rocciosa a Portofino (Liguria).

Impara a imparare

1 Nella carta evidenzia con 4 colori diversi i nomi dei 4 mari italiani. Usa lo stesso colore per sottolineare nel testo la caratteristica principale di ciascun mare.

2 Costruisci una tabella.
Nella prima colonna inserisci i nomi dei mari italiani, nella seconda i golfi di ciascuno, nella terza le penisole e i promontori.

 Mappa dei concetti

 Video: I mari e le coste in Italia

Mettiti alla prova

3 Vero o falso?
a. Il Mare Adriatico è il mare italiano con più arcipelaghi. V F
b. La costa italiana non è soggetta a grandi mutamenti. V F
c. Ravenna una volta si trovava sul mare ma ora è nell'entroterra. V F
d. Le nostre isole sono in genere rocciose. V F

6. Il clima

I principali fattori che determinano il clima dell'Italia sono quattro.

1. La **latitudine**: trovandosi in posizione intermedia fra Equatore e Polo, l'Italia ha un clima temperato ma, poiché si allunga in direzione nord-sud per più di 1000 km (oltre 11 gradi di latitudine), la temperatura è più alta in ogni stagione man mano che da nord si va verso sud (figura A).

2. La **distanza del mare** (detta anche *marittimità* o *continentalità*): sulle coste, rispetto alle località dell'entroterra, in inverno fa meno freddo e in estate meno caldo; al contrario, nelle zone lontane dal mare l'*escursione termica annua* è maggiore (figura B).

3. L'**altitudine**: varia da 0 a 4810 m s.l.m. con una diminuzione della temperatura di 0,6 °C ogni 100 m di altitudine (figura C).

4. La **disposizione delle montagne** e la provenienza dei venti: le Alpi costituiscono una barriera contro i venti freddi e umidi dell'Europa centrale; le Alpi orientali, più basse, permettono invece ai venti freddi e secchi dell'Europa orientale di insinuarsi nella Pianura Padana abbassando notevolmente le temperature invernali. In regioni come la Liguria, che sono protette dalle Alpi e dall'Appennino, arrivano invece venti caldi e umidi provenienti dal Mediterraneo. Questi venti, trovando una barriera di montagne sul mare, salgono rapidamente; quando il vapore acqueo raggiunge temperature più basse, si trasforma in pioggia (figura D). Per questo motivo le coste del Mar Ligure e del Tirreno sono più piovose di quelle dell'Adriatico.

Nelle pianure della Lombardia la latitudine e la distanza dal mare rendono gli inverni freddi.

Il clima di Rimini, sulla Riviera Romagnola, è mitigato dalla presenza del mare.

A Bardonecchia, nelle Alpi piemontesi, a più di 1300 metri di altitudine, gli inverni sono rigidi.

L'umidità proveniente dal mare si è condensata in nubi sopra la costa genovese.

Quali sono i principali climi italiani?

L'Italia può essere divisa in *sei zone climatiche* (figura E).

1. **Zona alpina**, con clima montano: inverni lunghi e rigidi, estati brevi e fresche; in inverno abbondanti precipitazioni nevose, nelle altre stagioni frequenti piogge.
2. **Zona padana**, con clima continentale: inverni freddi e umidi, estati molto calde e afose; piogge concentrate nelle stagioni intermedie.
3. **Zona appenninica**, con clima montano: estati fresche, inverni freddi; precipitazioni in prevalenza invernali e autunnali.
4. **Zona tirrenica**, con clima di tipo mediterraneo ma più piovoso: inverni miti, estati calde e ventilate.
5. **Zona adriatica**, con clima più simile a quello continentale che a quello mediterraneo: inverni freddi, estati calde, piogge concentrate in primavera e autunno.
6. **Zona mediterranea**: inverni miti, estati molto lunghe e molto calde ma non afose; scarse precipitazioni, concentrate in inverno, e periodi estivi di siccità.

Il clima di ciascuna zona climatica può essere sintetizzato nel climatogramma di un luogo rappresentativo, in cui sono riportati i valori delle precipitazioni e delle temperature medie di ciascun mese (figura F).

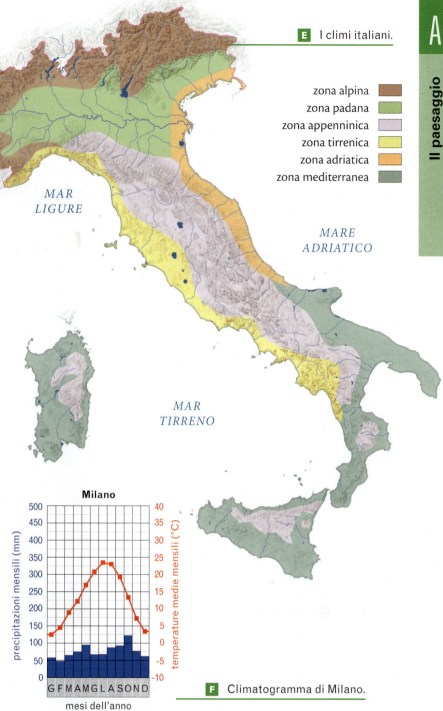

E I climi italiani.

F Climatogramma di Milano.

Impara a imparare

1 Individua nella carta il clima di ciascuna delle località raffigurate nelle fotografie della pagina a fianco.

2 Proponi altre 2 località che secondo te possono rappresentare il clima delle 2 zone climatiche che non sono rappresentate nelle fotografie.

 Mappa dei concetti

Mettiti alla prova

3 Scegli l'alternativa corretta.

In Italia la temperatura aumenta se si va da

A Nord verso Sud.   B Sud verso Nord.

4 Completa le frasi. Scegli tra i seguenti termini: *continentale • alpino • nord • est*

Le Alpi bloccano i venti freddi e umidi provenienti da ...., ma le Alpi Orientali sono più basse e permettono ai venti freddi di entrare da .... nella Pianura Padana.

La Pianura Padana è una zona dal clima ....

7. La vegetazione spontanea

▶ Alle diverse zone climatiche italiane corrispondono diversi tipi di vegetazione.

1. Il **clima alpino e appenninico** di alta montagna impedisce la crescita di alberi: oltre i 2000-2500 m, durante la breve estate, crescono solo muschi, licheni e rari pascoli. Scendendo a quote più basse, il suolo è ricoperto da cespugli di mirtilli e rododendri e sotto i 2000 m compaiono i primi alberi: larice (figura A), pino cembro, pino mugo. Seguono altre conifere, come l'abete e il pino silvestre. Verso i 1000 m cominciano a crescere bene latifoglie come il faggio e, più giù, il castagno. In collina prevalgono la quercia, il pioppo, il cipresso e l'ulivo.

2. Nelle zone con **clima padano e adriatico** la vegetazione spontanea tipica è rappresentata da lecci, pioppi (figura B), tigli.

3. Il **clima tirrenico e mediterraneo** presenta una vegetazione composta da alberi sempreverdi in grado di sopportare la siccità e i venti salmastri, come la quercia da sughero, l'oleastro, il ginepro, ma soprattutto è caratterizzata dalla macchia mediterranea (figura C), composta da arbusti sempreverdi: corbezzolo, lentisco, ginestra, oleandro, rosmarino.

▶ La vegetazione spontanea delle colline e delle pianure è stata sostituita nel corso dei secoli da piante utili per l'uomo. Anche le zone costiere hanno avuto un notevole sviluppo turistico e la macchia mediterranea è stata in gran parte eliminata per costruire alberghi, abitazioni, strade, strutture ricreative. In parte è rimasta relativamente più intatta la vegetazione di alta montagna ma anche qui molte foreste sono state eliminate per costruire piste da sci, impianti di risalita, case, strade e parcheggi.

▶ In alcune zone del nostro paese si è deciso di proteggere gli ecosistemi con la creazione di **parchi naturali**, riserve e aree protette.

Un bosco di larici.

Un pioppeto.

Macchia mediterranea.

Come si possono proteggere gli ecosistemi naturali?

In Italia ci sono 24 **parchi nazionali** e 30 **aree marine protette** (figura D), alle quali si aggiunge il Santuario internazionale per i mammiferi marini fra il Mar Tirreno e il Mar Ligure, per una superficie totale di 15 000 km². A queste aree, ritenute di importanza nazionale, si aggiungono parchi e riserve regionali, provinciali, comunali o gestite da associazioni ambientaliste come il WWF (World Wildlife Fund) e la LIPU (Lega Italiana per la Protezione degli Uccelli). La superficie protetta supera complessivamente il 20% del territorio nazionale.

In queste aree si svolgono azioni e ricerche per proteggere gli ecosistemi e le attività umane devono rispettare l'ambiente.

All'interno delle zone protette vivono oltre 60 000 specie animali e vegetali. Molte di esse sono a rischio di estinzione e alcune sopravvivono solo all'interno dei parchi, come molte specie di rapaci, di orsi, di ungulati (come camosci e caprioli), di rettili e di pesci.

Inoltre, all'interno dei parchi è tutelata gran parte dei nevai, dei ghiacciai e delle falde acquifere che alimentano le più importanti sorgenti italiane.

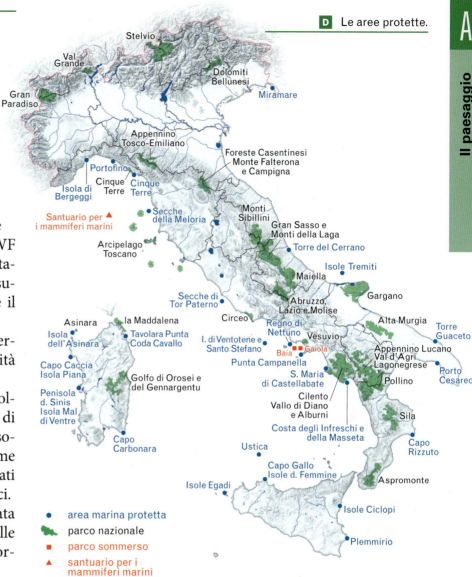

D Le aree protette.

Impara a imparare

1 Completa la tabella con esempi di vegetazione spontanea tipica dei diversi climi.

clima	vegetazione spontanea
alpino / appenninico	
padano / adriatico	
tirrenico / mediterraneo	

2 Individua nella carta il parco più vicino al luogo in cui vivi.

 MAPPA DEI CONCETTI

 VIDEO: Le aree protette in Italia

Mettiti alla prova

3 Completa le frasi. Scegli tra i seguenti termini:
in collina • in montagna • sulle coste

La vegetazione spontanea è stata modificata dall'azione dell'uomo: .... e pianura è stata sostituita da piante utili all'uomo, ... da impianti turistici e .... da piste da sci.

4 Elimina la risposta sbagliata.
I parchi naturali e le aree protette sono importanti per molte ragioni.

A Per la tutela di nevai, ghiacciai e falde acquifere.
B Perché vengono utilizzate le tecniche di coltivazione più moderne.
C Per lo studio e la cura degli ecosistemi.

5 Scegli l'alternativa corretta.
Parchi e riserve naturali coprono più del **60%** / **20%** del territorio italiano. In Italia ci sono **24** / **45** Parchi Nazionali e 30 **Aree Marine Protette** / **Parchi Regionali**.

Capitolo 5 **Il paesaggio italiano**

Uno sguardo d'insieme

Le caratteristiche fisiche del paesaggio italiano comprendono...

→ i rilievi, ...

1. Le montagne

Le montagne italiane sono montagne giovani.
▶ Le **Alpi** (cima più elevata: Monte Bianco, 4810 m) formano un arco in direzione est-ovest. Hanno cime elevate e forme aguzze.
▶ Gli **Appennini** (cima più elevata: Gran Sasso, 2912 m) si estendono dalla Liguria alla Sicilia. Sono più bassi e hanno forme più arrotondate.

→ le acque...

3. I fiumi

L'Italia è ricca di fiumi che, a causa della vicinanza delle montagne alle coste, hanno corsi piuttosto brevi.
▶ I **fiumi alpini** sono più ricchi di acqua e hanno portata più regolare perché sono alimentati dallo scioglimento delle nevi.
▶ I **fiumi appenninici** sono più poveri di acque e più irregolari perché dipendono dalle piogge.
Il **Po** è il più lungo fiume italiano ed è alimentato principalmente da affluenti che scendono dalle Alpi. Altri fiumi importanti sono l'Adige (alpino), il Tevere e l'Arno (appenninici).

→ e il clima

6. Il clima

L'Italia presenta una notevole varietà di climi.
I **fattori** che più li influenzano sono:
▶ la latitudine,
▶ l'altitudine,
▶ la distanza dal mare,
▶ la disposizione delle montagne.
Si distinguono 6 **zone climatiche**:
▶ zona alpina,
▶ zona padana,
▶ zona appenninica,
▶ zona tirrenica,
▶ zona adriatica,
▶ zona mediterranea.

2. Le colline e le pianure

▶ Le **colline** costituiscono il paesaggio italiano più diffuso.
Sono prevalentemente di origine tettonica (Langhe, Murge) o vulcanica (Colli Euganei, Colli Albani).
▶ La maggioranza delle **pianure** è di origine alluvionale.
La Pianura Padana, a nord, è la più ampia e la più popolata: è di origine alluvionale, formata dal Po e dai suoi affluenti. A sud le pianure più importanti sono la Pianura Campana, il Tavoliere delle Puglie e il Salento.

4. I laghi e le zone carsiche

In Italia ci sono **laghi** di diversa origine.
▶ I laghi più estesi sono di origine glaciale e si trovano ai piedi delle Alpi: Lago Maggiore, di Como, di Garda.
▶ Al centro sono presenti laghi di origine tettonica (il Trasimeno) e di origine vulcanica (laghi del Lazio).
▶ Al sud si trovano i laghi costieri di Lesina e Varano e alcuni laghi artificiali.
Il **carsismo** è un fenomeno che deriva dall'azione dell'acqua sulle rocce calcaree. È diffuso in tutta la penisola e dà origine a grotte e a profonde incisioni nei rilievi.

5. I mari e le coste

Il **Mediterraneo** forma 4 mari interni attorno alle coste italiane:
▶ Mare Adriatico,
▶ Mar Ionio,
▶ Mar Tirreno,
▶ Mar Ligure.
Le **coste** sono
▶ lineari, basse e sabbiose in pianura,
▶ frastagliate, alte e rocciose se i rilievi sono prossimi al mare.
Le **isole** principali sono la Sicilia e la Sardegna.

7. La vegetazione spontanea

La **vegetazione** spontanea varia a seconda del clima.
1. I climi freddi della zona alpina e appenninica sono adatti alle aghifoglie (come larici e abeti) e alle latifoglie (come faggi e castagni).
2. Nelle zone padana e adriatica prevalgono le latifoglie di pianura (per esempio i pioppi).
3. I climi caldi della zona tirrenica e mediterranea sono caratterizzati dalla macchia mediterranea (arbusti sempreverdi adatti a sopportare la siccità e il vento).
In Italia molta vegetazione spontanea è stata sostituita con piante utili agli uomini. Per proteggere gli ecosistemi naturali, in diverse zone sono stati istituiti **parchi naturali** e aree protette.

Capitolo 5 **Il paesaggio italiano**

Mettiti alla prova

Le parole

1 Completa il disegno inserendo i seguenti termini:
alta pianura • bassa pianura • linea delle risorgive • terreno impermeabile • terreno permeabile

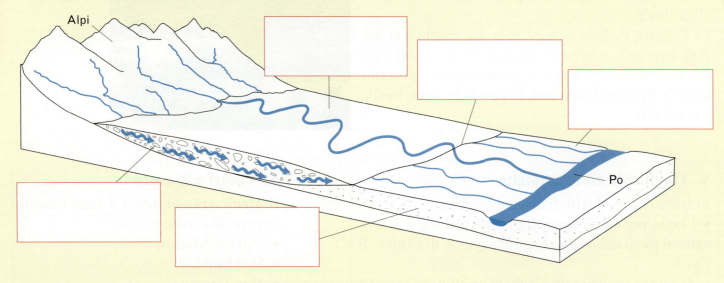

2 Completa le didascalie utilizzando i termini forniti:
artificiale • glaciale • vulcanico

a. Lago ....

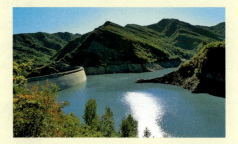

b. Lago ....

c. Lago ....

3 Collega con frecce termini e definizioni date.

a.	fiumara	1.	Sorgente d'acqua al confine fra alta e bassa pianura.
b.	pianura alluvionale	2.	Portata d'acqua costante di un fiume alimentato prevalentemente dalle nevi.
c.	regime alpino	3.	Portata d'acqua irregolare di un fiume alimentato prevalentemente dalle piogge.
d.	regime appenninico	4.	Area formata dai detriti trasportati dal fiume.
e.	risorgiva	5.	Corso d'acqua a carattere torrentizio che alterna piene impetuose a periodi di siccità.

4 Completa la carta inserendo i numeri corrispondenti alle zone climatiche nella posizione corretta.

1. alpina
2. adriatica
3. appenninica
4. mediterranea
5. padana
6. tirrenica

I concetti

6 Inserisci nella carta i mari italiani.

Mar Ligure • Mare Adriatico • Mar Tirreno • Mar Ionio

5 Dato il termine, scrivi la definizione.

a. alta pianura ....
....
....
....

b. carsismo ....
....
....
....

c. macchia mediterranea ....
....
....
....

d. zona climatica ....
....
....
....

7 Completa le frasi, scegliendo fra i seguenti termini:

aguzze • allungata • alte • arrotondate • basse • circolare • nevi • piogge

Le Alpi sono montagne mediamente più .... degli Appennini e hanno cime in media più .... rispetto a quelle degli Appennini.

I fiumi alpini sono alimentati prevalentemente dalle ...., invece quelli appenninici sono alimentati prevalentemente dalle ....

I laghi prealpini hanno forma ...., mentre i laghi vulcanici hanno forma ....

Capitolo 5 **Il paesaggio italiano**

8 Vero o falso?

a. Le montagne italiane sono fra le più giovani d'Europa.	V	F	**e.** La maggior parte delle pianure italiane ha origine alluvionale.	V	F
b. La cima più alta delle Alpi è il Monviso.	V	F	**f.** Il secondo fiume italiano per lunghezza è il Tevere.	V	F
c. La cima più alta degli Appennini è il Gran Sasso.	V	F	**g.** Il lago Omodeo è un lago glaciale.	V	F
d. Le colline italiane sono umide e paludose.	V	F	**h.** Le conifere sono tipiche del clima alpino.	V	F

9 Completa la tabella sugli arcipelaghi italiani inserendo i seguenti nomi:

Caprera • Capri • Elba • Favignana • Giglio • Ischia • Isole Eolie • Isole Ponziane • Lampedusa • Lipari • Mar Mediterraneo • Mar Tirreno • Stromboli • Tremiti • Ventotene

ARCIPELAGHI ITALIANI	Mare Adriatico	....	San Domino
			San Nicola
	....	Arcipelago Toscano	....
			Gorgona
			Capraia
			Pianosa
			Montecristo
			....
			Giannutri
		....	Ponza
			Palmarola
			....
			....
		Arcipelago Campano	Procida
			....
		....	Vulcano
			Salina
			Alicudi
			Filicudi
			....
			....
			Panarea
		Isole Egadi	Levanzo
			....
			Marettimo
		Arcipelago della Maddalena	La Maddalena
			....
	....	Isole Pelagie	....
			Linosa

10 Scegli l'alternativa corretta.

1. Nella Pianura Padana in inverno è più freddo che sulle coste toscane a causa
   - A della latitudine
   - B dell'altitudine
   - C della distanza dal mare

2. Le coste del Mar Ligure sono più piovose di quelle del Mare Adriatico a causa dei venti
   - A freddi e umidi dell'Europa centrale
   - B caldi e umidi del Mediterraneo
   - C freddi e secchi dell'Europa orientale

3. Quale di questi cespugli non si adatta al clima mediterraneo?
   - A ginestra
   - B oleandro
   - C rododendro

4. I fiumi Piave, Brenta e Isonzo nascono
   - A dalle Alpi Orientali
   - B dall'Appennino Settentrionale
   - C dalle Alpi Occidentali
   - D dall'Appennino Centrale

11 Collega i seguenti fenomeni e individua le relazioni corrette di causa/effetto.

	Aggiungi il collegamento giusto (è la causa di, è l'effetto di) e una freccia	
a. La forma allungata dei laghi prealpini		un clima con temperature più basse.
b. La forma arrotondata dei laghi laziali		un clima con scarsa escursione termica.
c. La vicinanza del mare		un'origine glaciale.
d. L'altitudine		un'origine vulcanica.

12 Nella carta dell'Italia colloca nel riquadro giusto il numero corrispondente ai seguenti rilievi:

1. Cervino
2. Cimone
3. Etna
4. Gennargentu
5. Gran Sasso
6. Marmolada
7. Monte Bianco
8. Ortles
9. Pollino
10. Vesuvio

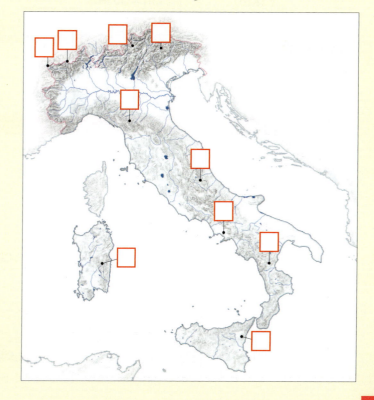

Capitolo 5 Il paesaggio italiano

Gli strumenti

13 Osserva l'istogramma, costruito con i dati della tabella a fianco. Usando la tabella inserisci nell'istogramma i nomi delle isole.

isole	superficie (km²)
Asinara	51
Elba	224
Ischia	46
Lampedusa	20
Lipari	37
Pantelleria	83
San Pietro	51
Sant'Antioco	109

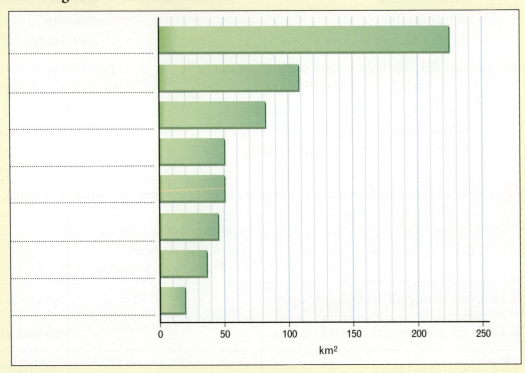

14 **Sei tu il geografo.** Analizza la tabella e completa il grafico rappresentando la lunghezza dei principali fiumi italiani in ordine decrescente.

fiume	lunghezza (km)	lunghezza in scala (cm) 1 cm = 50 km	fiume	lunghezza (km)	lunghezza in scala (cm) 1 cm = 50 km
Po	652	652 : 50 = 13	Adda	313	....
Tanaro	276	276 : 50 = ...	Adige	410	....
Tevere	405	....	Piave	220	....

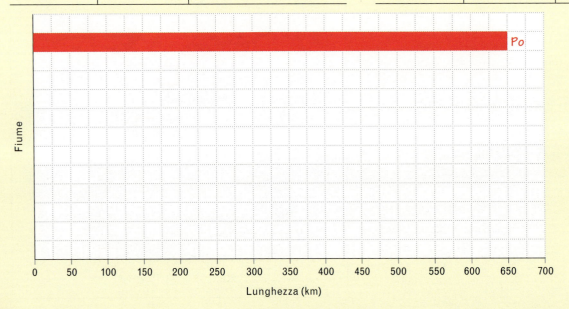

15 Osserva nell'Atlantino in fondo al libro la posizione delle seguenti città. Poi completa la tabella.

Quale fattore è la causa principale delle differenze climatiche? Scegli fra:
altitudine • latitudine • marittimità • continentalità • presenza delle montagne • provenienza dei venti

Ancona è meno fredda di Bologna	
Catanzaro è più calda di Firenze	
Cortina è meno calda di Venezia	
Trieste è più fredda di Genova	
La Spezia è più piovosa di Rimini	

A — Il paesaggio

16 Sai rispondere?

I rilievi

a. In che posizione si trovano i tre settori delle Alpi?
b. Quali sono le cime alpine più elevate?
   1. ....
   2. ....
   3. ....
c. Quale forma ha la catena degli Appennini?
d. Quali montagne si trovano in Sardegna?
e. Che percentuale di territorio italiano occupano le colline?
f. Che origine hanno le colline italiane?
g. Come si è formata la Pianura Padana?
h. Che cosa sono le risorgive?

Le acque

i. Qual è il fiume italiano più lungo?
l. Che differenza c'è tra i fiumi alpini e i fiumi appenninici?
m. Quali sono i fiumi appenninici più lunghi?
n. Dove si trovano i laghi italiani più estesi?
o. Qual è l'origine dei principali laghi italiani?
   1. ....
   2. ....
   3. ....
   4. ....
   5. ....

p. Che cos'è il carsismo?
q. Dove si trovano forme carsiche in Italia?
r. Quali sono i mari che bagnano le coste italiane?
   1. ....
   2. ....
   3. ....
   4. ....
s. Che caratteristiche hanno le coste italiane?

Il clima

t. Da che cosa dipendono i diversi climi italiani?
   1. ....
   2. ....
   3. ....
   4. ....
u. Quali sono le zone climatiche italiane?
   1. ....
   2. ....
   3. ....
   4. ....
   5. ....
   6. ....
v. Quale tipo di vegetazione è tipico delle zone con clima tirrenico e mediterraneo?
z. Perché pianure e colline conservano scarse tracce della vegetazione spontanea?

Verifica delle competenze

A — Il paesaggio

Competenza » Usare la carta geografica per organizzare un viaggio

1 Leggi la carta stradale della Toscana e rispondi alle domande.

In viaggio da Firenze a Pisa.

a. Indica le città principali toccate durante il percorso se viaggi sulla strada statale: Firenze – .... – .... – .... – .... – Pisa

b. Usando le distanze riportate in rosso, calcola quanti km percorri viaggiando sulla statale. ....

c. Quale autostrada puoi prendere in alternativa? ....

d. Entrando a «Firenze Scandicci», quante uscite superi prima di arrivare all'uscita «Pisa centro»? ....

e. Quant'è la distanza totale in autostrada? ....

Competenza » Individuare i fattori climatici che agiscono su un territorio

2 Metti a confronto due località.
Completa la tabella spiegando come i fattori indicati determinano il clima in ciascuna località.

	Fattori climatici	Come influenzano il clima
Iraklion (Isola di Creta, Grecia)	latitudine 35° N	
	altitudine 33 m s.l.m.	
	distanza dal mare 0 km	
Courmayeur (Valle d'Aosta, Italia)	latitudine 45° N	
	altitudine 1224 m s.l.m.	
	distanza dal mare 200 km	
	presenza delle Alpi	

Competenza » **Fare ricerche su Internet**

❸ La laguna di Orbetello è la più importante del Mar Tirreno.
Fai una ricerca su Internet per scoprire:
1. dove si trova (scarica una mappa della zona),
2. quale organizzazione si occupa della protezione di questo territorio,
3. quale fauna caratterizza questo territorio.

Competenza » **Geography in English**

❹ **Match each sentence with its picture.**

A. The map is a representation of a continent, a country or a town.
B. The compass is a tool with a needle that shows where north is.
C. The globe is a ball with a map of the Earth on it.

❺ **Write the names of the parts of the river in the correct box.**
Parts of the river: mouth • river banks • source • tributary

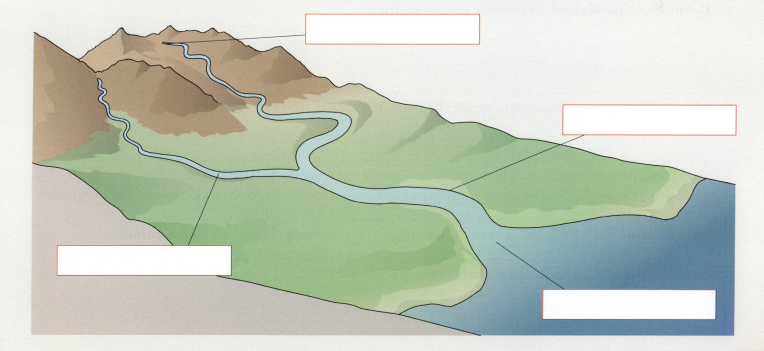

Verifica delle competenze

Competenza » Comprendere un testo espositivo

6 Leggi i quesiti prima del testo, per sapere che cosa ti è richiesto.
Poi leggi il testo e rispondi alle domande.

Quanta acqua consumi ogni giorno?

Non parliamo solo dell'acqua che serve per bere, cucinare, pulire, lavarci, ma di quella usata nella produzione degli alimenti, dei beni e dei servizi di cui abbiamo bisogno. In tutto circa 3800 litri per persona al giorno (più di 30 vasche da bagno).

Ogni prodotto richiede acqua nelle diverse fasi di produzione e consumo: la quantità totale in litri si chiama **impronta idrica**. Questo numero viene calcolato combinando l'uso diretto e indiretto dell'acqua durante il ciclo di vita del prodotto. Ad esempio, quando acquisti un sacchetto di patatine, l'uso diretto corrisponde alla quantità di acqua utilizzata per il lavaggio e la lavorazione delle patate. L'uso indiretto corrisponde, invece, a tutta l'acqua utilizzata nella catena di produzione della patata [...]: l'acqua necessaria per la concimazione, la semina, la coltivazione, l'irrigazione, il trasporto.

L'impronta idrica individuale è la somma delle impronte idriche di tutti i prodotti e i servizi che consumiamo. Il dato medio di 3800 l/giorno varia molto da un individuo ad un altro. Una persona che beve molto caffè e mangia carne regolarmente, ad esempio, avrà probabilmente un'impronta idrica molto più elevata rispetto a un vegetariano che beve l'acqua del rubinetto.

Infatti la **carne bovina** è l'alimento che richiede le maggiori quantità di acqua: quasi 15.500 litri per ogni chilogrammo (pari a oltre 140 acquari!), rispetto per esempio ai 4800 litri necessari per produrre un chilo di carne suina e ai 3900 per quella avicola. Il **formaggio** raggiunge i 5000 litri per chilogrammo (*circa 150 litri a fetta*!), lo zucchero 1500, il latte 1000 e la frutta 970 (una mela vale circa 82 litri). Per la **pasta** occorrono 1700-1900 litri di acqua, per **una pizza** circa 1200. Le **verdure** sono l'alimento che necessita della minore quantità di acqua: *solo* 325 litri per ogni chilo.

In base a questi dati, è stato calcolato che limitare il consumo di carne a un paio di volte alla settimana consente di risparmiare in media circa 2500 litri di acqua al giorno.

[da *focus.it*]

---

1. Definisci con parole tue l'espressione *impronta idrica*.

2. *Idro* significa acqua: conosci altre parole che fanno parte della stessa famiglia?

3. Fra i seguenti verbi sottolinea i sinonimi di *consumare* e cerchia quelli di *produrre*.
confezionare • costruire • distruggere • fabbricare • fornire • sciupare • sprecare • trasformare • usare • utilizzare

4. Nel testo sono usati sinonimi di «uomo» allo scopo di evitare le ripetizioni. Cercali e sottolineali.

5. Rifletti sulla produzione di una maglia di lana: per che cosa è usata l'acqua?

Uso diretto: ....

Uso indiretto: ....

Competenza » Analizzare un testo narrativo

7 Leggi il brano poi rispondi alle domande.

Una gita in barca

[Il giorno previsto per la partenza] George prese il giornale e ci lesse sia le notizie di sinistri alle imbarcazioni sia le previsioni del tempo; queste ultime profetizzavano «pioggia, freddo, umido, con tendenza al bello», «temporali, depressione sulla contea di Midland (Londra e Manica)», «barometro in discesa».

Io pensavo che tra tutte le stupide, irritanti cretinerie che ci affliggono, questa della «previsione del tempo» è forse la più perversa.

Ricordo che mi rovinai completamente le vacanze ad autunno inoltrato, appunto per avere tenuto conto delle previsioni del tempo del giornale locale. «Per oggi si prevedono forti piogge a carattere temporalesco», e così noi rimandammo il pic-nic e rimanemmo chiusi in casa per tutta la giornata in attesa della pioggia. La gente passava davanti alla nostra porta e se ne andava fuori tutta allegra e felice, il sole bruciava e non c'era una nuvola in cielo. Passò quasi tutto il pomeriggio e non si vide nessun segnale di pioggia ed allora cercammo di confortarci pensando che sarebbe caduta improvvisamente, tutta d'un colpo, proprio nel momento in cui i gitanti si trovavano sulla strada per far ritorno a casa in modo che si sarebbero bagnati più che mai. Ma intanto non veniva giù neanche una goccia; [...] Al mattino seguente leggemmo che il tempo sarebbe stato «caldo-bello – con tendenza alla stabilità – molto caldo»; e allora ci vestimmo di abiti leggeri ed uscimmo. Mezz'ora dopo che eravamo partiti, cominciò a piovere forte, si levò un vento freddo e tutti e due durarono per l'intera giornata e noi ritornammo pieni di raffreddori [...]

Il tempo è una cosa che supera completamente le mie capacità. Non ci capisco niente. E il barometro è inutile; ti trae in inganno come le previsioni del giornale. Ve n'era uno appeso in un albergo di Oxford dove scesi la primavera scorsa. Al mio arrivo, segnava «tempo bello stabile». Fuori, l'acqua veniva giù che Dio la mandava e così fu per tutto il giorno. Io non ci capivo nulla. Detti un colpettino al barometro, che saltò e segnò «molto secco». Al mattino seguente detti qualche altro colpettino e il barometro salì ancora mentre la pioggia scendeva sempre più violenta. Al mercoledì ritornai a battere e la lancetta passò dal «bello stabile» al «molto caldo» [...]. Intanto la pioggia continuava a venir giù ininterrotta e il fiume, straripato, aveva allagato i quartieri bassi. Il tempo bello non si vide. [...]

Quella mattina in particolare, però, era troppo bella, troppo piena di sole; non potevamo lasciarci turbare fuor di misura dalla raccapricciante lettura di George che diceva «barometro in discesa» e «perturbazioni atmosferiche in movimento sull'Europa settentrionale». Perciò decidemmo di metterci in viaggio.

[da J.K. Jerome, *Tre uomini in barca*, capitolo V]

1. Nella riga 2 con quale parola potresti sostituire il termine «sinistri»?
- A sfortune
- B imprevisti
- C errori
- D incidenti

2. Nella riga 6 l'espressione «barometro in discesa» significa che
- A sono previste piogge
- B è previsto tempo stabile
- C è previsto un calo della temperatura
- D è previsto un aumento della temperatura

3. L'opinione del protagonista sul barometro è che
- A predice sempre brutto tempo
- B predice sempre bel tempo
- C è inutile

4. Il protagonista
- A si fida solo delle previsioni a breve termine
- B ritiene che non si debba rinunciare ai propri progetti in base alle previsioni del tempo
- C pensa che, prima di partire, sia sempre bene consultare le previsioni del tempo

Verifica delle competenze

Competenza » Fare collegamenti fra storia e geografia

8 Leggi il testo e inserisci la lettera corretta in ciascuna figura.

Come si presentava il paesaggio italiano nei secoli passati? Possediamo poche carte e schizzi – e nessuna fotografia – ma possiamo farcene un'idea osservando le opere d'arte e immaginando che l'autore abbia rappresentato i paesaggi con gli elementi a lui conosciuti, cioè quelli della sua epoca storica.

Il paesaggio italiano al tempo dell'impero romano (figura **A**, mosaico del I-II secolo d.C.)

I Romani lasciarono un'impronta duratura nel paesaggio italiano: disboscarono le colline del sud, suddivisero le pianure del centro-nord in campi squadrati (che lavoravano con gli aratri e l'aiuto degli animali), introdussero la «coltura promiscua» di cereali, viti e olivi, e costruirono il reticolo di strade che caratterizza ancora molte città italiane ed europee.

Il paesaggio italiano nell'Alto Medioevo (figura **B**, Ravenna, Sant'Apollinare in Classe, VI secolo)

Nelle decorazioni delle prime chiese cristiane, il paesaggio è stilizzato e simbolico: gli alberi rappresentano episodi biblici, il prato raffigura il paradiso terrestre.

Il paesaggio italiano nel Trecento (figura **C**, Ambrogio Lorenzetti, Siena, 1338-1339)

Ambrogio Lorenzetti ha dipinto Siena: si distinguono le alte mura della città, le case irregolari, le vie strette, le torri merlate e i portici, cioè tutti gli elementi caratteristici di una città medioevale. All'esterno si vede bene la campagna coltivata.

Il paesaggio italiano nel Rinascimento (figura **D**, La città ideale, 1480 circa)

Un artista ignoto ha dipinto il modello di città ideale per gli uomini del Rinascimento: palazzi dalle linee geometriche, spazi regolari, disposizione simmetrica, uso di materiali pregiati come il marmo.

Il paesaggio italiano nel Settecento (figura **E**, Canaletto, Veduta del bacino di San Marco, 1737-38)

La veduta del Bacino di San Marco, a Venezia, dipinta da Canaletto rappresenta fedelmente i simboli della città: il Palazzo Ducale e la Biblioteca Marciana, la piazza e la basilica di San Marco. I palazzi, dominano la scena e testimoniano la ricchezza della città.

Il paesaggio italiano nell'Ottocento (figura **F**, Giovanni Segantini, Vita, 1898-1899).

L'uomo ottocentesco riscopre il valore della natura e del paesaggio. I paesaggisti ritengono che la bellezza non risieda solo nelle opere costruite dall'uomo ma anche negli elementi naturali, che vengono quindi riprodotti in maniera molto realistica.

B
Le attività umane

L'interno del Reichstag, a Berlino (Germania).

Capitolo 6
Le attività umane e la popolazione

Per orientarti nel capitolo

Nel **paragrafo 1**: gli esseri umani sfruttano per le loro attività diverse risorse naturali, alcune si rinnovano continuamente, come l'energia del vento, mentre altre sono disponibili in quantità limitata, per esempio il petrolio.

Nel **paragrafo 2**: le attività economiche si dividono nei settori primario, secondario e terziario; le attività industriali fanno parte del settore secondario.

Nel **paragrafo 3**: in base al lavoro, la popolazione può essere divisa in varie categorie, per esempio un vigile urbano è un lavoratore dipendente pubblico.

Una centrale elettrica in costruzione nel Regno Unito.

B Le attività umane

CIAK si impara! **VIDEO NELLE RISORSE DIGITALI**

Prima di iniziare lo studio del capitolo puoi guardare il video e scoprire quali sono gli argomenti che affronteremo. Mentre guardi il video fai attenzione a quello che si dice a proposito del lavoro e della popolazione: sono i temi importanti del capitolo.

Nel **paragrafo 4**: la popolazione può essere studiata analizzando dati specifici come l'età, la distribuzione degli abitanti in un territorio, il livello di istruzione.

Nel **paragrafo 5**: oggi la maggior parte delle persone vive in città dove si svolgono attività economiche e amministrative, si concentrano i servizi e i collegamenti.

Nel **paragrafo 6**: la società è un insieme di persone di età, nazionalità e classe sociale differenti che vivono nello stesso luogo; una società in cui tutti i ragazzi frequentano la scuola è una società migliore.

Capitolo 6 **Le attività umane e la popolazione**

1. Le risorse naturali

risorse minerarie   risorse ambientali   risorse energetiche

L'ambiente in cui vive ogni gruppo umano offre diversi tipi di risorse naturali (figura A):
- risorse **minerarie**, come il ferro e il rame,
- risorse **ambientali**, come la vegetazione e l'acqua,
- risorse **energetiche**, cioè quelle da cui si ricava energia, come il Sole e il carbone.

L'uomo utilizza fin dall'antichità queste risorse per soddisfare le proprie necessità.

Per secoli le risorse della Terra sono sembrate inesauribili e gli uomini le hanno sfruttate in modo sempre più intenso ed esteso a tutti i continenti. Oggi è chiaro invece che la maggior parte delle risorse terrestri è in quantità finita e destinata a esaurirsi.

È molto importante distinguere, pertanto, le risorse naturali in **risorse rinnovabili** e **risorse non rinnovabili**. Le prime (come l'energia del Sole o del vento) si rinnovano continuamente, mentre le seconde (come il petrolio, i minerali, il suolo) sono presenti in quantità limitata perché per formarsi impiegano milioni di anni: un tempo molto più lungo di quello in cui sono consumate.

Quali sono le principali risorse minerarie?

Le rocce della crosta terrestre possono essere utilizzate per fini diversi.

Alcune rocce sono lavorate per estrarne elementi utili, come i metalli. I più estratti sono ferro e alluminio, seguiti da manganese, rame, zinco, piombo, cromo, nichel.

Altre rocce sono usate direttamente come materiali da costruzione: per esempio, la sabbia, la ghiaia e il marmo (figura B).

Estrazione di marmo di Carrara (Toscana).

Quali sono le principali risorse ambientali?

Le risorse ambientali che l'uomo utilizza fin dalla preistoria sono tre.
- L'**acqua** è una risorsa indispensabile per la vita umana, è distribuita in modo molto irregolare, ma è rinnovabile.
- Il **suolo** è il nutrimento delle piante ed è formato da particelle minerali e organiche che si mescolano in seguito alla degradazione delle rocce e alla trasformazione biologica dei residui animali e vegetali (figura C). Il suolo non è rinnovabile perché il processo di formazione è molto lento.
- La **vegetazione**, che rifornisce l'atmosfera di ossigeno ed è fonte di nutrimento per gli esseri viventi, è una risorsa rinnovabile perché grazie all'energia del Sole (con la fotosintesi) si riproduce continuamente.

Una sezione di suolo.

Un campo di pannelli solari in Germania.

Quali sono le principali risorse energetiche?

Le risorse energetiche, o *fonti energetiche*, sono quelle da cui gli esseri umani ricavano energia per le loro attività; possono essere usate direttamente, come la forza del vento che muove le pale di un mulino, oppure indirettamente per produrre energia elettrica.

Sono *fonti energetiche rinnovabili*:
- il **Sole**, che è la più importante perché non solo fornisce direttamente energia (che si sfrutta mediante *impianti fotovoltaici*, figura D) ma, scaldando l'aria, attiva anche i venti e il ciclo dell'acqua;
- il **vento**, che aziona le *centrali eoliche*;
- le **acque in movimento**, sfruttate nelle *centrali idroelettriche*;
- il **calore interno della Terra**, che raggiunge la superficie in certi luoghi e può essere sfruttato nelle *centrali geotermiche*.

Le principali *fonti non rinnovabili* sono:
- i **combustibili fossili**, cioè carbone, petrolio e gas naturale, bruciati nelle *centrali termoelettriche* per produrre energia;
- i **combustibili nucleari**, cioè l'uranio, che viene sfruttato nelle *centrali nucleari*.

Impara le parole

Eolico deriva dal nome dell'antico dio greco dei venti, Eolo.
Geotermico viene dal greco *gé* (= terra) + *thermós* (= caldo).

Impara a imparare

1 Nel testo evidenzia con diversi colori i tre tipi di risorse naturali e per ciascuno colora almeno tre esempi.

2 Completa la tabella con alcuni esempi.

Risorse rinnovabili	Risorse non rinnovabili

 Mappa dei concetti

Mettiti alla prova

3 Vero o falso?
a. La maggior parte delle risorse naturali è infinita. V F
b. I metalli vengono estratti dalle rocce. V F

4 Scegli l'alternativa corretta.
Gli impianti fotovoltaici vengono usati per sfruttare
A l'energia solare.   B l'energia eolica.

Capitolo 6 **Le attività umane e la popolazione**

2. Le attività economiche

▶ Il termine **economia** indica il modo in cui l'uomo usa le risorse naturali per produrre beni mediante il proprio lavoro.

Le attività economiche, cioè i diversi tipi di lavoro, sono divise in tre settori (figura A).

- Il **settore primario** comprende le attività che forniscono materie prime, come l'agricoltura, l'allevamento, la pesca, lo sfruttamento delle foreste.
- Il **settore secondario** è costituito dalle attività che trasformano le materie prime in prodotti finiti: industria e artigianato.
- Il **settore terziario** comprende le attività che servono a distribuire i prodotti e a fornire alle persone i servizi: commercio, trasporti, turismo, istruzione ecc.

È importante ricordare la differenza fra prodotti e servizi.

Il *prodotto* è un oggetto, un bene materiale: partendo da una o più materie prime, attraverso una lavorazione più o meno complessa si giunge a un prodotto finito adatto a soddisfare un bisogno umano.

Il *servizio* è un'attività che non produce un oggetto materiale ma un beneficio o un vantaggio. Il libro è un prodotto; l'insegnamento è un servizio.

▶ Il dato più diffuso per misurare l'andamento dell'economia è il **PIL**, Prodotto Interno Lordo.

Il PIL rappresenta il valore in denaro di tutti i beni e i servizi prodotti in un anno in uno stato.

Impara le parole

Economia deriva dal greco *óikos* (= casa) + *nómos* (= legge, regola) e significa quindi «amministrazione della casa».
Deriva da *óikos* (e da *lógos* = ragionamento) anche la parola **ecologia**, che indica lo «studio della casa», intendendo con «casa» l'ambiente che ci circonda.

A

settore primario   settore secondario   settore terziario

Quale settore economico è più importante?

Nella storia, l'importanza di ciascuno dei tre settori, e il numero di persone che vi lavora, sono cambiati profondamente (figura B).

Fino al Settecento il settore primario era di gran lunga il più importante. Per garantire la sopravvivenza di una popolazione, la maggior parte delle persone era impegnata nell'agricoltura dove si lavorava con strumenti semplici come la zappa e l'aratro, usando la forza muscolare di uomini e animali.

Nell'Ottocento, con la *rivoluzione industriale*, l'introduzione in agricoltura delle prime macchine ha aumentato la produzione e ridotto il bisogno di manodopera, mentre le industrie hanno assorbito un numero crescente di lavoratori.

Oggi la necessità di produrre beni a costi sempre inferiori ha portato a un'enorme diffusione dell'automazione e delle nuove tecnologie informatiche che fanno risparmiare tempo e personale: l'industria dei paesi avanzati ha bisogno di meno operai, mentre aumenta la richiesta di venditori, ricercatori, professionisti, cioè di addetti al terziario.

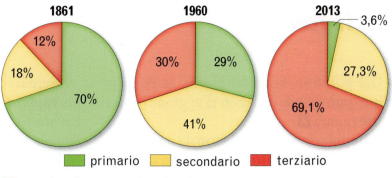

B Lavoratori per settore in Italia.

Frutta e verdura al mercato, con prezzi al kilo.

Come avviene lo scambio delle merci prodotte?

Nell'antichità la prima forma di scambio è stata il **baratto**, cioè lo scambio di un bene con un altro bene di valore equivalente. Ma rapidamente in tutte le civiltà si è diffuso l'uso del **denaro**, come unità di misura del valore di tutte le merci.

Il mercato è il luogo di incontro del venditore e del compratore (figura C).

I prezzi delle merci derivano prima di tutto dal costo delle materie prime e del lavoro di chi le ha prodotte e di chi le vende.

I prezzi sono però determinati anche dalla *legge della domanda e dell'offerta*: un bene disponibile in scarsa quantità (oppure molto richiesto) ha un prezzo più alto di un bene disponibile in grandi quantità (o poco richiesto).

Impara a imparare

1 Numera i tre settori e sottolinea 2 esempi di attività per ciascuno.

2 Sottolinea la definizione di *prodotto*, *servizio*, *PIL*.

3 Completa la schema.

quando	settore che occupa più lavoratori
mondo antico	
rivoluzione industriale	
oggi	

▸ **Mappa dei concetti**

Mettiti alla prova

4 Completa le frasi, scegliendo tra i seguenti termini:
trasformano • forniscono • consumano • distribuiscono

Il settore primario comprende le attività che .... le materie prime, che poi le attività del settore secondario .... in prodotti finiti. Infine fanno parte del settore terziario le attività che .... i prodotti.

Capitolo 6 Le attività umane e la popolazione

3. Il lavoro

▶ Dal punto di vista del lavoro, la popolazione può essere divisa in due grandi categorie (figura A):
- la **popolazione attiva** è formata da coloro che svolgono un'attività lavorativa dalla quale percepiscono un reddito o che la stanno cercando;
- la **popolazione non attiva** è formata da coloro che non lavorano e non cercano lavoro, come studenti, bambini e pensionati (anche le casalinghe, pur svolgendo una attività molto intensa, rientrano in questo gruppo).

Tutti coloro che ricavano un *reddito*, cioè denaro, dal proprio lavoro devono versare **contributi** a istituti dai quali riceveranno poi la pensione quando non saranno più in età lavorativa. Inoltre, ogni cittadino deve pagare le **tasse** allo Stato che fornisce i servizi pubblici. Contributi e tasse vanno sottratti al *reddito lordo*, perciò al lavoratore rimane una cifra inferiore chiamata *reddito netto*.

Essere lavoratori «in regola» significa avere un **rapporto di lavoro** regolato dalla legge. Lavorare «in nero» significa lavorare in modo illegale, senza che vengano pagati i contributi né le tasse. È una situazione dannosa:
- per il lavoratore, che non ha alcuna protezione in caso di incidente o malattia, né per quando non sarà più in grado di lavorare,
- per i cittadini onesti che pagano le tasse anche per chi non le paga.

▶ Il dato più utilizzato per avere informazioni sulla situazione del lavoro di un paese è il **tasso di disoccupazione**, cioè il numero di persone in cerca di lavoro rispetto al totale della popolazione attiva. Un tasso alto è un dato negativo perché indica che non c'è lavoro per tutti. Normalmente è un valore che esprime quanti sono i disoccupati ogni 100 persone della popolazione attiva.

popolazione attiva

popolazione non attiva

Quali sono le diverse categorie di lavoratori?

Esistono diverse categorie di lavoratori.

1. Gli **imprenditori** investono il denaro in un'impresa, cioè comprano locali, macchine e materie prime e assumono operai e impiegati, per produrre e vendere un prodotto; in questo modo realizzano guadagni o perdite. Il proprietario di una fabbrica o di un albergo, per esempio, è un imprenditore (figura B).

2. I **lavoratori dipendenti** ricevono una retribuzione (salario o stipendio) in cambio del loro lavoro. Si chiamano *dipendenti pubblici* se il datore di lavoro è lo Stato, per esempio i professori, e *dipendenti privati* se il datore di lavoro è un privato, per esempio il commesso di un negozio (figura C).

3. I **lavoratori autonomi** sono piccoli imprenditori oppure professionisti che lavorano in proprio pagati dai clienti, come l'idraulico o l'avvocato (figura D).

Il proprietario di un albergo è un imprenditore.

L'operaio lavora come dipendente nell'azienda da cui riceve lo stipendio.

L'idraulico è un lavoratore autonomo.

Cosa succede se non si è in grado di lavorare?

Una parte del reddito di chi lavora viene versato come contributo a istituti che pagano la **pensione** agli anziani o agli invalidi (figura E). Questo meccanismo si chiama *previdenza sociale*.

Inoltre, in molti paesi industrializzati, gli istituti di previdenza sociale danno una specie di reddito (detto **indennità**) ai lavoratori che, per motivi temporanei – maternità, infortunio, malattia, perdita del posto di lavoro – non possono lavorare.

Anche le persone che per motivi fisici o psichici non sono autonome nello svolgimento delle loro attività quotidiane ricevono un sostegno economico dallo Stato.

L'INPS si occupa in Italia della previdenza sociale.

Impara a imparare

1 Rintraccia e scrivi due esempi di

popolazione attiva: ....

popolazione non attiva: ....

2 Nel testo sottolinea la differenza fra *dipendente pubblico* e *privato*.

 Mappa dei concetti

Mettiti alla prova

3 Completa

Reddito lordo – .... e .... = reddito netto

4 Scegli l'alternativa corretta.

Un lavoratore autonomo

A riceve uno stipendio dal datore di lavoro.

B viene pagato dai suoi clienti.

4. La popolazione

▶ La **demografia** è la scienza che studia la popolazione attraverso la raccolta e lo studio di *dati statistici*. Tra le fonti da cui provengono i dati ci sono gli uffici anagrafe dei Comuni, dove sono registrate le nascite, le morti, i matrimoni ecc. e i *censimenti*.

I **dati più significativi** per lo studio di una popolazione sono:
- la *grandezza*, cioè il numero di abitanti (figura A), totale o per aree (regioni, comuni…);
- la *densità*, cioè il numero medio di persone che abitano in un kilometro quadrato;
- la *distribuzione*, cioè le aree dove si concentra il maggior numero di abitanti;
- la *composizione*, cioè la suddivisione della popolazione per sesso e per età (quanti bambini, quanti giovani, quanti anziani…);
- il *tasso di natalità e di mortalità*, cioè il numero di nati e di morti rispetto al totale;
- i *movimenti*, cioè il numero degli immigrati (le persone che arrivano) e degli emigrati (le persone che sono partite).

Confrontando i dati di oggi con quelli degli anni passati, è possibile anche fare previsioni circa l'andamento demografico futuro, per prendere le decisioni più giuste riguardo a interventi (per esempio, ammontare delle pensioni) e servizi (per esempio, apertura o chiusura scuole).

▶ In quasi tutte le popolazioni del mondo sono in atto tre **fenomeni demografici** di grandi proporzioni:
- la *migrazione* di gruppi sempre più numerosi dai paesi poveri a quelli più ricchi;
- l'*abbandono delle aree rurali*, dove non c'è più lavoro per tutti i contadini, e la concentrazione di popolazione nelle aree urbane;
- nei paesi più sviluppati, l'*invecchiamento della popolazione*, cioè l'aumento degli anziani, dovuto alle migliori condizioni di vita, accompagnato dal calo delle nascite, cioè dalla riduzione delle coppie e del numero di figli per coppia.

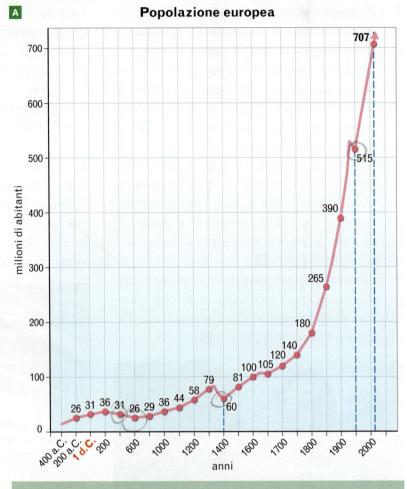

A **Popolazione europea**

Anche se i dati sulle epoche più antiche sono scarsi e spesso poco attendibili, si può osservare che la continua crescita della popolazione si interrompe in coincidenza di eventi storici notevoli: l'epidemia di peste del Trecento e la Seconda guerra mondiale. Negli ultimi due secoli la crescita ha accelerato grazie al miglioramento delle condizioni igienico-sanitarie; e oggi sta rallentando notevolmente.

Impara le parole

Demografia deriva dal greco *démos* (= popolo) e *grafé* (= scrittura): significa quindi letteralmente «descrizione del popolo».
La parola *démos*, insieme a *krátos* (= potere), è contenuta anche nel termine **democrazia** che significa quindi «potere del popolo».

Urbanesimo deriva dal latino *urbs*, che significa «città» intesa come «insieme di edifici»; da *urbs* derivano anche altre parole come **urbanistico** e **urbanizzazione**.

Dove vive la popolazione?

La maggiore concentrazione di abitanti si ha nelle aree con clima temperato, nelle pianure, lungo i fiumi e nelle coste (figura B).

Negli ultimi secoli in tutti gli stati del mondo è in aumento il numero di persone che vivono nei centri urbani anziché in quelli rurali: le città tendono a espandersi in modo impetuoso e disordinato perché in esse si concentrano sempre più funzioni: questo fenomeno è chiamato **urbanesimo**.

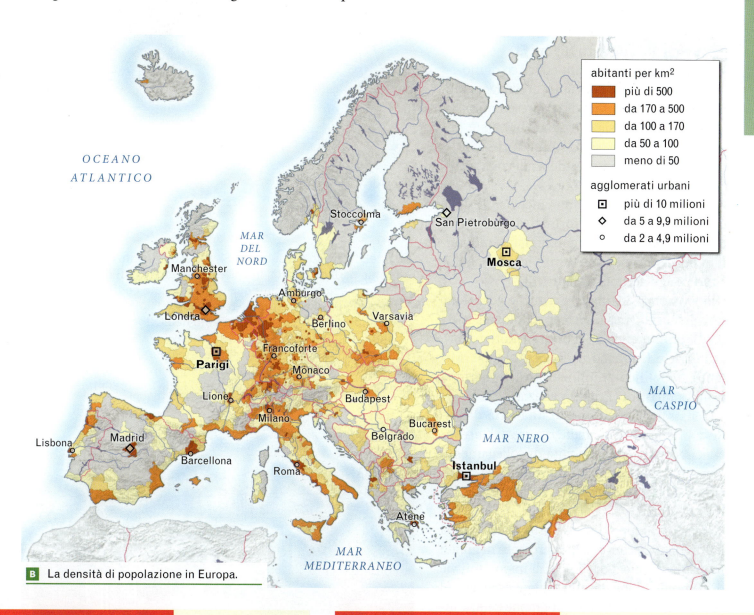

B La densità di popolazione in Europa.

Impara a imparare

1 Numera i dati demografici più importanti.

2 Mentre leggi la didascalia della figura A, cerchia nel grafico i momenti di calo della popolazione.

3 Guarda la figura B. Mediamente ti sembra che l'Italia abbia una densità di popolazione più alta o più bassa rispetto al resto d'Europa?

MAPPA DEI CONCETTI

Mettiti alla prova

4 Completa le frasi, scegliendo tra i seguenti termini:
città • campagna • migrazione • urbanesimo • demografico

In tutto il mondo, la popolazione sta abbandonando la .... per trasferirsi in ....
Questo fenomeno si chiama ....
Un altro fenomeno che coinvolge tutto il mondo è la .... di gruppi di persone da zone più povere verso paesi più ricchi.

5. Le città

La maggior parte della popolazione ha scelto di vivere in città perché è il luogo dove si concentrano abitazioni, negozi e mercati, uffici e servizi, luoghi di lavoro e di svago.

Nelle città europee possiamo distinguere generalmente due parti (figura A):
- il **centro storico** più antico, ricco di monumenti, dove si concentrano i negozi più prestigiosi e gli uffici di rappresentanza sia di enti pubblici sia di aziende private;
- la **periferia**, dove sono sorte le prime industrie e i quartieri residenziali costituiti da abitazioni popolari.

Nelle grandi città troviamo anche zone dette **quartieri direzionali**, formati da grattacieli con uffici e da centri commerciali; sono lontani dal centro della città ma vicini alle autostrade e agli aeroporti (figura B).

Si possono distinguere città a vocazione universitaria (per esempio, Bologna, Oxford), commerciale (Londra, Rotterdam), industriale (Monaco di Baviera, Lione, Milano), politico-amministrativa (Berlino, Roma), turistica (Praga, Venezia).

In passato lo **sviluppo di una città** dipendeva principalmente dalle risorse del territorio circostante, dalla facilità di collegamento con altre città, dalla salubrità della posizione, dalla presenza di difese naturali contro i nemici.

Oggi lo sviluppo dipende principalmente da fattori di tipo economico: la presenza di grandi industrie e società di servizi, di importanti vie di comunicazione, di università e ospedali. Al contrario, la chiusura di un grande centro industriale o di uffici pubblici oppure l'allontanamento di importanti infrastrutture possono determinare la crisi di una città.

Impara le parole

Città deriva dal latino *cìvitas* che significa «cittadinanza, insieme di abitanti».
Gli antichi Greci chiamavano la città *polis*, da cui il termine **politica**, cioè il governo della città.

Barcellona vista dal satellite. Si possono riconoscere diverse parti della città. In basso (segnato in blu) il centro storico medioevale, che a sua volta era stato costruito sull'insediamento di origine romana. Il reticolato di strade perpendicolari è stato invece creato nell'Ottocento, con lo sviluppo industriale, per costruire nuovi quartieri residenziali. In seguito la città ha continuato a espandersi perdendo lo schema regolare e inglobando i villaggi circostanti; è stata fermata solo dalle montagne (in alto nella fotografia).

La Défense, quartiere direzionale che sorge alla periferia di Parigi.

Quali sono le caratteristiche delle città europee?

Le città europee hanno alcune caratteristiche comuni.

1. Hanno **forma compatta** e densamente costruita attorno ad un nucleo di origine storica, che mantiene funzioni economiche, politiche, culturali e simboliche importanti.
2. Hanno **origini molto antiche**, infatti circa un terzo degli insediamenti europei è di origine romana, un altro terzo ha avuto origine nel periodo medioevale (figura C).
3. Prevalgono le città di **media dimensione**: le città piccole sono numerosissime, ma la maggioranza della popolazione vive in città di medie e grandi dimensioni (dai 100 000 ai 2 milioni di abitanti), mentre le città con più di 2 milioni di abitanti sono poche.

Quali sono i problemi delle città?

L'aria delle città è inquinata soprattutto a causa del **traffico** di autoveicoli che usano carburanti derivati dal petrolio (figura D). Nonostante l'uso di sistemi di depurazione, l'aumento costante del numero di veicoli fa sì che le emissioni siano diminuite solo in parte. Altre fonti di inquinamento in città sono le industrie, che bruciano combustibili fossili, gli impianti di riscaldamento degli edifici e i condizionatori.

Dal traffico derivano anche le «polveri sottili», particelle di piccolissime dimensioni che rimangono sospese nell'aria e costituiscono una seria minaccia per la salute degli abitanti delle città. Queste particelle infatti contengono sostanze chimiche che, se respirate, possono provocare gravi malattie.

Il centro medievale di Bruges, in Belgio.

Una strada trafficata di Londra.

Impara a imparare

1 Completa la tabella.

Area della città	Edifici che la caratterizzano
Centro storico	
Periferia	
Quartieri direzionali	

Mappa dei concetti

Mettiti alla prova

2 Vero o falso?

a. La maggior parte delle persone vive in città perché ci sono più attività e servizi. V F

b. Il traffico è l'unica fonte di inquinamento in città. V F

3 Scegli le due risposte corrette.

Oggi i fattori importanti per lo sviluppo di una città sono:

A   le attività economiche.
B   le difese naturali contro i nemici.
C   le università e gli ospedali.
D   le risorse del territorio circostante.

Capitolo 6 **Le attività umane e la popolazione**

6. La società

La *società* è formata da un insieme di persone in rapporto fra loro che possono avere diversa nazionalità, età, classe sociale.

▶ La **classe sociale** è un insieme di persone con situazioni simili di lavoro, reddito e tenore di vita.

A differenza delle società antiche, in quelle moderne le classi sociali non hanno confini rigidi. Anzi, la società si basa sull'uguaglianza di tutti i cittadini, sulla parità dei diritti e sulla possibilità di passare da una classe a un'altra, per ragioni di lavoro o di studio (*mobilità sociale*).

▶ Il **benessere di una società**, che non dipende solo dalle condizioni economiche ma tiene conto anche della qualità della vita delle persone, può essere descritto usando alcuni dati, detti *indicatori socio-culturali*.

- Il *tasso di alfabetizzazione degli adulti* è la percentuale di adulti che hanno una preparazione di base: indica la capacità di comprendere il mondo ecc. (figura A).
- Il *tasso di scolarizzazione dei giovani* è la percentuale di giovani che studiano: più sono, più la società progredisce (figura B).
- Il *tasso di mortalità infantile* è la percentuale di neonati che muoiono entro il primo anno di vita: il valore è basso se il sistema sanitario è efficiente (figura C) e se l'abitazione, l'alimentazione e la cura del neonato sono adeguate.

In base a una combinazione di questi e altri dati, come vita media e reddito pro capite, per ogni paese viene calcolato l'*indice di sviluppo umano* (*ISU*), espresso con un numero compreso tra 0 e 1. L'Italia (con 0,87) è al 26° posto nella classifica mondiale.

▶ Ogni società è caratterizzata anche dalla propria **cultura**, intesa come insieme di tradizioni, conoscenze, patrimonio linguistico e artistico. L'UNESCO (Organizzazione delle Nazioni Unite per l'educazione, la scienza, la cultura) seleziona i più importanti beni culturali e naturali del mondo, considerati «Patrimonio mondiale».

Il *tasso di alfabetizzazione degli adulti* in Italia è 99% (47° posto nel mondo).

In Italia il *tasso di scolarizzazione* dei giovani in età 15-19 anni è dell'81,3%, mentre la partecipazione al sistema di formazione dei 20-29enni è oggi pari al 21,1%. Entrambi i dati sono inferiori alla media europea.

Grazie a buone strutture sanitarie, in Italia la *mortalità infantile* è bassa: il 3 per mille (9° posto nel mondo).

Che cos'è una classe di età?

Una *classe di età* è un insieme di persone nate negli stessi anni.

Ogni società è composta da membri appartenenti a diverse classi di età (figura D).

- I **giovani** sono compresi nelle classi di età da 0 a 18 anni: sono allevati dalla famiglia e frequentano la scuola obbligatoriamente fino a un'età che varia da stato a stato.
- Gli **adulti** contribuiscono alla società con il loro lavoro e, se hanno formato una famiglia, sono responsabili anche dei figli minorenni.
- Gli **anziani** concludono la fase lavorativa a un'età che varia a seconda delle condizioni fisiche e delle leggi: nei paesi europei questa età si va innalzando verso i 70 anni perché le condizioni di salute sono molto migliorate.

Che differenza c'è fra nazionalità e cittadinanza?

La **nazionalità** rappresenta il legame che collega un individuo a un gruppo, con il quale condivide lingua, religione, cultura, tradizioni, storia. Generalmente persone appartenenti alla stessa nazionalità vivono nello stesso stato. Esistono però cittadini di uno stato che appartengono a nazionalità differenti (figura E), per esempio catalani e baschi in Spagna; oppure persone di una stessa nazionalità che vivono in stati diversi.

Cittadinanza invece è un termine definito dalle leggi di ciascuno stato, che stabiliscono i diritti e i doveri dei cittadini e i modi in cui si ha o si può ottenere la cittadinanza. Il figlio di cittadini italiani, per esempio, è italiano anche se nasce all'estero; il figlio di genitori tunisini nato in Italia può, a certe condizioni, diventare cittadino italiano.

Un bambino, il padre e il nonno appartengono a 3 classi di età differenti.

La presenza di cittadini di diverse nazionalità caratterizza ogni società moderna.

Impara le parole

Società deriva dal latino *socìetas*, che significa «alleanza, amicizia tra persone».

Impara a imparare

1 Sottolinea nel testo la definizione di *mobilità sociale*.

2 Nel testo numera ed evidenzia con 3 colori gli indicatori socio-culturali più importanti. Usando gli stessi colori evidenzia i dati relativi all'Italia.

 MAPPA DEI CONCETTI

Mettiti alla prova

3 Vero o falso?
a. La classe sociale è un insieme di persone nate negli stessi anni. V F
b. L'Indice di Sviluppo Umano è un indicatore che tiene conto di aspetti economici, di salute e socio-culturali. V F
c. Un figlio di cittadini italiani che nasce all'estero è di nazionalità italiana, ma non ha la cittadinanza italiana. V F
d. Ogni bambino nato in Italia è cittadino italiano. V F
e. In uno stato possono vivere persone di diversa nazionalità. V F
f. Le persone che vivono in un paese hanno tutte la stessa cittadinanza. V F

Capitolo 6 **Le attività umane e la popolazione**

Uno sguardo d'insieme

Le attività umane sono fortemente influenzate dalle caratteristiche del territorio; anzitutto dipendono dalla presenza di risorse naturali.

1. Le risorse naturali

L'ambiente offre all'uomo risorse naturali di diverso tipo:
- **minerarie**, come metalli e altri tipi di minerali e rocce;
- **ambientali**, come l'acqua e il suolo;
- **energetiche**, come il Sole, il vento, il carbone, il petrolio.

Le risorse che si rigenerano continuamente sono dette **rinnovabili**; le risorse che hanno un processo di formazione lungo milioni di anni e sono destinate ad esaurirsi prima di potersi rigenerare sono chiamate **non rinnovabili**.

A partire dalle risorse naturali gli uomini, con il loro lavoro, producono merci e servizi di ogni genere. Queste attività si chiamano attività economiche.

2. Le attività economiche

Le attività economiche si dividono in tre settori:
- **primario**, cioè agricoltura, allevamento e pesca;
- **secondario**, cioè industria e artigianato;
- **terziario**, cioè commercio e servizi.

I risultati delle attività economiche sono i *prodotti*, cioè beni materiali, o i *servizi*, cioè attività che forniscono un beneficio. Prodotti e servizi vengono venduti in cambio di denaro.

L'andamento dell'economia si valuta misurando il **PIL**, il Prodotto Interno Lordo.

Non tutta la popolazione è coinvolta nelle attività economiche.

3. Il lavoro

La popolazione si divide in:
- **popolazione attiva**, coloro che lavorano o che cercano lavoro;
- **popolazione non attiva**, coloro che non lavorano e non cercano lavoro.

Il **tasso di disoccupazione** è il dato che permette di capire se in un paese c'è abbastanza lavoro per tutti.

La legge prevede che parte del **reddito** di un lavoratore
- vada allo Stato sotto forma di tasse,
- venga versata a istituti di previdenza che forniscono le pensioni e le indennità a chi non può più lavorare.

La scienza che studia la popolazione si chiama demografia.

4. La popolazione

Per comprendere i fenomeni demografici si raccolgono **dati** che permettono di conoscere:
- la grandezza di una popolazione,
- la densità,
- la distribuzione sul territorio,
- la natalità,
- la mortalità,
- la composizione per classi di età,
- le migrazioni.

Attualmente nella popolazione sono in atto tre **fenomeni principali**:
- la migrazione dai paesi poveri verso i paesi ricchi,
- l'abbandono delle aree rurali,
- l'invecchiamento della popolazione (nei paesi più sviluppati).

La maggior parte della popolazione vive in città.

5. Le città

Nelle città si possono distinguere generalmente due parti:
- il **centro storico**,
- la **periferia** formata prevalentemente da quartieri residenziali.

Nelle città si trovano anche i **quartieri direzionali**.
La maggior parte delle città europee ha un'origine storica antica e nel centro storico sono tuttora visibili tracce del periodo romano o medioevale.
L'**inquinamento**, derivante soprattutto dal traffico, è un serio problema delle città moderne.

La popolazione forma la società.

6. La società

La **società** è formata da persone diverse per età, nazionalità, classe sociale che sono in relazione tra loro, per esempio perché vivono in uno stesso paese.
La *classe sociale* è un insieme di persone che hanno lavoro, reddito e stile di vita simili.
Il **benessere** di una società si può valutare misurando:
- il tasso di alfabetizzazione degli adulti,
- il tasso di scolarizzazione dei giovani,
- il tasso di mortalità infantile.

Capitolo 6 **Le attività umane e la popolazione**

Mettiti alla prova

Le parole

1 Collega i seguenti termini alle figure corrispondenti:
primario • secondario • terziario

a. settore _SEC_

b. settore _PRIM_

c. settore _TERZ_

2 Abbina a ciascuna fonte il tipo di energia che può produrre. Scegli tra:
eolica • geotermica • idroelettrica • nucleare • solare • termoelettrica

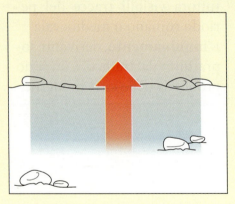
a. energia _PROV. DAL NUC._

b. energia _SOLARE_

c. energia _FOSSILE_

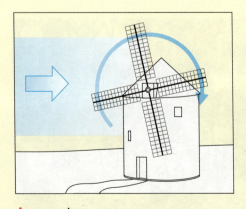
d. energia _EOLICA_

e. energia _IDRO_

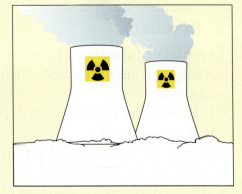
f. energia _NUC_

3. Collega con frecce i termini alle corrispondenti definizioni.

a. economia	1. Oggetto, bene materiale costruito per soddisfare un bisogno umano.
b. demografia	2. Uso delle risorse naturali per produrre beni mediante il lavoro.
c. prodotto	3. Attività non materiale che produce un beneficio o un vantaggio.
d. servizio	4. Scienza che studia le caratteristiche della popolazione.
e. lavoro	5. Attività umana che produce un bene o un servizio.

4. Data la definizione, scrivi il termine specifico.

a. *BARATTO*	Scambio di un bene con un altro di valore corrispondente.
b. *SCAMBIO*	Luogo di incontro fra domanda e offerta di un bene.
c. *RINNOVABILI*	Risorse che si rinnovano continuamente.
d. *NAZIONE*	Appartenenza a un gruppo di persone che condividono lingua, religione, cultura, tradizioni, storia.
e. *PERIFERIA*	Area centrale della città caratterizzata da monumenti e tracce degli antichi insediamenti.

5. Dato il termine, scrivi la definizione.

a. classe sociale ....

b. classe di età *CONF. PERSONE DI UNA CERTA ETÀ*

c. popolazione attiva *POP. CHE LAVORA*

d. popolazione non attiva *POP. CHE NON LAVORA*

e. imprenditore *COLUI CHE VUOL FARE UN'IMPRESA*

f. lavoratore autonomo *DIPENDE DA LUI*

Capitolo 6 Le attività umane e la popolazione

I concetti

6 Completa la tabella con i seguenti termini:
calo delle nascite • meccanizzazione dell'agricoltura • povertà

Cause principali	Fenomeno demografico
1	urbanesimo
3	migrazioni
2	invecchiamento della popolazione

7 Scegli l'alternativa corretta.

Se le possibilità di lavoro sono scarse, il tasso di disoccupazione è
☒ alto ☐ basso

Se molti giovani abbandonano gli studi, il tasso di scolarizzazione è
☐ alto ☒ basso

Se il sistema sanitario non funziona bene, il tasso di mortalità è
☒ alto ☐ basso

8 Vero o falso?

	V	F
a. Il suolo è una risorsa naturale rinnovabile.		X
b. Il gas metano è un combustibile fossile.	X	
c. L'uranio è una risorsa inesauribile.		X

	V	F
d. Sabbie e ghiaie sono risorse minerarie.	X	
e. Solo il settore primario sfrutta le risorse naturali.		X
f. Il settore secondario trasforma le materie prime in prodotti finiti.	X	

9 Colloca le seguenti risorse naturali nella casella giusta:
argilla • carbone • petrolio • rame • Sole • suolo • uranio • vegetazione • vento

risorse ambientali	risorse energetiche	risorse minerarie
3 8 9	5 6	1 2 4 7

10 Indica a quale settore appartengono le seguenti attività economiche:
badante • coltivatore • cuoco • falegname • impiegato comunale • insegnante • libraio • muratore • operaio • pescatore

primario	secondario	terziario
2 10	8 3 5	1 9 6 7 4

11 Colloca gli appartenenti a queste categorie al posto giusto:
calciatore professionista • carabiniere • casalinga • disoccupato • impiegato • laureato in cerca di lavoro • operaio • pensionato • studente

popolazione non attiva	popolazione attiva
4 8 9	1 2 3 5 6 7

12 Cosa misurano i seguenti dati?
Collega le voci della prima con quelle della seconda colonna.

Il dato...	indica...
1. PIL	a. il numero dei nati rispetto al totale della popolazione.
2. densità di popolazione	b. il numero di abitanti divisi per classi di età.
3. tasso di alfabetizzazione	c. la percentuale di neonati morti nel primo anno di vita rispetto al totale dei nati.
4. tasso di mortalità infantile	d. il valore monetario dei beni e dei servizi prodotti in un anno in un paese.
5. distribuzione della popolazione	e. la percentuale di adulti che hanno ricevuto almeno l'istruzione di base.
6. composizione della popolazione	f. il numero medio di abitanti per km².
7. tasso di natalità	g. il numero di abitanti che risiede nelle diverse aree di un paese.

13 Osserva le tre fotografie di edifici che si trovano in parti diverse della città.
Per ciascuna fotografia scrivi una didascalia che spieghi in quale parte della città si trova l'edificio e che funzioni è probabile che svolga.

a. RISTORANTE

b. UNA SEMP CASA

c. BANCA

Capitolo 6 Le attività umane e la popolazione

Gli strumenti

14 **Sei tu il geografo.** Costruisci l'istogramma in ordine crescente del tasso di scolarizzazione dei giovani fra i 15 e i 19 anni nei più importanti paesi europei. Poi rispondi alle domande.

PAESI	Tasso di scolarizzazione
Germania	91,9
Spagna	86,0
Francia	84,4
Italia	81,3
Regno Unito	78,3

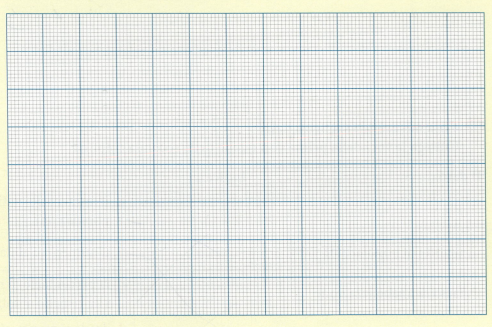

a. Quanti studenti italiani proseguono gli studi oltre l'età dell'obbligo?
.... ogni 100 giovani

b. Negli altri Stati europei, il tasso di scolarizzazione è:
– più alto in ....,
– più basso in ....

15 Calcola la densità di popolazione per ciascun paese e rispondi alle domande.

	Italia	Spagna	Germania	Regno Unito	Francia
Abitanti	60 000 000	47 500 000	82 000 000	64 000 000	65 000 000
Superficie (km²)	301 000	505 000	357 000	245 000	550 00
Densità (ab./km²)					

a. Qual è il paese più popoloso? ....
b. Qual è il paese più esteso? ....
c. Qual è il paese più densamente abitato? ....
d. È più popolosa la Francia o l'Italia? ....
e. La densità di popolazione è maggiore in Francia o in Italia? ....

16 Osserva la carta qui sotto, che rappresenta la concentrazione di biossido di azoto nell'atmosfera sopra l'Europa. Il biossido di azoto è un gas inquinante che viene emesso dagli autoveicoli, dalle industrie e dagli impianti di riscaldamento. Rispondi alle domande.

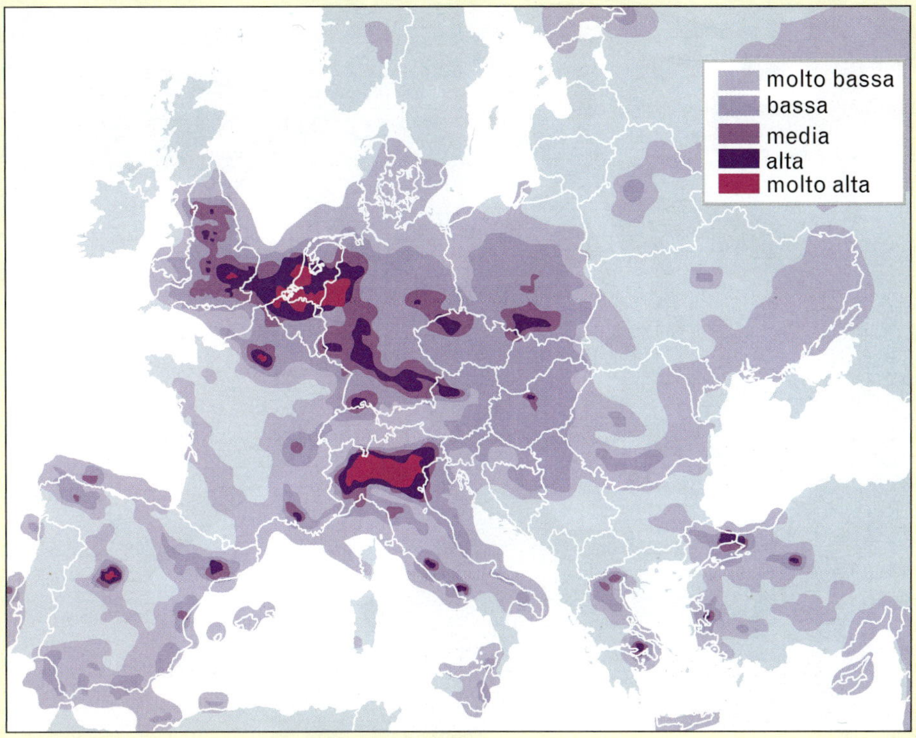

a. Dove si registra la maggiore concentrazione di biossido di azoto?

b. Confronta la carta con quella del paragrafo 4. Che somiglianze riscontri?

c. Che cosa puoi dedurre?

17 Sai rispondere?

Le attività economiche

a. Quali tipi di risorse sono presenti in natura?
   1.
   2.
   3.
b. Che differenza c'è fra risorse rinnovabili e non rinnovabili?
c. Che cosa sono le fonti energetiche?
d. Quali sono i settori dell'economia?
e. Perché nell'antichità la maggior parte dei lavoratori era impiegata nel settore primario?
f. Quale settore occupa la maggioranza della popolazione oggi in Italia?
g. Da chi è composta la popolazione attiva?
h. Quali diverse categorie di lavoratori esistono?
i. Perché una parte dello stipendio dei lavoratori viene versata agli enti previdenziali?

La popolazione

l. Che cos'è la demografia?
m. Quali dati studia la demografia?
n. Quali sono i principali fenomeni demografici attualmente in atto?
   1.
   2.
   3.
o. Dove vive la maggioranza della popolazione?
p. Che cosa si intende per urbanesimo?
q. In quali parti può essere suddivisa una città?
r. Quali tipi di inquinamento ci sono in città?
s. Da chi è formata la società?
t. Quali sono i principali indicatori socio-culturali?
u. Perché la mortalità infantile è un dato usato per conoscere la qualità della vita?

Capitolo 7
L'economia italiana

Per orientarti nel capitolo

Nel **paragrafo 1**: l'attività più importante del settore primario in Italia è l'agricoltura; tra le coltivazione più diffuse ci sono i cereali, per esempio il grano.

Nel **paragrafo 2**: il settore secondario comprende l'artigianato e l'industria; quella italiana è famosa per i prodotti *Made in Italy*, per esempio quelli dei marchi dell'alta moda.

Nel **paragrafo 3**: oggi in Italia la maggior parte dei lavoratori è impiegata nel settore terziario, quello dei servizi; in questo settore è molto importante il turismo.

La fabbrica di moto Ducati, a Bologna.

B Le attività umane

CIAK si impara! VIDEO NELLE RISORSE DIGITALI

Prima di iniziare lo studio del capitolo puoi guardare il video e scoprire quali sono gli argomenti che affronteremo.
Ti vengono in mente altri esempi di attività oltre a quelli rappresentati nel video?
A quali settori appartengono?

Nel **paragrafo 4**: le merci e le persone si spostano grazie a una rete di infrastrutture che collegano le varie parti del paese; dai porti italiani passano navi dirette in tutto il mondo.

Nel **paragrafo 5**: sono necessarie le attività di tutti e tre i settori affinché un oggetto possa essere prodotto e venduto; i prodotti agroalimentari, per esempio, vengono da materie prime fornite dal settore primario, trasformate dal secondario e distribuite dal terziario.

Nel **paragrafo 6**: lo sviluppo delle attività economiche dovrebbe portare lavoro e migliori condizioni di vita per tutti, ma consuma anche molte risorse naturali, perciò può essere dannoso per l'ambiente.

Capitolo 7 L'economia italiana

1. Il settore primario

▶ L'**agricoltura** è la principale attività del settore primario. È praticata in Italia da migliaia di anni e ha profondamente modificato il paesaggio. Richiede suolo fertile (cioè ricco di sostanze nutritive), acqua, esposizione al Sole, lavoro manuale e meccanico.

Negli ultimi decenni il numero degli *addetti* all'agricoltura è calato perché si è diffuso l'utilizzo di macchine agricole, ma l'Italia è comunque ai primi posti in Europa per la coltivazione di *cereali* (frumento, riso e mais), *ortaggi*, *frutta* (mele, pere, pesche, kiwi, ciliegie), *agrumi*, *piante industriali* (barbabietola da zucchero, tabacco, girasole), *viti* e *olivi*. L'agricoltura fornisce inoltre le materie prime all'industria alimentare, che in Italia è molto importante.

Le aree più adatte alla cerealicoltura, alla frutticoltura e all'orticoltura sono quelle pianeggianti (figura A): anzitutto Lombardia (cereali) ed Emilia-Romagna (frutta), ma anche Puglia (che ha il primato degli ortaggi, seguita dalla Campania) e Sicilia (prima per gli agrumi, seguita dalla Calabria). Veneto, Puglia e Sicilia hanno una viticoltura molto sviluppata; la coltivazione dell'olivo è presente in tutte le regioni del Centro e del Sud.

L'**allevamento** di bovini (Lombardia, Veneto e Piemonte) e di suini (Lombardia ed Emilia-Romagna) è diffuso nella Pianura Padana, mentre al Centro-Sud prevale quello di ovini e caprini (figura B).

La **pesca** è abbastanza praticata nel mare più pescoso, l'Adriatico (alici, sarde, sgombri), ma dalla Sicilia viene il pesce più pregiato (pesce spada, tonno, spigola). Si sta diffondendo l'**acquacoltura**, cioè l'allevamento del pesce, dei molluschi e dei crostacei in acque interne o costiere.

In Liguria e in Toscana, è molto diffusa la **floricoltura**, anche in serra.

Nelle aree di media e bassa montagna si pratica la **silvicoltura**, cioè lo sfruttamento del bosco.

Quali altre caratteristiche ha l'agricoltura italiana?

In Italia, dopo la scomparsa del *latifondo* (cioè le grandi proprietà terriere diffusissime fino alla metà del Novecento) si trovano alcune grandi aziende e molti piccoli *coltivatori diretti* (figura C).

Sono diffuse le **cooperative**, cioè associazioni di produttori che comprano i macchinari e lavorano i prodotti collettivamente.

La legge stabilisce dei limiti alla quantità di **sostanze chimiche** nell'agricoltura (diserbanti, pesticidi, fertilizzanti) per non inquinare l'ambiente e per proteggere la salute.

È in crescita l'**agricoltura biologica** che segue metodi naturali: uso di fertilizzanti naturali, selezione di piante più resistenti alle malattie, difesa della biodiversità.

Quali modi di coltivare si praticano in Italia?

Si definisce **monocoltura** la coltivazione su grandi estensioni di terreno di un solo prodotto – quello più adatto alla zona o quello che si vende al prezzo migliore – come si vede spesso in pianura (figura D).

Nelle zone collinari è invece ancora diffusa l'**agricoltura promiscua**, che unisce nella stessa azienda vari tipi di coltivazioni: cereali, ortaggi, ma anche alberi da frutta, viti.

L'**agricoltura estensiva**, tipica del latifondo, si basa su coltivazioni che richiedono poca acqua e poche spese (legumi, foraggi), ma è anche meno produttiva.

L'**agricoltura intensiva** è quella che effettua tutti gli investimenti possibili per far fruttare al massimo ogni porzione di terreno.

Raccolta meccanica di uva in Toscana.

Risaie in Piemonte.

Impara le parole

Coltura, come **cultura**, deriva dal latino *cultus* (= coltivato): si coltivano le olive ma anche l'intelligenza. Oggi la parola cultura si usa per la mente, coltura per le piante e gli animali.
Agricoltura significa coltura del campo (in latino *ager*).
Silvicoltura è la coltura dei boschi (in latino *silva*).
Latifondo è composto dal latino *latus* (= largo) e *fundus* (= podere, proprietà terriera).

Impara a imparare

1 Osserva la figura A e indica quali sono le colture tipiche della tua regione.

2 Sottolinea con diversi colori le definizioni di: monocoltura, agricoltura promiscua, agricoltura estensiva, agricoltura intensiva.

 MAPPA DEI CONCETTI

Mettiti alla prova

3 Vero o falso?
a. In Pianura Padana si allevano ovini e caprini. V F
b. Il mare più pescoso d'Italia è il Mare Adriatico. V F

4 Completa la frase scegliendo l'alternativa corretta.
Le grandi proprietà terriere diffuse fino alla metà del Novecento si chiamavano
A poderi.   B latifondi.

2. Il settore secondario

▶ L'**industria** e l'**artigianato** costituiscono il settore secondario. L'industria produce manufatti tutti uguali, fabbricati in serie e ha un numero elevato di dipendenti. L'azienda artigiana, invece, ha una produzione più limitata e un numero di dipendenti inferiore, ma fornisce al cliente prodotti su misura.

L'**industria** italiana è nata alla fine dell'Ottocento, in ritardo rispetto agli altri paesi europei, e ha avuto un grande sviluppo (detto «boom») a metà del Novecento. Oggi l'Italia è fra le prime 10 potenze industriali del mondo, nonostante sia povera di fonti energetiche e di materie prime.

Recentemente le lavorazioni industriali meno specializzate sono state in parte trasferite in paesi esteri, dove costa meno la manodopera, cioè il lavoro degli operai: questo fenomeno si chiama *delocalizzazione*.

▶ In Italia sono rimaste soprattutto industrie specializzate in prodotti di qualità che richiedono creatività e innovazione, come il cosiddetto *Made in Italy* (figura **A**). I settori principali sono: abbigliamento, oreficeria, arredamento, tessuti, meccanica (automobili, motoveicoli, macchine automatiche per confezionare i prodotti, macchine industriali) e agroalimentare (vino, conserve di pomodoro, pasta e olio).

Gran parte di questa produzione è destinata all'*esportazione*.

Quali sono i principali tipi di industrie?

L'**industria manifatturiera**, a cui appartiene la maggioranza delle industrie italiane, trasforma le materie prime in manufatti. A sua volta si suddivide in:
- industria *di base* che produce manufatti semilavorati per altre industrie,
- industria *di trasformazione* che produce prodotti finiti.

Appartengono all'**industria di base** le industrie:
1. *metallurgiche*, che lavorano i metalli (si chiamano *siderurgiche* se dal ferro ricavano lamiere, barre e tubi in acciaio, figura **B**);
2. *chimiche*, che da varie materie prime producono combustibili, materie plastiche, fibre sintetiche, vernici, detergenti e fertilizzanti.

Sono **industrie di trasformazione**, il settore più importante in Italia, le industrie:
1. *meccaniche*, che producono elettrodomestici e automobili (*industria leggera*), navi, aerei, treni (*industria pesante*);
2. *elettroniche*, che producono macchine automatiche e digitali;
3. *tessili*, che producono sia tessuti sia abbigliamento;
4. *alimentari*, che producono alimenti;
5. *del legno*, che producono mobili e materiali per le costruzioni.

Oltre all'industria manifatturiera è presente in Italia l'**industria estrattiva**, in forte calo.

La Ferrari a Maranello (Modena).

Industria siderurgica a Verona.

Dove si trovano le principali industrie?

Inizialmente, l'industria italiana si è sviluppata nel **triangolo industriale** formato da Milano, Torino e Genova, tre città del Nord Italia (figura C). Il successo di grandi aziende ha prodotto lavoro nella stessa area anche per altre piccole e medie aziende (si dice che ha creato un *indotto*).

Successivamente, sono nate molte industrie piccole o medie diffuse in un'area più vasta, chiamata NEC (**Nord-Est e Centro**): Trentino-Alto Adige, Veneto, Friuli-Venezia Giulia, Emilia-Romagna, Toscana, Marche. Ogni territorio si è specializzato nella fabbricazione di un certo prodotto formando così i *distretti industriali* delle piastrelle, del salotto, degli elettrodomestici, delle calzature ecc.

Lo **sviluppo** idustriale è stato rapido e ben distribuito al Nord, lento e frammentario nelle regioni del Sud.

C Industrie italiane.
- aree industriali principali
- siderurgia
- metallurgia
- industria chimica e petrolchimica
- meccanica
- elettronica
- tessile
- alimentare
- del legno

Impara le parole

Manifatturiera e **manufatto** derivano dall'espressione latina *manu facere*, cioè «fare/produrre con la mano».
Metallurgica deriva da metallo + il greco *érgon* (= lavoro); **siderurgico** invece dal greco *sìderos* (= ferro) e *érgon* (= lavoro). Dal greco *érgon* deriva anche la parola **energia**, intesa proprio come «forza/vigore che permette di compiere un lavoro».

Impara a imparare

1 Nel testo evidenzia con colori diversi la definizione di industria e quella di artigianato.

2 Sottolinea con 2 colori le definizioni di *industria di base* e *industria di trasformazione*. Poi usa gli stessi colori per sottolineare le tipologie di ciascuna.

3 Indica quali sono i tipi di industria presenti nella tua regione.

Mappa dei concetti

Mettiti alla prova

4 Scegli l'alternativa corretta.
Quando un territorio si specializza nella produzione di un certo prodotto, si crea un
- **A** indotto.
- **B** distretto industriale.

5 Trova l'intruso.
Quale tra quelli elencati non è un settore che fa parte delle eccellenze del *Made in Italy*?
- **A** Automobili
- **B** Informatica
- **C** Abbigliamento
- **D** Vini

3. Il settore terziario

▶ Il settore terziario non produce beni materiali, ma **servizi**.

Esso comprende le attività del commercio (figura A), i trasporti, il turismo, la finanza (cioè la gestione del denaro attraverso banche e assicurazioni), la fornitura di energia, la cultura, la comunicazione (cioè la telefonia, l'editoria, l'informatica) e le libere professioni (come quelle di architetto o di avvocato).

Alcuni servizi sono forniti da **privati** (il negoziante, l'avvocato, l'albergatore) ai singoli cittadini, che in cambio pagano un prezzo o una tariffa. Altri servizi, che vengono detti **pubblici**, sono forniti alla collettività da uffici dello Stato (chiamati anche «Pubblica Amministrazione»). Fanno parte di questi servizi, per esempio, l'istruzione, la sanità, la difesa (cioè l'esercito), la giustizia e la protezione civile.

▶ Terminata l'espansione dell'industria, dalla fine del secolo scorso è cominciata la **terziarizzazione** dell'economia italiana (figura B).

Oggi i lavoratori del settore terziario sono più numerosi (il 70% del totale) rispetto a quelli degli altri settori, e contribuiscono di più a produrre ricchezza.

Al Nord e al Centro è più sviluppato il *terziario avanzato*, cioè servizi che richiedono l'uso di tecnologie moderne: ricerca scientifica, marketing, elaborazione dati, pubblicità.

Anche al Sud la maggior parte dei lavoratori è impiegata nel terziario, ma di tipo *tradizionale*: commercio, turismo, pubblica amministrazione.

A Tre fasi del commercio

1. produttore — Il produttore vende una grande quantità di prodotto ai grossisti.
2. ingrosso — Il grossista vende i prodotti ai dettaglianti (negozianti).
3. negozio — Il dettagliante vende il prodotto ai consumatori finali.

B Occupati nel settore terziario

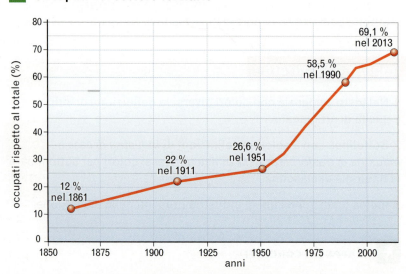

Quali sono le caratteristiche del settore terziario in Italia?

Diverse tendenze caratterizzano il terziario italiano.

I **trasporti su gomma** sono più diffusi di quelli su rotaia con conseguenze gravi di lentezza nelle consegne e di inquinamento.

Nei servizi pubblici sono iniziate la **privatizzazione** (cioè l'affidamento ai privati) e la **liberalizzazione** (cioè la possibilità di avere più società private in concorrenza fra loro). Ciò accade perché per lo Stato alcuni servizi pubblici, come poste, autostrade e ferrovie, sono diventati troppo costosi da gestire.

Negli ultimi anni è forte la tendenza alla **concentrazione di aziende**, che mette in difficoltà quelle piccole: banche e assicurazioni locali sono inglobate in gruppi più grandi, i negozi di quartiere subiscono la forte concorrenza della *grande distribuzione* (ipermercati, outlet).

Il **turismo** è importante per l'economia italiana: produce oltre il 7% del PIL e occupa 2 milioni di persone. Le mete che attirano maggiormente i turisti sono le città d'arte (Roma, Venezia, Firenze), le località costiere e montane (figura C).

C Destinazioni turistiche.
- turismo balneare
- turismo montano
- città d'arte
- centri termali

Impara a imparare

1 Evidenzia con colori diversi le attività che costituiscono il settore terziario.

2 Ricopia due esempi di:

servizi privati: ....
....

servizi pubblici: ....
....

3 Individua le attività turistiche nella tua regione.

▸ **Mappa dei concetti**

▸ **Video: Gli occupati nei servizi**

Mettiti alla prova

4 Completa le frasi, scegliendo tra i seguenti termini:
il turismo • tradizionale • su gomma • avanzato • su rotaia • il commercio • privatizzato

Il terziario .... è più sviluppato al Nord e al Centro, mentre al Sud domina il terziario .... Tra le attività di questo settore, è molto importante ...., che coinvolge soprattutto città d'arte e località di mare e di montagna.

In Italia il trasporto .... è molto più utilizzato di quello ....

5 Scegli l'alternativa corretta. Quale delle seguenti attività non fa parte del terziario avanzato?

- A Ricerca scientifica
- B Pubblicità
- C Pubblica Amministrazione
- D Marketing

4. Le infrastrutture

Le **infrastrutture** sono i sistemi di collegamento che permettono il transito di merci e persone con mezzi di trasporto *terrestri*, *marittimi* e *aerei*.

Cento anni fa, per andare da Milano a Roma in carrozza erano necessari 7 giorni; sessant'anni fa, in automobile su strade statali, ci voleva una giornata; oggi in treno sono sufficienti 3 ore e in aereo 1.

Infrastrutture più efficienti, che permettano di raggiungere in breve tempo la meta, e più economiche, quindi accessibili a un grande numero di persone, sono indispensabili per lo sviluppo economico e sociale dell'Italia.

La **direttrice** più importante nelle infrastrutture italiane, cioè il lungo tratto da cui passano autostrade e ferrovie per collegare le varie parti del Paese, è l'asse Milano-Bologna-Firenze-Roma-Napoli (figura A). Insieme alle direttrici adriatica e tirrenica, essa assicura i collegamenti nord-sud. Il principale collegamento est-ovest è quello padano-veneto Torino-Trieste.

Le principali direttrici italiane fanno parte dei cosiddetti *corridoi transeuropei*, cioè delle linee autostradali e ferroviarie che mettono in comunicazione le maggiori città d'Europa.

Punti fondamentali delle infrastrutture sono **porti**, **aeroporti** e **nodi ferroviari**.

Nei principali punti di interscambio del traffico stradale, ferroviario, aeroportuale e marittimo, inoltre, sono molto importanti gli **interporti**, cioè luoghi in cui le merci possono essere spostate agevolmente da un mezzo di trasporto all'altro (per esempio, da un autocarro su gomma a una nave o un treno).

A Le direttrici principali.

I **porti** più importanti per le *merci* sono Genova, Trieste, Taranto e Ravenna. Gioia Tauro è il principale porto italiano per i *container*, Augusta per i *combustibili*. I porti più importanti per i *passeggeri* sono Napoli, Messina-Milazzo, Livorno, Olbia, Civitavecchia, Venezia, Genova, Ancona, Brindisi.

Impara le parole

Strada deriva dal latino *stratus* (= lastricato): così infatti erano le antiche strade romane.
Telematico, **televisivo**, **telefonico** contengono l'avverbio greco *tele* (= da lontano). Indicano la trasmissione a distanza di dati (telematico), di immagini (televisivo) o della voce (telefonico). Da *tele* deriva anche **telecomunicazioni**, cioè l'insieme dei mezzi per comunicare a distanza.

Quali sono le principali infrastrutture?

1. Le **strade** costituiscono una rete lunga oltre 660 000 km. Si dividono in autostrade (A1, A2 ecc. figura **B**), strade statali (S.S. 1, S.S. 2 ecc.), strade provinciali e comunali. L'uso di veicoli su gomma è in continuo aumento nonostante l'inquinamento e l'aumento dei prezzi dei carburanti.

2. Il **trasporto ferroviario**, pur essendo più sicuro e meno inquinante, non è il più diffuso. La rete è lunga quasi 20 000 km, di cui 1434 km per treni ad alta velocità (figura **C**). Solo l'11% delle merci viaggia su rotaia.

3. L'**aereo** è il mezzo più veloce, ma è costoso e inquinante perché consuma molto combustibile. Ultimamente ha avuto un grande sviluppo per lo spostamento delle persone, grazie anche alle compagnie *low cost*. In aereo si trasportano merci non pesanti ma di valore, come abbigliamento, oreficeria, pezzi di ricambio meccanici.

4. Il **trasporto marittimo** è importante in Italia data la sua posizione nel Mediterraneo. Le navi sono adatte al trasporto di merci pesanti con lunghi tempi di consegna: combustibili, materiali da costruzione, metalli e alimentari durevoli come i cereali.

5. Le **reti telematiche** (telefoniche, televisive, informatiche) possono essere *terrestri*, cioè fatte di cavi interrati, o *aeree*, cioè costituite da un sistema di antenne e ricevitori, fra cui nell'aria viaggiano onde elettromagnetiche.

6. Le **reti energetiche** (oleodotti, gasdotti, elettrodotti, acquedotti) sono costituite da linee di tubazioni generalmente interrate.

7. Fanno parte delle infrastrutture anche i **centri fieristici** e **agroalimentari**, dove si incontrano i produttori di merci e i grossisti.

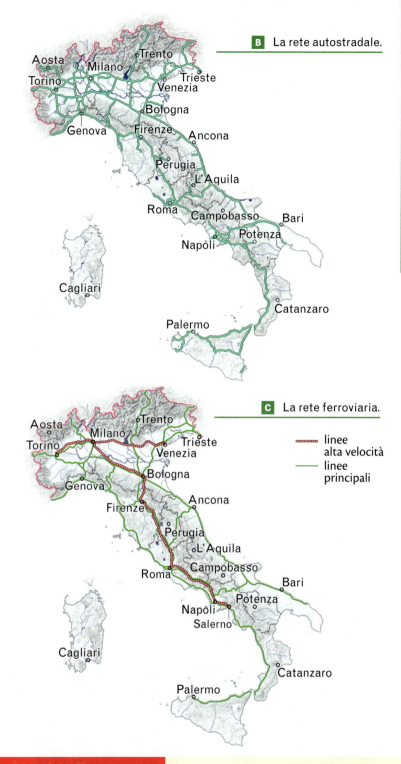

B La rete autostradale.

C La rete ferroviaria.
— linee alta velocità
— linee principali

Impara a imparare

1 Sottolinea la definizione di *infrastrutture*.

2 Mentre leggi il testo individua nelle carte le direttrici delle reti di trasporto.

 **Mappa dei concetti**

Mettiti alla prova

3 Vero o falso?
a. Il trasporto ferroviario è più sicuro e meno inquinante di quello su gomma. V F
b. Visto l'inquinamento, negli ultimi anni il trasporto su gomma sta calando. V F
c. L'asse Milano-Napoli è l'unica direttrice in direzione nord-sud in Italia. V F
d. Le principali direttrici italiane sono collegate al sistema di trasporti europeo. V F

5. Dai settori ai prodotti

Abbiamo visto che le attività degli uomini si distribuiscono nei tre settori dell'economia: il settore primario, quello secondario e quello terziario.

I tre settori, però, sono strettamente legati fra loro, perché ciascuno dipende dai prodotti o dai servizi dell'altro per poter funzionare bene.

In altre parole, ogni attività fa parte di uno dei tre settori, ma è collegata, direttamente o indirettamente anche agli altri settori.

Per poter leggere un libro, per esempio, occorre il contributo di molte attività che fanno parte di tutti e tre i settori: da chi coltiva gli alberi da cui si ricava la materia prima di cui è fatta la carta, a chi produce carta e inchiostri, a chi stampa il libro e infine alla libreria che lo vende (figura A).

Inoltre, molte attività stanno cambiando, e «passano» da un settore all'altro. Per esempio ci sono agricoltori che iniziano a lavorare (a trasformare) i loro prodotti, diventando prima artigiani e poi piccole aziende industriali.

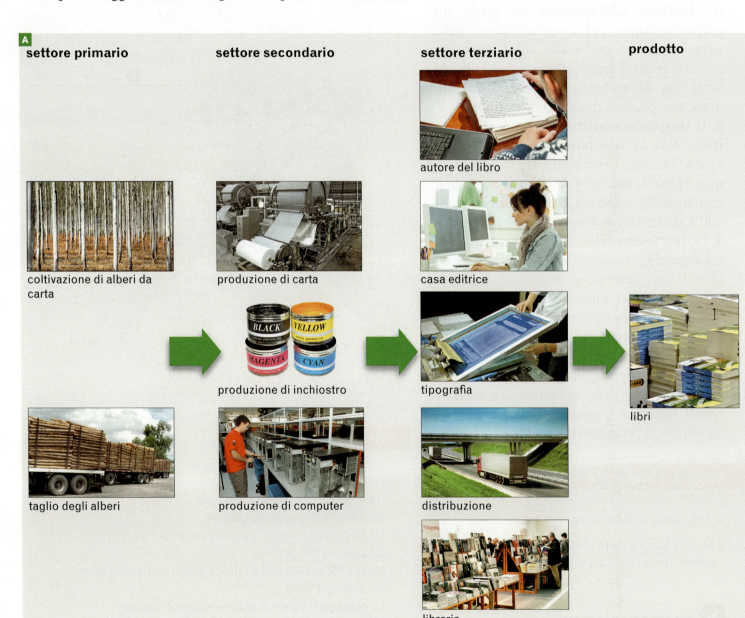

A
settore primario — settore secondario — settore terziario — prodotto

- coltivazione di alberi da carta
- produzione di carta
- autore del libro
- casa editrice
- produzione di inchiostro
- tipografia
- libri
- taglio degli alberi
- produzione di computer
- distribuzione
- librerie

Che cos'è l'agroalimentare?

L'agricoltura fornisce le materie prime per l'industria alimentare: coltivazione, produzione e trasformazione di alimenti, che necessitano di attività di tutti e tre i settori, formano il **settore agroalimentare**.

In Italia questo settore è particolarmente importante, e molti prodotti sono destinati all'esportazione. I prodotti alimentari che vendiamo di più all'estero sono vino, conserve di pomodoro, pasta e olio; invece importiamo pesce e carne.

In questo settore stanno assumendo sempre maggiore rilievo i prodotti tipici, alimenti preparati con tecniche tradizionali in un territorio preciso con controlli scrupolosi, come il Grana Padano e il Parmigiano Reggiano (figura B), il Prosciutto di Parma, il Prosciutto di San Daniele, il Gorgonzola, il Pecorino Romano, il Provolone Valpadana, la Mozzarella di Bufala Campana ecc.

Produzione di Parmigiano Reggiano.

Perché un prodotto italiano spesso costa di più di uno fatto all'estero?

Prodotti apparentemente identici o equivalenti possono avere **prezzi** diversi: un prodotto italiano può costare molto di più di uno simile fabbricato in paesi asiatici o sudamericani. Ciò avviene per molti motivi.

Anzitutto l'industria italiana sostiene spese sempre più gravose per acquistare da altri paesi fonti energetiche e materie prime che mancano in Italia. Questa spesa fa sì che i costi di produzione aumentino e che quindi si alzino anche i prezzi dei nostri prodotti.

I prezzi molto bassi della concorrenza sono dovuti al fatto che spesso i produttori stranieri usano materiali poco costosi, ma di scarsa qualità o addirittura tossici e perciò proibiti in Europa.

In molti casi, infine, il risparmio deriva dallo sfruttamento dei lavoratori, spesso minorenni (figura C). In molti paesi, infatti, i salari sono molto bassi, gli orari e le mansioni estenuanti, non vi è sicurezza adeguata nelle fabbriche, e nessun aiuto per i lavoratori in caso di incidenti o malattie. In tutti questi casi si tratta quindi di un risparmio che va a scapito della salute nostra e degli altri.

Una bambina al lavoro in Bangladesh.

Impara a imparare

1 Racconta il processo descritto in figura A.

2 Ricostruisci le attività dei tre settori necessarie per acquistare un litro di latte.

3 Completa la tabella con altri esempi.

prodotto agricolo	prodotto industriale
barbabietola	zucchero
uva	....
....	....
....	....

MAPPA DEI CONCETTI

Mettiti alla prova

4 Scegli l'alternativa corretta.

a. Il settore agroalimentare è costituito
- A dalle industrie che si occupano di trasformare i prodotti agricoli in alimenti.
- B dall'insieme delle attività dei tre settori che creano i prodotti alimentari.

b. I prodotti alimentari tipici e che rispettano i controlli
- A stanno assumendo sempre più importanza.
- B nel mercato attuale non sono molto apprezzati.

5 Completa inserendo questi termini:
vino • pasta • pesce • olio • carne

L'Italia esporta ...., ... e ....

e importa .... e ....

6. Le conseguenze dello sviluppo economico

Montaggio di macchine da scrivere nella fabbrica meccanica di precisione Olivetti, a Ivrea (Torino) nel 1957.

▶ Lo **sviluppo economico**, cioè la crescita di investimenti, produzione e consumi, crea nuovi posti di lavoro e porta ricchezza: permette a un numero crescente di persone di soddisfare i bisogni primari e di assicurarsi condizioni di vita più confortevoli.

In Italia il boom economico (figura A) è stato molto tumultuoso e ha modificato in breve tempo il paesaggio e lo stile di vita degli italiani.

Negli ultimi anni l'Italia, come molti paesi occidentali, sta attraversando un periodo di **crisi economica**: molti lavoratori hanno perso il proprio impiego, diverse imprese faticano a sopravvivere e in generale la popolazione si sta impoverendo.

Oggi si ritiene che lo sviluppo economico debba produrre non solo lavoro e ricchezza, ma anche migliorare la **qualità della vita** (salute, istruzione, cultura, tempo libero) e tutelare l'ambiente naturale.

▶ Le attività economiche infatti possono avere conseguenze negative per l'**ambiente**. Vengono disperse sostanze inquinanti che la natura non è in grado di assorbire in un ciclo naturale: queste sostanze si accumulano nel suolo, nell'aria, nell'acqua fino a modificarne stabilmente la composizione e a minacciare la vita degli esseri viventi (figura B).

L'amianto è un materiale che veniva usato un tempo come isolante antincendio per edifici, automobili, navi e treni. Da alcuni anni si è scoperto che le fibre di questo materiale sono responsabili di malattie letali dei polmoni. Oggi quindi l'amianto non è più utilizzato e viene rimosso dai tanti edifici che ancora lo contengono (come stanno facendo gli operai nella fotografia).

Le attività agricole fanno uso di fertilizzanti chimici, diserbanti e pesticidi che alterano gli ecosistemi e inquinano le acque.

La pesca senza limiti può eliminare intere specie ittiche (figura C).

Le attività industriali e i trasporti consumano molto combustibile: petrolio e gas naturale, così come minerali e metalli, sono destinati a esaurirsi nel mondo, e già sono molto scarsi nel territorio italiano.

Anche le altre risorse naturali sono spesso sfruttate in modo sconsiderato: per esempio l'acqua potabile, che è un bene prezioso e non può essere sprecata.

La tecnica della pesca «a strascico» consiste nel trainare con una o più barche una rete che striscia sul fondo del mare imprigionando indiscriminatamente una grande quantità di pesci.

Quali rischi riguardano gli esseri umani?

Quando ebbe inizio la rivoluzione industriale, la **sicurezza** e la **salute** dei lavoratori erano del tutto trascurate: a causa della pericolosità delle macchine e delle sostanze usate, delle condizioni di lavoro insalubri, dei turni di lavoro massacranti, lavorare in fabbrica causava gravi malattie e infortuni.

Oggi le leggi a favore dei lavoratori, l'uso di sistemi di protezione e la diffusione di macchine tecnologicamente avanzate hanno alzato il livello di sicurezza. Le lavorazioni tossiche sono isolate; la ricerca scientifica studia gli effetti dannosi delle sostanze e inventa materiali alternativi. Ciononostante incidenti e malattie contratte sul lavoro provocano ancora, in Italia, centinaia di morti ogni anno: morti che potrebbero essere evitate se fossero estese ovunque condizioni di lavoro più sicure.

Anche l'inquinamento che deriva dalle attività e dagli scarichi industriali è una causa di morte, perché provoca intossicazioni e l'aumento di alcune malattie, in particolare certi tipi di tumori (figura D).

Quali problemi sono legati al bisogno di energia?

Le attività economiche hanno bisogno di una grande quantità di energia.

In Italia quasi tutta l'energia proviene da **fonti non rinnovabili**, soprattutto da combustibili fossili, cioè petrolio, gas naturale e carbone. I combustibili fossili sono innanzitutto molto inquinanti: per produrre energia devono essere bruciati e in questo modo vengono emesse nell'atmosfera grandi quantità di gas nocivi. Inoltre si tratta di risorse non rinnovabili, destinate a esaurirsi.

L'Italia è costretta anche ad acquistare da altri paesi le fonti energetiche che mancano sul territorio, a costi sempre più alti.

Solo con la produzione di energia che usi **fonti rinnovabili** è possibile che lo sviluppo economico sia compatibile con la tutela dell'ambiente. Negli ultimi anni finalmente anche in Italia si stanno diffondendo le centrali solari ed eoliche (figura E).

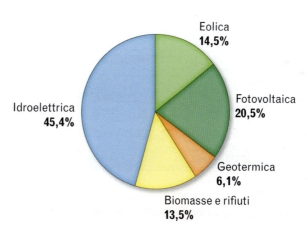

E Fonti rinnovabili usate in Italia.

- Eolica 14,5%
- Fotovoltaica 20,5%
- Geotermica 6,1%
- Biomasse e rifiuti 13,5%
- Idroelettrica 45,4%

L'aerea di Porto Marghera (Venezia) è stata gravemente inquinata dall'industria petrolchimica.

Impara a imparare

1 Nel testo evidenzia con diversi colori le conseguenze positive e negative dello sviluppo economico.

2 Leggi il grafico e cerchia le tre fonti rinnovabili più usate in Italia.

 Mappa dei concetti

 Video: L'inquinamento delle acque

Mettiti alla prova

3 Scegli l'alternativa corretta.
Quale attività economica è completamente non inquinante?
- A Industria.
- B Agricoltura.
- C Trasporti.
- D Nessuna delle precedenti.

4 Vero o falso?
- a. Oggi gli incidenti sul lavoro non causano più vittime. V F
- b. I combustibili fossili sono molto inquinanti. V F
- c. In Italia vi sono anche centrali solari ed eoliche. V F

Capitolo 7 **L'economia italiana**

B Uno sguardo d'insieme

L'economia italiana comprende attività che possono essere suddivise in tre settori.

1. Il settore primario

In Italia l'**agricoltura** è ancora un settore molto importante, anche se calano costantemente gli addetti a causa della meccanizzazione.
Le colture principali sono: cereali, ortaggi, alberi da frutta, viti e olivi.
Altre attività del primario sono l'**allevamento** (bovini, suini, ovini), la **pesca** e l'**acquacoltura**, la **silvicoltura** e la **floricoltura**.

2. Il settore secondario

Nonostante il suolo sia povero di materie prime e combustibili fossili, in Italia ha avuto un grande sviluppo soprattutto l'**industria manifatturiera** di trasformazione.
Oggi il nostro paese eccelle nell'industria meccanica, tessile e alimentare. Molte industrie hanno *delocalizzato* la produzione, restano invece le eccellenze del *Made in Italy*.
In Italia sono molto attive anche le **aziende artigiane**, più piccole delle industrie, ma in grado di realizzare produzioni di altissima qualità.

5. Dai settori ai prodotti

Qualunque bene che utilizziamo nella nostra vita quotidiana è il frutto del lavoro di **tutti e tre i settori**.
I prodotti italiani di qualità hanno spesso un prezzo più alto di quelli fabbricati in altri paesi in cui le materie prime e il lavoro costano meno. Il rischio nell'acquistare questi oggetti è che i materiali siano di scarsa qualità e che i lavoratori che li hanno prodotti abbiano lavorato in condizioni ingiuste (sia dal punto di vista del compenso, sia della sicurezza).

Obiettivo generale delle attività economiche è lo sviluppo economico, cioè la crescita di investimenti, produzioni e consumi.

6. Le conseguenze dello sviluppo economico

Lo sviluppo economico può comportare:
- ▶ **effetti positivi**, come un aumento del benessere dei cittadini e una migliore qualità della vita;
- ▶ **conseguenze negative** per la vita delle persone e per la sopravvivenza dell'ambiente, come l'aumento di alcune malattie, l'inquinamento dell'aria, dell'acqua e del suolo, la distruzione di alcuni ecosistemi.

Le attività economiche hanno bisogno di molta **energia** che in Italia viene ricavata per lo più dai combustibili fossili, fonti non rinnovabili e molto inquinanti. Perché lo sviluppo economico non danneggi l'ambiente, è necessario passare allo sfruttamento di fonti rinnovabili.

3. Il settore terziario

La maggior parte degli italiani lavora nel settore terziario.

Si distinguono i **servizi** forniti da privati (in crescita) e quelli pubblici.

Le più importanti attività del **terziario tradizionale** sono il commercio, il turismo e i trasporti.

Oggi si sta sviluppando anche il **terziario avanzato**, che comprende l'informatica, il marketing e la pubblicità.

I trasporti, che fanno parte del settore terziario, sono importantissimi per lo sviluppo economico. Per far viaggiare merci e persone è necessaria una rete di infrastrutture.

4. Le infrastrutture

Le infrastrutture sono i sistemi di collegamento che attraversano il paese.

Le **reti di trasporti** comprendono strade, ferrovie, collegamenti aerei e rotte marittime.

Le **reti telematiche** permettono la trasmissione di dati e comunicazioni.

Le **reti energetiche** distribuiscono acqua, gas ed energia elettrica in tutto il paese.

Capitolo 7 **L'economia italiana**

Mettiti alla prova

Le parole

1 Indica sotto ciascun prodotto del settore primario il nome della corrispondente attività economica.
Scegli tra: allevamento • cerealicoltura • floricoltura • frutticoltura • orticoltura • pesca • silvicoltura • viticoltura.

a. .... b. .... c. .... d. ....

e. .... f. .... g. .... h. ....

2 Data la definizione, scrivi il termine specifico.

a.	Collegamento che permette il transito di merci e persone.
b.	Luogo in cui le merci possono essere spostate agevolmente da un mezzo di trasporto all'altro.
c.	Insieme dei collegamenti che permettono il trasporto di acqua, metano, elettricità ecc.
d.	Insieme dei collegamenti che permettono il trasferimento delle informazioni, come cavi telefonici, trasmettitori di onde elettromagnetiche, antenne radio ecc.
e.	Trasferimento delle lavorazioni industriali più inquinanti e meno specializzate in paesi dove la manodopera costa meno.

3 **Dato il termine, scrivi la definizione.**

a. Made in Italy ....

b. Prodotto tipico ....

c. Pubblica amministrazione ....

d. NEC ....

I concetti

4 **Indica sotto ciascun prodotto industriale quale industria lo produce.**
Scegli tra: alimentare • chimica • del legno • elettronica • meccanica leggera • meccanica pesante • siderurgica • tessile.

a. industria .... b. industria .... c. industria .... d. industria ....

e. industria .... f. industria .... g. industria .... h. industria ....

Capitolo 7 L'economia italiana

5 Completa la mappa inserendo i seguenti termini. ▲▲△
alimentare • base • elettronica • meccanica • metallurgica • siderurgica • trasformazione.

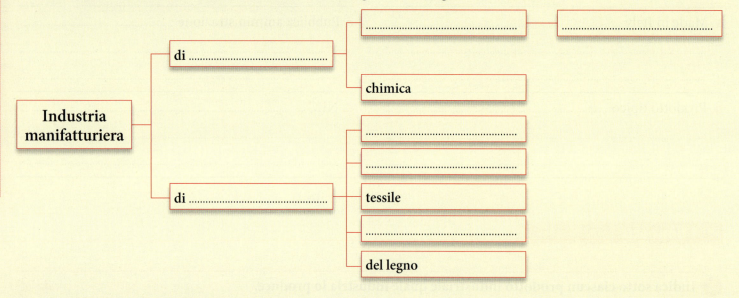

6 Scegli l'alternativa corretta. ▲▲△

a. La coltivazione di ulivi è più diffusa nel **Nord** / **Sud** d'Italia.
b. La pesca è più diffusa nel **Mare Adriatico** / **Mar Ligure**.
c. I cereali sono più coltivati in **montagna** / **pianura**.
d. La silvicoltura fa parte del **primario** / **secondario** / **terziario**.
e. La pubblica amministrazione fa parte del **primario** / **secondario** / **terziario**.
f. L'artigianato fa parte del **primario** / **secondario** / **terziario**.

7 Vero o falso? ▲▲△

a. Il prodotto italiano più venduto all'estero è la patata.	V	F
b. La maggior parte delle aziende agricole italiane ha piccole dimensioni.	V	F
c. L'Adriatico è il mare meno pescoso.	V	F
d. L'industria siderurgica produce manufatti in acciaio.	V	F
e. L'industria italiana è nata nel triangolo industriale.	V	F
f. L'azienda artigiana ha meno dipendenti di un'industria.	V	F
g. L'Italia esporta materie prime e importa manufatti.	V	F
h. La maggior parte dei beni prodotti in Italia viene trasportata con treni merci.	V	F
i. Le centrali termoelettriche utilizzano solo petrolio italiano.	V	F

8 Completa la tabella con i seguenti termini: ▲▲△
tradizionale • avanzato • commercio • elaborazione dati • marketing • pubblica amministrazione • pubblicità • turismo.

In	è più sviluppato il	basato su
Italia settentrionale	terziario	....
Italia meridionale	terziario	....

9 Scegli l'alternativa corretta. ▲▲▲△

1. Quale di queste caratteristiche non riguarda l'industria italiana?
   - A abbondanza di materie prime locali
   - B delocalizzazione
   - C importanza dell'esportazione
   - D specializzazione in produzioni di qualità

2. La concentrazione di aziende
   - A aiuta le piccole aziende
   - B è un fenomeno del settore primario
   - C è una conseguenza della privatizzazione
   - D mette in difficoltà le piccole aziende

3. In Italia il boom economico
   - A non ha avuto effetti negativi sul paesaggio
   - B ha migliorato lo stile di vita delle persone
   - C è avvenuto alla fine dell'Ottocento
   - D è stato un fenomeno lento e graduale

10 Inserisci nella carta i seguenti porti. ▲▲▲△
1. Brindisi 2. Civitavecchia
3. Genova 4. Gioia Tauro 5. Livorno
6. Ravenna 7. Venezia

11 Collega i seguenti fenomeni e individua le relazioni corrette di causa/effetto. ▲▲▲

	Aggiungi il collegamento giusto (è una causa, è una conseguenza)	
a. La meccanizzazione agricola		della diffusione di grandi centri commerciali.
b. La chiusura di molte aziende italiane		del calo del numero degli addetti nel primario.
c. La chiusura dei piccoli negozi		dell'utilizzo nell'industria di sostanze nocive senza adeguata protezione.
d. L'aumento dell'inquinamento dell'aria		della posizione dell'Italia nel Mediterraneo.
e. La malattia per alcuni lavoratori		dell'inquinamento dei corsi d'acqua e del mare.
f. L'uso incontrollato di fertilizzanti e pesticidi		della delocalizzazione.
g. Lo sviluppo del trasporto marittimo		dell'aumento dei trasporti su gomma.

Capitolo 7 L'economia italiana

12 **Sei tu il geografo.** Sulla carta muta dell'Italia, colloca il nome delle località turistiche date e con un simbolo inventato da te indica il motivo di attrazione principale.

Costa Smeralda • Dolomiti • Firenze • Gargano • Napoli • Palermo • Roma • Rimini • Val d'Aosta • Venezia

Completa la legenda con i 3 simboli che hai inventato.

☐ Città d'arte

☐ Turismo montano

☐ Turismo balneare

Gli strumenti

13 Leggi la tabella che riporta la percentuale degli addetti al terziario in alcuni paesi. Assegna a ciascun paese un colore e costruisci un grafico cartesiano dell'andamento di questo valore. Poi rispondi alle domande.

	1900	1950	1970	2000	2010
Francia	26%	43%	48%	70%	77%
Germania	22%	38%	43%	62%	73%
Regno Unito	39%	47%	53%	72%	82%
Italia	17%	25%	40%	61%	70%
Spagna	18%	32%	38%	62%	70%

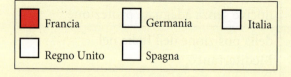

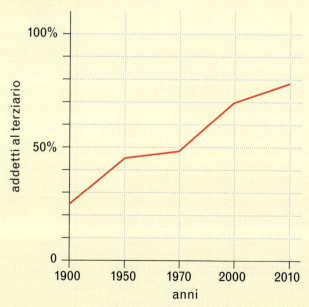

a. Quale Stato detiene oggi il primato degli addetti al terziario? ....

b. Fino a quando l'Italia ha avuto un numero di addetti molto inferiore a quello degli altri paesi? ....

c. Quale Paese europeo ha valori più simili a quelli dell'Italia? ....

14 Osserva i grafici che rappresentano la suddivisione dei lavoratori fra i tre settori dell'economia in Italia, in Lombardia e in Basilicata. Poi rispondi alle domande.

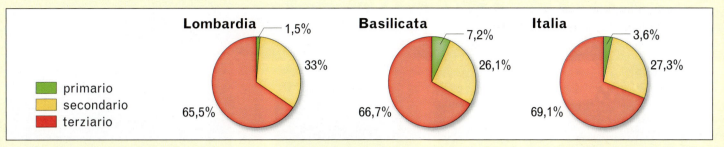

a. In quale regione c'è la percentuale più alta di impiegati nel primario? ....
b. In quale regione c'è la percentuale più alta di impiegati nel secondario? ....
c. In che modo pensi che le caratteristiche del territorio delle due regioni possano aver determinato questa differenza? ....
....
d. I valori dell'Italia come sono rispetto a quelli di ciascuna delle due regioni? ....
....

15 Sai rispondere?

Le attività economiche

a. Qual è l'attività più importante del settore primario in Italia?
b. Quali altre attività fanno parte del settore primario?
   1. ....
   2. ....
   3. ....
   4. ....
   5. ....
c. Come sono distribuite le coltivazioni nelle regioni italiane?
d. Perché nell'agricoltura sono diminuiti gli addetti mentre è aumentata la produzione?
e. Quali attività comprende il settore secondario?
   1. ....
   2. ....
f. Per quali prodotti l'Italia è famosa nel mondo?
g. Dove si è sviluppata in origine l'industria italiana?
h. In quale settore trova lavoro la maggior parte degli italiani?
i. Quali attività comprende il settore terziario?
l. Che differenza c'è fra terziario tradizionale e terziario avanzato?
m. Che differenza c'è tra servizi privati e pubblici?
n. In che modo le attività dei tre settori concorrono alla realizzazione di un prodotto?
o. Perché spesso i prodotti italiani costano di più rispetto a quelli di altri paesi?

Le infrastrutture

p. Che cosa sono le infrastrutture?
q. Quali sono le principali direttrici italiane delle reti di trasporti?
   1. ....
   2. ....
   3. ....
r. Perché i combustibili sono trasportati di norma via mare?

Lo sviluppo economico

s. Quali sono le conseguenze positive dello sviluppo economico?
t. Quali sono le cause degli infortuni e delle malattie sul lavoro?
u. Perché il bisogno di energia può essere un problema?

Capitolo 8
La società italiana

Per orientarti nel capitolo

La società italiana è formata da tutte le persone che vivono in Italia e che quindi condividono le leggi dello stesso stato. La società è in continua evoluzione e può essere analizzata da diversi punti di vista.

Nel **paragrafo 1**: oggi circa due terzi degli italiani vivono in città; in Italia ci sono moltissime città di dimensioni medio-piccole.

Nel **paragrafo 2**: la popolazione italiana sta invecchiando perché nascono pochi bambini e la vita media è sempre più lunga.

L'ingresso della Galleria Vittorio Emanuele, in Piazza del Duomo a Milano.

B — Le attività umane

CIAK si impara! VIDEO NELLE RISORSE DIGITALI

Prima di iniziare lo studio del capitolo puoi guardare il video e scoprire quali sono gli argomenti che affronteremo. Mentre guardi il video riconosci e annota le parole della geografia che hai già studiato: sono le conoscenze da ripassare prima di iniziare il capitolo.

Nel **paragrafo 3**: la composizione della società italiana è in continuo cambiamento: negli ultimi anni sta diventando sempre più multietnica.

Nel **paragrafo 4**: l'Italia è una repubblica in cui il potere è dei cittadini che scelgono i propri rappresentanti attraverso le elezioni.

Nel **paragrafo 5**: l'Italia fa parte dell'Unione Europea, un insieme di stati all'interno del quale i cittadini possono circolare liberamente.

Capitolo 8 La società italiana

1. Dove vivono gli italiani

L'Italia presenta una distribuzione della popolazione diversa da quella di altri paesi europei dove una buona parte dei cittadini risiede nella capitale e nei comuni limitrofi. Roma non ha un numero di abitanti comparabile con Londra, Parigi o Berlino; anche Milano, la capitale industriale e finanziaria, non raggiunge i due milioni di abitanti. La caratteristica dell'Italia è quella di essere il paese delle **cento città**, nel senso che, dopo le due città maggiori, seguono altri capoluoghi di regione appena sotto il milione di abitanti – Napoli, Torino, Palermo, Genova – poi tante città sotto al mezzo milione di abitanti come Bologna, Firenze, Bari, Catania... (figura A). Ma la maggior parte degli italiani vive in città medio-piccole con meno di 200 000 abitanti.

Oggi 2 italiani su 3 vivono in città, ma non è sempre stato così. A metà del Novecento è iniziata una grande *migrazione interna* (figura B): la maggior parte degli italiani ha abbandonato le campagne e le montagne per trasferirsi in città. Soprattutto dalle aree rurali del Sud, oltre 4 milioni di persone si sono trasferite nelle città del Nord dove si è sviluppata l'industria. Questo fenomeno fa parte di quella trasformazione che si chiama **urbanesimo**.

I centri urbani più ricchi di attività economiche e serviti da vie di comunicazione sono tuttora un polo di attrazione. Tuttavia l'aumento del costo delle abitazioni e il sovraffollamento spingono oggi molti italiani a lasciare le grandi città per trasferirsi nei comuni più piccoli della *cintura* (cioè quelli che si trovano poco oltre la periferia della città), anche se ogni giorno devono percorrere diversi kilometri per raggiungere il luogo di lavoro.

La **densità di popolazione** più alta si ha nella Pianura Padana, lungo tutta la costa ligure, nella vallata dell'Arno da Firenze al mare, lungo la costa adriatica (eccetto il Gargano), nelle aree di Roma e di Napoli.

A

	Città	Abitanti		Città	Abitanti
1	Roma	2 863 000	11	Venezia	265 000
2	Milano	1 324 000	12	Verona	260 000
3	Napoli	989 000	13	Messina	242 000
4	Torino	902 000	14	Padova	210 000
5	Palermo	678 000	15	Trieste	205 000
6	Genova	597 000	16	Taranto	203 000
7	Bologna	384 000	17	Brescia	194 000
8	Firenze	377 000	18	Prato	191 000
9	Bari	323 000	19	Parma	188 000
10	Catania	316 000	20	Reggio Calabria	185 000

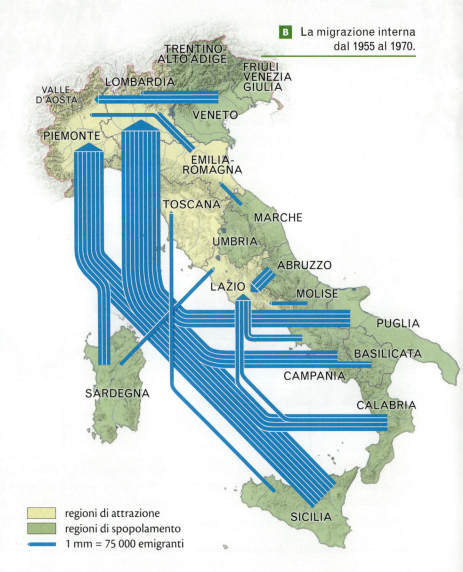

B La migrazione interna dal 1955 al 1970.

regioni di attrazione
regioni di spopolamento
1 mm = 75 000 emigranti

Che storia hanno le città italiane?

Molte città hanno un'**origine romana** che è tuttora visibile per la presenza di resti archeologici e soprattutto di strade che si incrociano ad angolo retto (figura C).

Le testimonianze di **epoca medievale** più importanti sono cattedrali romaniche e gotiche, strade strette e tortuose (figura D), torri e resti delle mura di difesa.

Nel **Rinascimento** i nobili ingrandirono i loro palazzi, le piazze assunsero un aspetto scenografico, le mura alte e strette furono sostituite da bastioni bassi e spessi per resistere all'attacco di armi da fuoco. Alcune città furono costruite «a tavolino» con piante dalle forme geometriche (figura E).

Nell'**Ottocento** si aggiunsero fabbriche e abitazioni popolari per gli operai. La stazione ferroviaria fu costruita il più possibile vicino al centro della città e richiese modifiche nel tracciato delle strade. Spesso le mura furono abbattute per far posto a viali di circonvallazione (figura F).

Faenza.

Cortona (Arezzo).

Grammichele (Catania).

Milano.

Impara a imparare

1. Riassumi l'informazione chiave.
   La maggior parte degli italiani vive ....

2. Leggi la carta.
   Qual è la regione da cui proviene il maggior numero di emigranti interni? ....
   Quali regioni hanno attirato il maggior numero di immigrati interni? ....
   ....

 Mappa dei concetti

Mettiti alla prova

3. Vero o falso?
   a. La maggior parte degli italiani vive in grandi città. **V F**
   b. Oggi molti italiani lasciano le grandi città per trasferirsi nei comuni vicini. **V F**
   c. Le migrazioni interne sono cominciate all'inizio del Novecento. **V F**

2. Quanti sono gli italiani

▶ La popolazione italiana è composta da oltre 60 milioni di abitanti. Il numero cambia di anno in anno, per cause *naturali* (la nascita e la morte) ma anche *migratorie* (gli *emigrati* sono gli italiani che si trasferiscono stabilmente all'estero, gli *immigrati* sono gli stranieri che vengono a vivere in Italia).

Sul totale della popolazione i **maschi** sono meno numerosi delle **femmine** (96 maschi ogni 100 femmine) perché le donne resistono meglio ad alcune malattie e quindi vivono più a lungo. Il fenomeno è compensato dal fatto che alla nascita sono più i maschi che le femmine, 105 maschi ogni 100 femmine.

Gli **anziani** sono più numerosi dei giovani, cioè la popolazione invecchia: ogni 5 abitanti c'è un anziano che ha più di 65 anni, mentre ogni 7 abitanti c'è un giovane che ha meno di 14 anni. Questo deriva dal fatto che si vive più a lungo e si fanno meno figli, in media 1,4 per donna. Questo valore si chiama **indice di fecondità**. Per non avere un calo demografico, l'indice di fecondità dovrebbe essere almeno pari a 2, cioè ogni donna dovrebbe avere due figli, destinati a prendere numericamente il «posto» dei due genitori.

▶ Il grafico più efficace per rappresentare la composizione della popolazione di un paese, suddivisa per sesso e per fasce di età, è chiamato **piramide della popolazione**. È un doppio istogramma a barre orizzontali in cui ogni barra corrisponde a un intervallo di 5 anni di età (figura **A**). Il grafico si chiama «piramide» perché dovrebbe avere una larga base, la fascia dei bambini da 0 a 4 anni, fasce successive poco più corte che rappresentano i giovani e gli adulti, e poi sempre più corte, perché varie cause possono provocare la morte della popolazione man mano che diventa più anziana.

A Come è cambiata la popolazione italiana

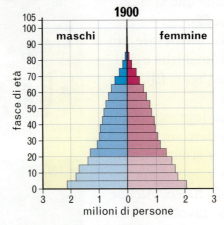

All'inizio del secolo scorso il grafico dell'Italia era una vera piramide: molti bambini (anche se alcuni morivano in tenera età per le malattie), fasce degli adulti che via via si riducevano, pochi che riuscivano a diventare anziani.

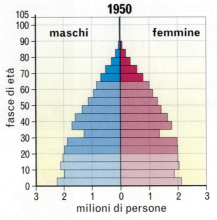

Nel 1950 è ancora una piramide, con due fasce più corte in corrispondenza del calo delle nascite durante le due guerre mondiali.

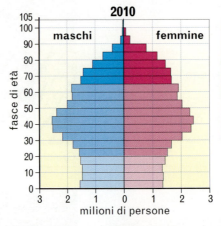

Oggi il grafico che rappresenta la composizione della popolazione italiana ha una forma a *trottola*: sempre meno i bambini e di più gli anziani; tanti gli adulti.

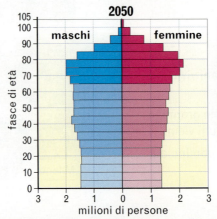

In futuro si prevede che il grafico avrà la forma di un *fungo*: pochi bambini e giovani, molti anziani, tra cui in aumento i cosiddetti «grandi vecchi» di oltre 85 anni.

Quali caratteristiche demografiche presenta la popolazione italiana?

La **speranza di vita** (o *vita media*) degli italiani è in costante aumento (figura B) perché i lavori più logoranti vengono fatti dalle macchine, l'alimentazione è più sana, le condizioni igieniche sono buone e la medicina è in grado di curare molte malattie.

In Italia il **saldo naturale**, cioè la differenza fra il numero dei nati e il numero dei morti, è negativo: dagli anni '80 del Novecento le nascite sono in calo e sono sempre inferiori al numero dei decessi. Complessivamente però la popolazione aumenta grazie al **saldo migratorio** positivo, cioè alla differenza fra gli immigrati e gli emigrati: gli immigrati sono in costante aumento, come in molti paesi d'Europa. In Italia i cittadini stranieri sono circa l'8% della popolazione (figura C), concentrati soprattutto al Nord e, sul totale dei nati, il 14% è figlio di stranieri.

La **famiglia** italiana è di tipo nucleare, con un numero medio di 2,4 componenti, essendo formata da uno o due genitori con uno o due figli: è molto diversa da quella tradizionale che comprendeva più figli, nonni, zii e cugini.

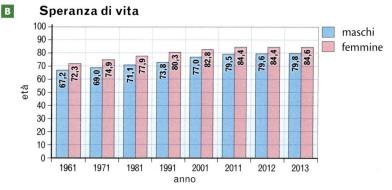

B Speranza di vita

La **speranza di vita** è il numero di anni che un individuo può sperare di vivere, in media.

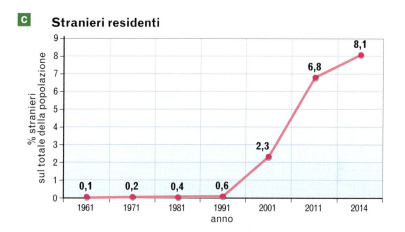

C Stranieri residenti

Impara a imparare

1 Sottolinea nel testo le cause per le quali il numero degli abitanti dell'Italia cambia ogni anno.

2 Elenca le cause dell'invecchiamento della popolazione.
  1. ....
  2. ....

3 Completa la tabella con i dati più recenti che trovi in questo paragrafo.

	Italia
speranza di vita per le donne	
speranza di vita per gli uomini	
cittadini stranieri (%)	
nati da genitori stranieri su tot. dei nati (%)	
numero medio di figli per donna	

 **Mappa dei concetti**

Mettiti alla prova

4 Scegli l'alternativa corretta.

Il saldo naturale è

A la differenza fra il numero dei nati e il numero dei morti.

B la differenza tra immigrati e emigrati.

Il saldo migratorio in Italia è positivo.
Questo vuol dire che:

A gli immigrati sono più degli emigrati.

B gli immigrati sono meno degli emigrati.

5 Vero o falso?

a. In Italia i maschi sono meno numerosi delle femmine. V F

b. In Italia, nascono meno maschi che femmine. V F

c. La vita media degli italiani è in aumento. V F

d. Il saldo naturale in Italia è positivo. V F

e. Nel complesso la popolazione italiana sta diminuendo. V F

Capitolo 8 **La società italiana**

3. Chi sono gli italiani

Gli abitanti della penisola italiana fanno parte di un'unica società solo dal 1861. Al tempo dell'unità d'Italia le differenze sociali fra gli italiani erano molto grandi: il lavoro, gli stili di vita, le abitudini (come la lingua parlata quotidianamente) variavano moltissimo da un luogo all'altro del paese e da una classe sociale all'altra. Con il passare dei decenni, grazie anche alla crescita economica del paese e all'istruzione obbligatoria, alcune differenze si sono livellate e la società si è fatta via via più omogenea.

Negli ultimi anni, però, la **società italiana** è molto cambiata: si sono diffusi stili di vita molto diversi, anche all'interno della stessa classe sociale. Le persone appartengono a diverse culture, parlano diverse lingue, hanno diverse convinzioni politiche, morali e religiose. Ciononostante è possibile individuare alcune **tendenze generali**: è aumentato il numero di chi abita in città, di chi lavora nel terziario anziché nell'agricoltura o nell'industria, di chi studia anziché andare a lavorare in giovane età (figura A), dei giovani che si sposano tardi o che non si sposano affatto (figura B).

Nella società italiana sono in aumento gli stranieri (figura C). Le comunità più numerose sono quella romena, albanese, marocchina. Molti stranieri hanno figli in Italia: la popolazione italiana sta diventando *multietnica*.

A Iscritti all'università

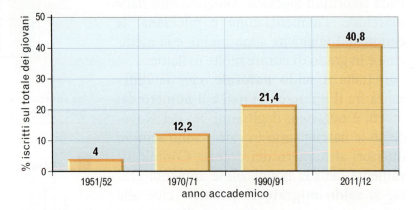

B Matrimoni

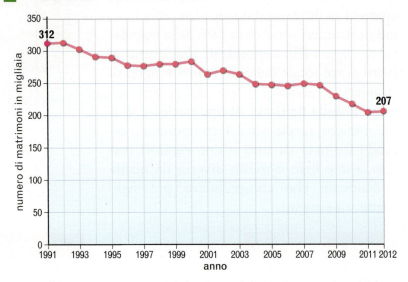

Una lezione di italiano per stranieri.

Impara le parole

Multietnico significa «formata da molte etnie». **Etnia** deriva dal greco *èthnos* (= stirpe) e indica un gruppo di persone che hanno tradizioni storiche e culturali in comune.

Dialetto viene dal greco *dialégein* che significa «parlare, discutere».

Quali lingue parlano gli italiani?

L'**italiano** è la lingua ufficiale, deriva dal latino ed è parlata da circa 800 anni.

L'italiano è stato parlato per secoli solo dalle persone più colte, mentre la maggior parte degli italiani parlava un **dialetto** locale. Oggi quasi tutti parlano italiano e solo il 15% usa più di frequente il dialetto. Il **sardo**, il **friulano** e il **ladino** sono considerate lingue autonome.

Le minoranze linguistiche costituiscono circa il 5% della popolazione (figura D). Il **francese** in Valle d'Aosta, il **tedesco** in Alto Adige, lo **sloveno** in Friuli-Venezia Giulia sono lingue ufficiali insegnate nelle scuole locali. Comunità che parlano **albanese**, **croato** e **greco** si trovano nelle regioni meridionali; gruppi che parlano **catalano** in Sardegna.

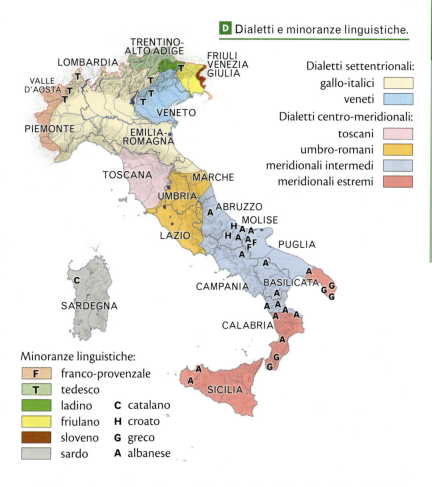

D Dialetti e minoranze linguistiche.

Dialetti settentrionali:
- gallo-italici
- veneti

Dialetti centro-meridionali:
- toscani
- umbro-romani
- meridionali intermedi
- meridionali estremi

Minoranze linguistiche:
- F franco-provenzale
- T tedesco
- ladino   C catalano
- friulano H croato
- sloveno   G greco
- sardo   A albanese

Quali religioni professano gli italiani?

In Italia la religione di gran lunga più diffusa è quella **cristiana** di confessione *cattolica*, profondamente radicata nella storia, nella cultura e nel modo di vivere degli italiani. Il capo spirituale dei cattolici, il Papa, ha la sua sede nello Stato della Città del Vaticano (figura E), a Roma.

Altre confessioni cristiane praticate in comunità meno numerose sono quelle *ortodossa*, *valdese* e *luterana*.

La seconda religione più praticata in Italia è l'**Islam**, che si è diffuso in anni recenti in seguito all'immigrazione dai paesi del Nord Africa e dell'Asia.

Da secoli è presente anche la religione **ebraica**, che in passato è stata oggetto di discriminazione da parte di molti cristiani.

Il Vaticano.

Impara a imparare

1 Sottolinea e numera le tendenze diffuse nella società italiana.

2 Cerca nella carta D la tua regione e individua il tipo di dialetto ed eventuali altre lingue presenti. Li parli anche tu?

MAPPA DEI CONCETTI

Mettiti alla prova

3 Completa le frasi scegliendo tra i seguenti termini:
albanese • francese • ladino • sloveno • tedesco

In Italia ci sono molte minoranze linguistiche. In Valle d'Aosta si parla .... e in Trentino-Alto Adige .... In Friuli-Venezia Giulia oltre all'italiano si possono sentire il .... , una lingua autonoma, e lo .... , una lingua ufficiale insegnata a scuola.

4. La Repubblica Italiana

▶ L'Italia è uno **stato** con:
- un territorio delimitato da confini precisi,
- un popolo con una storia, una lingua e una cultura comune,
- una forma di governo che è definita nella **Costituzione della Repubblica Italiana**.

La Costituzione è una legge composta da più di 100 articoli nei quali si stabiliscono i princìpi fondamentali dello Stato italiano (forma di governo, compiti della Repubblica, suddivisioni territoriali interne, rapporti con gli altri stati), i diritti e i doveri dei cittadini, il funzionamento degli organi che gestiscono i diversi poteri dello Stato (*legislativo*, *esecutivo* e *giudiziario*).

1. Il **potere legislativo** è il potere di definire le leggi. Lo esercita il *Parlamento*, che è formato dai rappresentanti scelti dai cittadini maggiorenni in occasione delle elezioni politiche. Il Parlamento si divide in due Camere, la Camera dei Deputati (figura A) e il Senato della Repubblica.

2. Il **potere esecutivo** è il potere di far applicare le leggi. È esercitato dal *Governo*, formato da *Ministri* responsabili delle singole materie (Istruzione, Interni, Esteri, Difesa ecc.) e dal *Presidente del Consiglio dei Ministri* (detto anche Primo Ministro). Il Governo fa applicare le leggi attraverso uffici distribuiti nel territorio (la *Pubblica Amministrazione*).

3. Il **potere giudiziario** è il potere di punire chi non rispetta le leggi. È esercitato dall'insieme dei magistrati (la *Magistratura*) che lavorano nei tribunali delle varie città.

▶ Il **Presidente della Repubblica** è il Capo dello Stato; viene eletto dal Parlamento e risiede nel palazzo del Quirinale (figura B). Rimane in carica 7 anni e ha, fra l'altro, il compito di nominare il Presidente del Consiglio.

▶ Lo Stato italiano è una democrazia: il potere viene affidato dai cittadini ai propri rappresentanti attraverso le elezioni dei membri del Parlamento.

La Camera dei Deputati.

Il Quirinale.

Impara le parole

Ministro deriva dal latino *minister* (= servitore, aiutante) e significa quindi «servitore» dello Stato. Da *minister* derivano anche **amministrazione** e **amministrare**, che indicano le attività che si svolgono per provvedere ai bisogni o di una famiglia («amministrare il bilancio familiare») o di un'azienda (il «consiglio di amministrazione») o di uno Stato (la «Pubblica Amministrazione»).

Da quanto tempo esiste lo Stato italiano?

L'Italia è uno Stato unitario dal 17 marzo 1861 e Roma (annessa il 20 settembre 1870) è la capitale dal 1871.

Inizialmente si chiamava **Regno d'Italia**, perché era una *monarchia* cioè uno stato governato da un re.

La **Repubblica Italiana** è nata invece dopo la Seconda guerra mondiale. Il 2 giugno 1946 si è svolto un *referendum* istituzionale nel quale ogni cittadino maggiorenne ha votato per la forma di governo che riteneva migliore: la maggioranza dei cittadini si è espressa a favore della repubblica, preferendola alla monarchia (figura C).

Nella stessa giornata, gli italiani hanno eletto anche un'*Assemblea Costituente*, un insieme di rappresentanti che hanno avuto il compito di scrivere la Costituzione, entrata poi in vigore il 1° gennaio 1948.

Chi è cittadino italiano?

Sono cittadini italiani di diritto i figli di cittadini italiani, anche se nascono all'estero. Inoltre si può chiedere di diventare cittadino se ci si sposa con un cittadino italiano e si vive in Italia; oppure se, pur avendo i genitori stranieri, si nasce e si vive in Italia.

Gli stranieri, se vivono in Italia da almeno 10 anni, lavorando e rispettandone le leggi, possono chiedere la cittadinanza. In media ogni anno 40 000 stranieri diventano cittadini italiani.

L'ingresso dei cittadini stranieri in Italia è regolato da apposite leggi che tendono a limitare l'accesso e a impedirlo a chi è privo di *permesso di soggiorno*, cioè del documento che autorizza a vivere in Italia (figura D).

La Costituzione però garantisce il *diritto di asilo*, cioè l'accoglienza, ai cittadini che provengono da zone di guerra o da Stati dove sono perseguitati per ragioni politiche.

C Esito del referendum.

D Migranti protestano contro le difficoltà per ottenere il permesso di soggiorno.

Impara a imparare

1 Evidenzia nel testo gli argomenti trattati nella Costituzione.

2 Sottolinea con 3 colori i poteri dello Stato e gli organi che li esercitano.

3 Completa lo schema della storia dello Stato italiano.
- 17 marzo 1861: ....
- 20 settembre 1870: ....
- 2 giugno 1946: ....
- 1° gennaio 1948: ....

MAPPA DEI CONCETTI

Mettiti alla prova

4 Scegli l'alternativa corretta.

Il Presidente della Repubblica viene eletto
- A dai cittadini
- B dal Parlamento

L'accoglienza in Italia di persone che vengono da zone di guerra è garantita dal
- A diritto di asilo
- B permesso di soggiorno

La Repubblica Italiana è nata alla fine della
- A Prima guerra mondiale
- B Seconda guerra mondiale

5. Italia regione d'Europa

Lo Stato Italiano si trova nel Mediterraneo in una posizione geografica particolare, fra gli Stati forti dell'Europa occidentale e centrale e quelli più giovani e più instabili dell'Europa orientale e del Nord Africa.

▶ In passato l'Italia è stata alleata con Stati più potenti (la Francia, dalle guerre di indipendenza alla Prima guerra mondiale; la Germania, durante la Seconda guerra mondiale; gli Stati Uniti, dal dopoguerra in poi) per dare forza alle proprie richieste e per essere considerata fra le potenze europee.

▶ Oggi l'Italia, insieme ad altri 27 paesi europei, fa parte dell'**Unione Europea** (figura A): è questo l'organismo internazionale che ha maggiore peso nella politica italiana. Più avanti vedremo qual è la storia dell'Unione.

Nello spazio geografico italiano, ci sono due mini-Stati indipendenti, la *Città del Vaticano* e la *Repubblica di San Marino*.

Tutti gli italiani possono andare all'estero?

Tutti gli italiani maggiorenni possono andare all'estero per ragioni di lavoro, di studio o di turismo. I minorenni hanno bisogno dell'autorizzazione dei genitori.

Per andare negli Stati dell'Unione Europea, è sufficiente il documento di identità rilasciato dal Comune di residenza. Per andare in altri Stati, di norma ci vuole il passaporto, e alcuni paesi richiedono in più il visto, cioè un'autorizzazione che deve essere richiesta in anticipo alle autorità locali.

L'Italia, insieme ad alcuni Stati europei, ha firmato l'accordo di Schengen, che permette la libera circolazione delle persone fra i paesi firmatari. Gli stranieri cittadini dell'Unione Europea possono entrare liberamente in Italia con il proprio documento di identità.

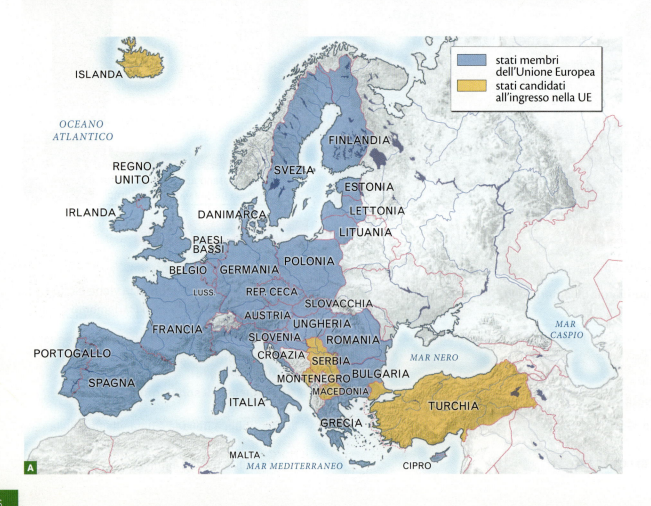

A

Perché l'Italia è una regione di incontro fra diverse culture?

Fin dal Medioevo la cultura italiana si è diffusa in molte regioni d'Europa, influenzando il modo di vivere e di pensare di altri popoli.

Anche se oggi l'Italia è uno Stato con precisi confini, nel corso della storia essi sono cambiati più volte.

Al tempo di Giulio Cesare, gli abitanti di Mediolanum (Milano) o Bononia (Bologna) non erano considerati cittadini di Roma perché erano in prevalenza di origine celtica. Nell'Alto Medioevo gli abitanti delle coste meridionali dell'Italia erano definiti Greci perché sudditi dell'Impero Bizantino. Dopo il Mille, il modo di vivere e la cultura della Toscana sono molto più simili a quella della Provenza, nel sud della Francia, che a quelli della Puglia o del Friuli.

Vediamo quindi che alcune aree, oggi appartenenti a diversi Stati, hanno avuto una storia comune (figura B), così come regioni che attualmente appartengono a uno stesso Stato hanno tradizioni culturali diversissime.

Inoltre, già dal Medioevo, molti artisti e scienziati italiani hanno considerato l'Europa come la propria patria più estesa.

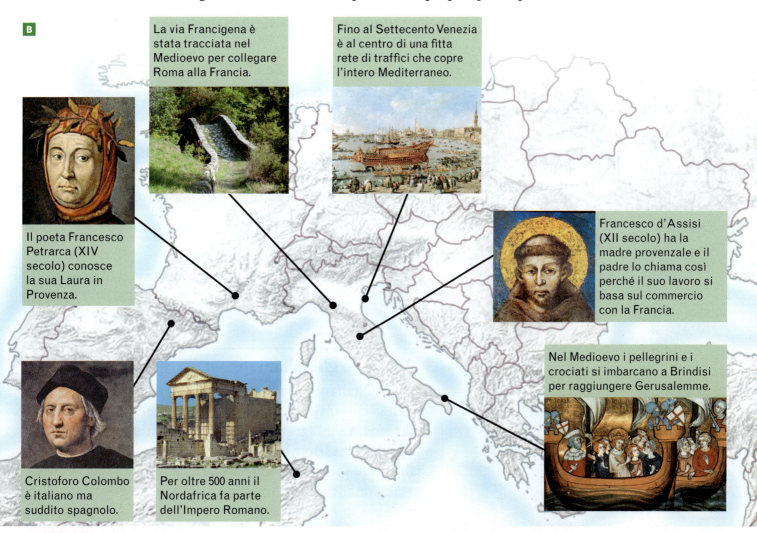

B

La via Francigena è stata tracciata nel Medioevo per collegare Roma alla Francia.

Fino al Settecento Venezia è al centro di una fitta rete di traffici che copre l'intero Mediterraneo.

Il poeta Francesco Petrarca (XIV secolo) conosce la sua Laura in Provenza.

Francesco d'Assisi (XII secolo) ha la madre provenzale e il padre lo chiama così perché il suo lavoro si basa sul commercio con la Francia.

Cristoforo Colombo è italiano ma suddito spagnolo.

Per oltre 500 anni il Nordafrica fa parte dell'Impero Romano.

Nel Medioevo i pellegrini e i crociati si imbarcano a Brindisi per raggiungere Gerusalemme.

Impara a imparare

1 Rintraccia nel testo che cos'è l'accordo di Schengen.

 MAPPA DEI CONCETTI

Mettiti alla prova

2 Vero o falso?
a. L'Italia ha sempre avuto gli stessi confini nel corso della storia.
b. Nell'antichità, il Nord Africa faceva parte dell'Impero Romano.

Uno sguardo d'insieme

Capitolo 8 **La società italiana**

Gli italiani possono essere studiati da diversi punti di vista:
dove risiedono,
che caratteristiche demografiche presentano,
qual è la loro cultura e il loro stile di vita.

1. Dove vivono gli italiani

Oggi la maggior parte degli italiani vive in **città** medio-piccole. A metà del secolo scorso, si è verificata una *migrazione interna* dalle regioni del Sud verso quelle del Nord, dalla montagna alla pianura, dalla campagna alla città, alla ricerca di migliori condizioni di lavoro e di vita.

La **densità di popolazione** è maggiore nella Pianura Padana, nei centri della costa ligure e adriatica, nelle aree pianeggianti attorno alle grandi città.

La maggior parte delle città italiane ha un'origine molto antica e nel centro storico sono tuttora visibili tracce dei periodi romano, medievale, rinascimentale.

2. Quanti sono gli italiani

Gli italiani sono più di **60 milioni**. La popolazione, divisa per sesso e fasce d'età, si può rappresentare con la *piramide della popolazione*.

Le attuali tendenze della popolazione italiana sono:
▶ il saldo naturale è costantemente negativo,
▶ il saldo migratorio è positivo,
▶ la speranza di vita è in aumento,
▶ la famiglia è di tipo nucleare.

Per tutti questi motivi la popolazione sta invecchiando.

3. Chi sono gli italiani

La società italiana subisce rapide trasformazioni, con alcune tendenze costanti: per esempio, l'innalzamento del livello di **istruzione** e l'integrazione di diverse culture all'interno di una **società multietnica**.

La **lingua** di gran lunga più parlata è l'italiano, anche se in alcune regioni di confine sono lingue ufficiali anche il francese, il tedesco e lo sloveno.

La **religione** più diffusa è quella cristiana cattolica; in seguito alla forte immigrazione, la seconda religione per numero di fedeli è quella islamica.

La società italiana è l'insieme delle persone che vivono all'interno dei confini dello Stato Italiano.

4. La Repubblica Italiana

L'Italia è nata come Stato unitario nel 1861: inizialmente era una monarchia, dal 1946 è una repubblica.
La **Costituzione della Repubblica Italiana** è la legge fondamentale che stabilisce l'ordinamento dello Stato e i diritti e i doveri dei cittadini.
- Il **potere legislativo** appartiene al Parlamento, eletto dai cittadini.
- Il **potere esecutivo** spetta al Governo.
- Il **potere giudiziario** alla Magistratura.

Il Capo dello Stato è il Presidente della Repubblica, eletto dal Parlamento.

L'Italia è legata in maniera profonda con i Paesi a lei vicini, sia politicamente, sia culturalmente.

5. Italia regione d'Europa

In passato, in particolare durante le guerre mondiali, l'Italia ha stretto numerose *alleanze* con altre potenze europee.
Oggi l'Italia fa parte di diversi organismi internazionali; il più importante è l'**Unione Europea**, di cui è membro insieme ad altri 27 paesi europei.
Fin dall'antichità l'Italia ha avuto legami e scambi con i paesi dell'Europa e del Mediterraneo. La cultura italiana è stata influenzata dalle culture vicine e a sua volta le ha influenzate. Fin dal Medioevo gli abitanti della penisola italiana possono definirsi «europei».

Capitolo 8 **La società italiana**

Mettiti alla prova

Le parole

1 Collega con frecce i termini alle corrispondenti definizioni.

a. saldo naturale	1. Durata media della vita.
b. indice di fecondità	2. Differenza fra il numero dei nati e il numero dei morti.
c. saldo migratorio	3. Differenza fra gli immigrati e gli emigrati.
d. speranza di vita	4. Numero medio di figli per donna.

2 Data la definizione, scrivi il termine specifico.

a.	Legge fondamentale di uno Stato che definisce la forma di governo e i diritti e doveri dei cittadini.
b.	Forma di governo in cui il capo è un re.
c.	Documento che autorizza un cittadino straniero a vivere in Italia.
d.	Insieme dei rappresentanti del popolo italiano scelti dai cittadini.
e.	Grafico che rappresenta la composizione della popolazione per sesso e per età.
f.	Comune che si trova poco oltre la periferia di una grande città.

3 Dato il termine, scrivi la definizione.

a. urbanesimo ....

b. potere esecutivo ....

c. potere legislativo ....

d. potere giudiziario ....

I concetti

4 **Inserisci le didascalie corrette. Scegli fra:**
centro storico di origine romana • città pianificata «a tavolino» • insediamento di origine medioevale

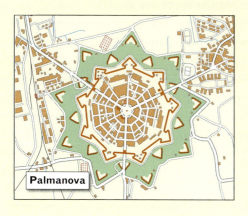 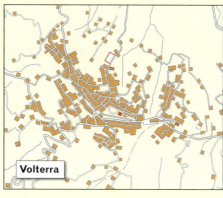 

a. .... b. .... c. ....

5 **Inserisci nella regione corrispondente il nome della lingua minoritaria parlata:**
catalano • francese • greco • sloveno • tedesco

Capitolo 8 La società italiana

6 Vero o falso?

a. La maggior parte degli italiani vive in grandi città. V F
b. La maggior parte degli italiani vive in campagna. V F
c. La Pianura Padana è l'area più densamente abitata. V F
d. In Italia nascono più maschi che femmine. V F
e. La religione islamica è diffusa in Italia da molti secoli. V F
f. In Italia è in aumento la speranza di vita. V F
g. In Italia gli immigrati sono più degli emigrati. V F
h. L'Italia è una monarchia. V F
i. L'Italia è uno Stato unitario dal 1861. V F

7 Indica l'alternativa sbagliata.

1. La città di origine romana è caratterizzata da:
   A strade che si incrociano ad angolo retto
   B resti del foro
   C mura di cinta

2. La città di origine medioevale è caratterizzata da:
   A terme
   B alte mura
   C strade strette e tortuose

3. La città di origine rinascimentale è caratterizzata da:
   A alte torri
   B mura basse e spesse con bastioni
   C ampie piazze e giardini

4. A partire dall'Ottocento:
   A i viali di circonvallazione prendono il posto delle mura
   B le stazioni ferroviarie sono costruite lontano dai centri storici
   C le fabbriche sono costruite intorno alle città

8 Completa la mappa usando le parole fornite.
3 • 5 • Camera dei Deputati • Governo • Magistratura • Ministri • Parlamento • Senato

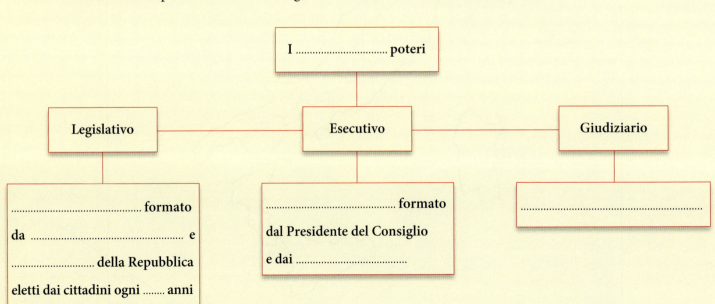

I .... poteri

Legislativo — Esecutivo — Giudiziario

.... formato da .... e .... della Repubblica eletti dai cittadini ogni ...... anni

.... formato dal Presidente del Consiglio e dai ....

9 **Completa scegliendo fra i seguenti termini:**
allargata • più • meno • in calo • in aumento • negativo • nucleare • positivo

Gli italiani sono circa 60 milioni. Fra gli italiani adulti i maschi sono .... delle femmine.
Gli anziani sono .... dei giovani.
Il saldo naturale è .... mentre il saldo migratorio è ....
La vita media è .... Il tasso di fecondità è ....
Il tipo di famiglia più diffuso è la famiglia ....

10 **Collega i seguenti fenomeni e individua le relazioni corrette di causa/effetto.**

	Aggiungi il collegamento giusto (è una causa, è una conseguenza)	
a. L'urbanesimo		del calo delle nascite.
b. L'invecchiamento della popolazione		dell'innalzamento della speranza di vita.
c. Il miglioramento delle condizioni di vita		dell'industrializzazione.
d. Il saldo migratorio positivo		dell'aumento della popolazione italiana.

Gli strumenti

11 **Consulta la tabella del paragrafo 1 e costruisci l'istogramma con i dati degli abitanti delle prime dieci città italiane in ordine decrescente.**

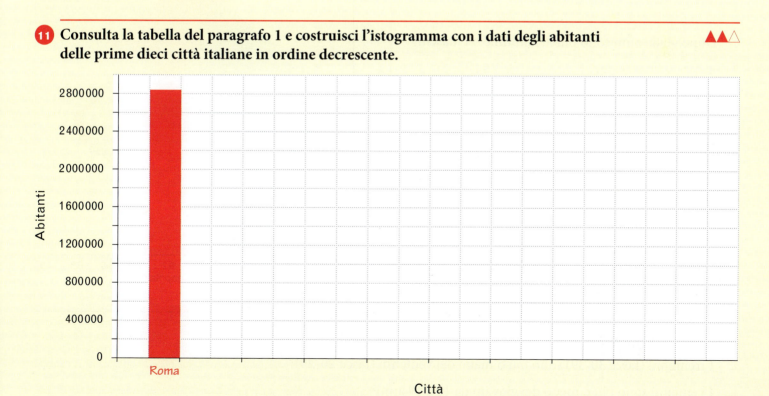

B Le attività umane

B63

Capitolo 8 La società italiana

12 **Sei tu il geografo.** Utilizzando i dati della tabella, completa il grafico a torta che rappresenta le famiglie italiane divise per tipo.

tipo di famiglia	%
■ coppie con figli	35%
■ persone sole	30%
■ coppie senza figli	19%
■ genitore solo con figli	9%
□ altro	7%

Ora completa scegliendo tra i seguenti termini:
quarto • quinto • terzo • decimo

Circa un .... delle famiglie è formato da coppie senza figli.

Più di un .... delle famiglie è formato da coppie con figli.

Quasi un .... delle famiglie è composta da un genitore solo con figli.

13 Osserva la piramide della popolazione italiana nel 2013 e rispondi.

a. Sono più gli anziani ≥ 65 anni o i giovani ≤ 14?
   ....

b. Alla nascita sono più le femmine o i maschi?
   ....

c. Dopo gli 80 anni sono più le femmine o i maschi?
   ....

d. Individua la fascia di età più popolosa: in quali anni sono nati? ....

e. In quali anni il numero dei nati ha iniziato a calare? ....

f. Quale forma ha il grafico: piramide, trottola o fungo? ....

g. Se continueranno il calo della natalità e l'allungamento della vita, che forma avrà fra 40 anni? ....

h. L'aumento degli stranieri riguarda le fasce dei giovani o degli anziani? ....

i. I trentenni (fasce 30-39) sono più o meno dei ventenni (fasce 20-29)? ....

l. I ventenni sono più o meno dei giovani da 10 a 19 anni? ....

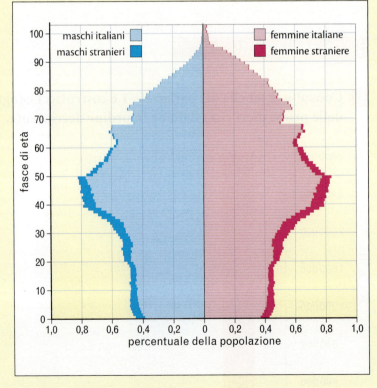

14 Osserva il grafico che rappresenta i movimenti migratori in Italia dal 1861 al 2012 e rispondi alle domande.

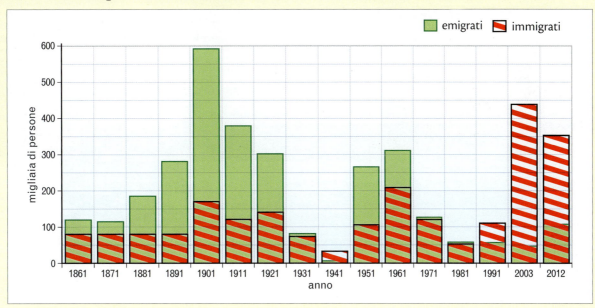

a. Quando è massima l'emigrazione? ....
b. Quando sono minimi i movimenti migratori? ....
c. A quale evento storico corrisponde questa fase? ....
d. Fino a quando prevale l'emigrazione sull'immigrazione? ....
e. Quando raggiunge il massimo l'immigrazione? ....

15 Sai rispondere?

Caratteristiche demografiche e sociali

a. Dove vive la maggior parte degli italiani?
b. Quali sono oggi le aree più densamente abitate?
c. Perché nel secolo scorso molti paesi di montagna o di campagna si sono spopolati?
d. Come sono cambiate nel tempo le città italiane?
e. Da quante persone è composta la popolazione italiana?
f. Perché le femmine sono più dei maschi?
g. Perché la vita media è in costante aumento?
h. Perché l'indice di fecondità italiano è considerato troppo basso?
i. Come si rappresenta la composizione della popolazione per sesso e fasce d'età?
l. Quali tendenze si possono individuare attualmente nella società italiana?
m. Quali lingue minori sono parlate in Italia?

n. Quali sono le religioni più praticate in Italia?
   1. ....
   2. ....

Lo Stato italiano

o. Quando è nata l'Italia come Stato unitario?
p. Che cos'è la Costituzione?
q. Quali sono i poteri dello Stato?
   1. ....
   2. ....
   3. ....
r. Gli italiani che vivono all'estero sono cittadini italiani?
s. Che cos'è il permesso di soggiorno?
t. Di quale unione di stati fa parte l'Italia?
u. Perché l'Italia è legata culturalmente agli altri paesi dell'Europa e del Mediterraneo?

Capitolo 9
Un paese, venti regioni

Per orientarti nel capitolo

Nel **paragrafo 1**: l'Italia è divisa in venti regioni; molte decisioni che riguardano i cittadini sono prese a livello regionale.

Nel **paragrafo 2**: c'è una forte differenza di superficie fra le regioni più grandi e quelle più piccole; alcune regioni sono particolarmente popolose in rapporto al loro territorio.

Nel **paragrafo 3**: le aree più densamente popolate sono le grandi città, le zone di pianura e le aree costiere.

Nel **paragrafo 4**: i rischi ambientali riguardano tutte le regioni, mentre la probabilità che si verifichi un terremoto è più alta in certe zone.

B

Le attività umane

Nel **paragrafo 5**: per valutare la situazione economica delle regioni italiane confrontiamo il PIL pro capite e il tasso di disoccupazione.

Nel **paragrafo 6**: la produzione e il consumo di energia elettrica non sono distribuiti uniformemente nelle regioni italiane.

Nel **paragrafo 7**: la popolazione comprende un numero sempre crescente di anziani, in tutte le regioni, e di cittadini stranieri, soprattutto al nord.

Nel **paragrafo 8**: la scolarizzazione è maggiore nelle regioni del centro-nord; i giovani che non lavorano né studiano sono di più nelle regioni del sud.

Capitolo 9 **Un paese, venti regioni**

1. Italia unita e decentrata

L'Italia è uno Stato **unitario**, con un solo Parlamento che approva le leggi valide per tutto il Paese. La nostra Costituzione promuove però il **decentramento**, cioè il trasferimento di molte decisioni dal governo centrale agli organi che governano localmente.

▶ Lo Stato italiano è diviso in 20 **regioni**, che sono a loro volta divise in **province** (figura A) e in **comuni** (oltre 8000). I comuni più grossi sono divisi in *circoscrizioni* (o *quartieri*); i comuni rurali si dividono in *frazioni*. Tutti gli organismi più piccoli delle regioni si chiamano **enti locali**.

Le regioni e gli enti locali hanno un *consiglio* (regionale, provinciale, comunale), eletto ogni 5 anni in occasione delle elezioni amministrative. Sono governati da una *giunta* (regionale, provinciale, comunale), che è composta da responsabili delle diverse materie (agricoltura, ambiente, istruzione ecc.) chiamati *assessori*. La giunta è guidata da un presidente (nei comuni, da un *sindaco*), che viene eletto dai cittadini.

▶ Sugli argomenti che interessano tutti i cittadini – tutela dei loro diritti, immigrazione, rapporti con gli altri Stati, bilancio dello Stato e moneta, giustizia, trasporti, istruzione e previdenza sociale – le decisioni vengono prese a livello centrale, a Roma. Alle regioni e agli enti locali sono affidate le decisioni su sanità, ambiente, attività economiche, edilizia (anche scolastica), trasporti.

Quali poteri hanno le regioni, le province e i comuni?

La regione ha compiti molto estesi: nelle materie di sua competenza (agricoltura, industria e artigianato, turismo, trasporti locali, ambiente, salute, formazione professionale e diritto allo studio ecc.) può addirittura legiferare; cioè può emanare leggi che, all'interno del proprio territorio, hanno la medesima forza di quelle provenienti dal Parlamento.

La Costituzione prevede che alcune regioni di confine abbiano maggiore autonomia: Valle d'Aosta, Trentino-Alto Adige, Friuli-Venezia Giulia, Sicilia, Sardegna sono **regioni a statuto speciale**.

I comuni e le province sono enti più vicini ai problemi quotidiani dei cittadini. Si occupano, per esempio, di servizi alla persona, centri per l'impiego, impianti sportivi, fiere e mercati, trasporti urbani, edilizia.

Il decentramento è particolarmente necessario in Italia perché ciascuna regione ha una propria storia e propri interessi economici. Si ritiene che i rappresentanti eletti negli enti locali, vivendo in quel territorio a contatto con i cittadini, siano maggiormente in grado di conoscerne i problemi e siano più motivati a trovare le migliori soluzioni.

Impara le parole

Regione deriva dal latino *regio*, che significa «territorio».

Provincia deriva dal latino. Nell'antichità romana *provincia* indicava una regione al di fuori dell'Italia su cui si era esteso il dominio romano: erano *provinciae*, ad esempio, la Gallia (l'attuale Francia), la Britannia (parte dell'attuale Gran Bretagna), la Spagna. Durante il Medioevo il termine provincia assunse il significato più generico di «territorio, nazione».

Comune deriva dal latino *communis* e vuol dire «che appartiene a più persone o cose». Oltre a indicare gli attuali enti locali, la parola si riferisce anche a una forma di governo che si diffuse nel Medioevo nell'Italia centro-settentrionale: i *comuni medievali* erano come città-stato autonome.
In entrambi i casi si fa riferimento ad una concezione degli affari pubblici come qualcosa di condiviso tra i cittadini.

A Le regioni e le province.

Impara a imparare

1 Ricopia la definizione di

decentramento: ....

....

....

2 Nel testo evidenzia con colori diversi le materie di cui si occupano lo Stato, le regioni e gli enti locali.

3 Elenca le province della tua regione, indicando per primo il capoluogo (che vedi scritto in neretto nella carta).

4 Guarda la carta e scrivi in quali regioni sono queste città.

- Terni ....
- Viterbo ....
- Vercelli ....
- Teramo ....
- Vibo Valentia ....
- Prato ....
- Rovigo ....
- Sondrio ....
- Avellino ....

2. Territorio e popolazione

▶ **Quali sono le regioni più grandi?**

Il cartogramma (figura **A**) permette facilmente di fare confronti. Le 3 regioni più estese sono Sicilia, Piemonte e Sardegna.

In tutto, l'Italia ha una superficie di circa 300 000 km². Dal punto più a nord dell'Alto Adige alla punta più a sud dell'isola di Lampedusa è lunga quasi 1300 km. Le coste misurano 7000 km. Solo Valle d'Aosta, Trentino-Alto Adige e Umbria non hanno sbocco sul mare.

Il territorio può essere diviso in 5 aree:
- Italia Nord-Occidentale (Piemonte, Valle d'Aosta, Liguria, Lombardia),
- Italia Nord-Orientale (Trentino-Alto Adige, Veneto, Friuli-Venezia Giulia, Emilia-Romagna),
- Italia Centrale (Toscana, Umbria, Marche e Lazio),
- Italia Meridionale (Abruzzo, Molise, Campania, Puglia, Basilicata, Calabria),
- Italia Insulare (Sicilia, Sardegna).

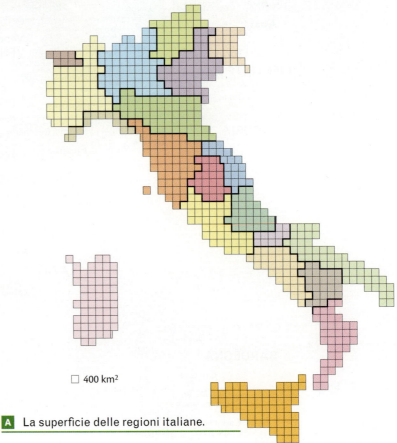

□ 400 km²

A La superficie delle regioni italiane.

Regione	Superficie (km²)	Popolazione (migliaia di abitanti)
Piemonte	25 387,07	4436,8
Valle d'Aosta	3260,90	128,6
Liguria	5416,21	1591,9
Lombardia	23 863,65	9973,4
Trentino-Alto Adige	13 605,50	1051,9
Veneto	18 407,42	4926,8
Friuli-Venezia Giulia	7862,30	1229,4
Emilia-Romagna	22 452,78	4446,4
Toscana	22 987,04	3750,5
Umbria	8464,33	896,7
Marche	9401,38	1553,1
Lazio	17 232,29	5870,5
Abruzzo	10 831,84	1333,9
Molise	4460,65	314,7
Campania	13 670,95	5870,0
Puglia	19 540,90	4090,3
Basilicata	10 073,32	578,4
Calabria	15 221,90	1981,0
Sicilia	25 832,39	5095,0
Sardegna	24 100,02	1663,9
Italia	**302 072,84**	**60 782,7**

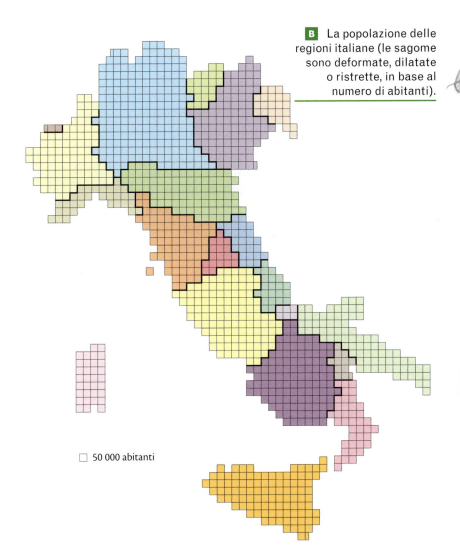

B La popolazione delle regioni italiane (le sagome sono deformate, dilatate o ristrette, in base al numero di abitanti).

☐ 50 000 abitanti

▶ Dove vivono gli italiani?

La regione più popolosa è di gran lunga la Lombardia. Se confrontiamo territorio e popolazione (figura **B**), Campania e Lazio (insieme alla Lombardia) sono molto popolate in relazione alla superficie.

▶ Come si conta la popolazione?

I dati sono raccolti e studiati dall'Istituto Nazionale di Statistica (l'ISTAT): ogni 10 anni l'ISTAT effettua un *censimento* generale della popolazione che permette di raccogliere dati aggiornati chiedendo a ogni famiglia di compilare un questionario. L'ultimo censimento si è svolto nel 2011; il prossimo sarà nel 2021. Tutti i dati riportati in questo capitolo provengono da studi dell'ISTAT.

Impara le parole

Censimento deriva dal latino *census*, con cui si indicava una suddivisione della popolazione in classi di reddito che serviva a stabilire le tasse da pagare; di qui anche il termine **censo** (= patrimonio). Nell'antica Roma il magistrato che faceva questa analisi della popolazione era chiamato censore (in latino *censor*). In italiano il **censore** è colui che controlla che le opere da pubblicare non siano offensive; in senso lato si usa per indicare una persona molto critica nei confronti del comportamento altrui.

Impara a imparare

1 Qual è la regione più piccola?

....

2 Quali sono le 3 regioni meno popolate?

• ....

• ....

• ....

3 Nella carta qui a fianco colora in 5 modi diversi le aree in cui vengono raggruppate le regioni italiane.

☐ Nord-Occidentale   ☐ Nord-Orientale
☐ Centrale   ☐ Meridionale
☐ Insulare

3. Densità della popolazione

▶ **Dove si concentra la popolazione?**

La **densità di popolazione** è un numero che si ottiene dividendo il numero di abitanti di una zona per la sua superficie. È un valore che indica quanti abitanti vivono in media in ogni km².

In Italia la densità è circa di 200 abitanti per km²: nelle grandi città può raggiungere i 10 000 abitanti per km², mentre nelle zone montuose scende al di sotto di 2 abitanti per km² (figura A).

Sulle aree litoranee si ha un'alta concentrazione di popolazione: lungo le coste la densità è di 387 abitanti per km², oltre il doppio della densità del territorio non litoraneo (166 abitanti per km²).

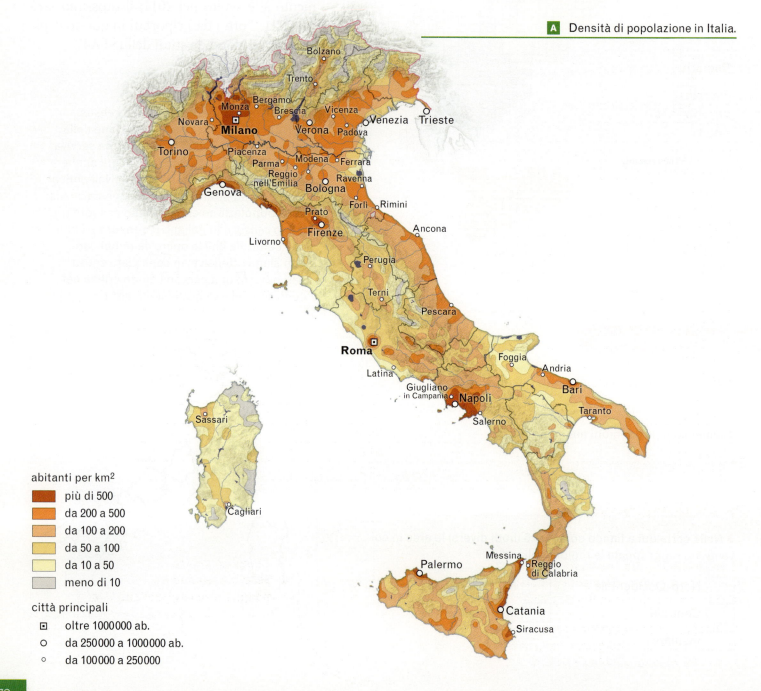

A Densità di popolazione in Italia.

abitanti per km²
- più di 500
- da 200 a 500
- da 100 a 200
- da 50 a 100
- da 10 a 50
- meno di 10

città principali
- oltre 1 000 000 ab.
- da 250 000 a 1 000 000 ab.
- da 100 000 a 250 000

B Densità di popolazione per regione.

abitanti per km²
- fino a 100
- da 101 a 200
- da 201 a 300
- oltre 300

▶ Perché in alcune regioni la densità è minore e in altre è invece molto elevata?

Se osserviamo la densità di popolazione per regione (figura **B**), possiamo notare che Valle d'Aosta, Molise, Basilicata, Sardegna, Trentino-Alto Adige hanno una densità decisamente inferiore a quella delle altre regioni. La causa principale è la presenza dei rilievi, da cui dipende anche la difficoltà nei collegamenti.

La densità è maggiore nelle regioni più pianeggianti e nelle regioni costiere, dove è più facile spostarsi e dove i servizi sono più accessibili.

Regione	Popolazione residente in montagna (%)	Popolazione residente in collina (%)	Popolazione residente in pianura (%)
Piemonte	11,4	30,9	57,7
Valle d'Aosta	100,0	—	—
Liguria	50,4	49,6	—
Lombardia	10,7	20,9	68,4
Trentino-Alto Adige	100,0	—	—
Veneto	7,0	16,7	76,3
Friuli-Venezia Giulia	5,4	35,6	59,0
Emilia-Romagna	4,4	27,5	68,1
Toscana	13,7	66,1	20,2
Umbria	16,0	84,0	—
Marche	7,0	93,0	—
Lazio	5,6	35,3	59,1
Abruzzo	28,0	72,0	—
Molise	49,2	50,8	—
Campania	6,3	56,7	37,0
Puglia	0,3	27,1	72,6
Basilicata	45,6	42,3	12,1
Calabria	22,9	62,4	14,7
Sicilia	12,9	48,6	38,5
Sardegna	3,7	47,6	48,7
Italia	**12,6**	**39,2**	**48,2**

Impara a imparare

1 Nella carta **A** indica con frecce di colore rosso le aree più densamente popolate e con frecce blu quelle meno popolate.

2 Disegna un areogramma che rappresenti le percentuali di popolazione italiana che vive in montagna, collina e pianura.

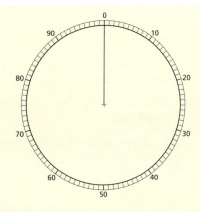

3 Leggi la tabella. Nella tua regione la maggioranza degli abitanti vive in ....

4. Rischi ambientali

Il territorio delle regioni italiane è soggetto a rischi ambientali per diverse cause:
- è geologicamente giovane,
- si trova lungo il margine fra due placche della crosta terrestre,
- è stato intensamente sfruttato dall'uomo nel corso dei secoli.

▶ In quali regioni è più probabile che avvenga un terremoto?

Il 36% della popolazione italiana vive in zone a **rischio sismico**, cioè zone in cui è probabile che si verifichi un terremoto più o meno intenso (figura A).

Esistono due modi di misurare la «forza» di un terremoto. L'*intensità* è una misura degli effetti che il terremoto produce sull'area colpita dal sisma (sugli abitanti, sugli edifici, sull'ambiente). Varia notevolmente a seconda della quantità e della tipologia di insediamenti presenti. La *magnitudo* è una misura dell'energia sprigionata da un terremoto nel punto in cui esso si è originato. Si misura con i sismografi secondo una scala numerica crescente.

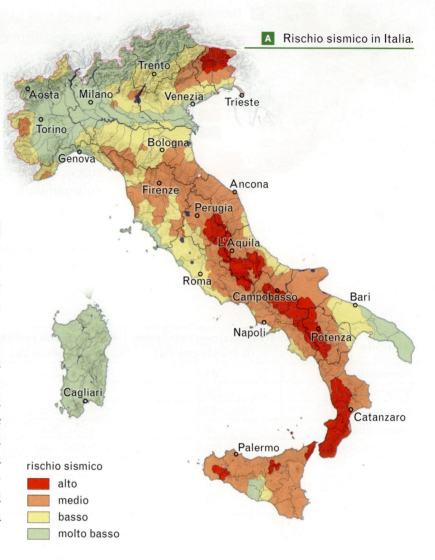

A Rischio sismico in Italia.

rischio sismico
- alto
- medio
- basso
- molto basso

Anno	Regioni colpite	Magnitudo	Effetti
1905	Calabria	7,1	5000 vittime, 25 paesi distrutti
1908	Sicilia	7,2	oltre 82 000 vittime, Messina distrutta, maremoto che provoca ulteriore devastazione
1915	Abruzzo	7,0	oltre 30 000 vittime
1930	Campania (Irpinia)	6,7	circa 1400 vittime
1976	Friuli	6,4	quasi 1000 vittime, 70 000 persone senza tetto
1980	Campania	6,9	circa 3000 vittime
1990	Sicilia	5,7	17 vittime
1997	Umbria	6,0	11 vittime e gravi danni alla Basilica di San Francesco ad Assisi
2002	Molise Puglia	5,8	30 vittime, per la maggior parte bambini, nella scuola di San Giuliano di Puglia
2009	Abruzzo	6,3	oltre 300 vittime, distruzione del centro storico dell'Aquila
2012	Emilia	5,9	27 vittime, crollo di edifici storici, case, chiese e capannoni industriali

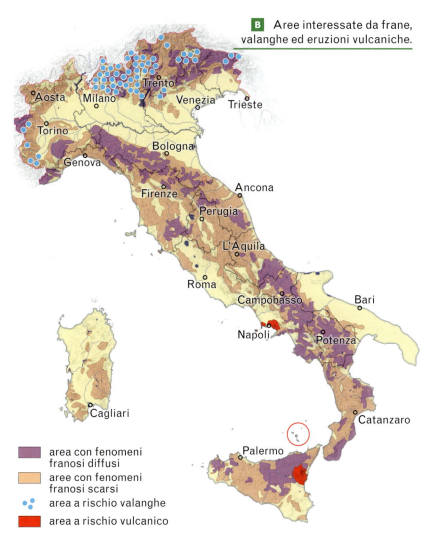

B Aree interessate da frane, valanghe ed eruzioni vulcaniche.

- area con fenomeni franosi diffusi
- aree con fenomeni franosi scarsi
- area a rischio valanghe
- area a rischio vulcanico

▶ **Dove si verificano più frane?**

Sei milioni di italiani vivono in zone ad alto **rischio idrogeologico**, dove è probabile che si verifichino frane o alluvioni.

Il *dissesto idrogeologico* comprende tutti quei fenomeni provocati dalle acque superficiali e sotterranee (dall'erosione accelerata, alle frane) che modificano rapidamente il territorio, spesso con effetto distruttivo.

Le caratteristiche del territorio italiano lo rendono particolarmente instabile e predisposto a fenomeni di questo tipo (figura B). Ma spesso fra le cause c'è anche l'eccessivo sfruttamento del territorio da parte degli uomini. Troppo elevata densità di popolazione, abbandono dei terreni montani, costruzione incontrollata di edifici, disboscamento eccessivo, mancata manutenzione dei versanti e dei corsi d'acqua hanno sicuramente aggravato il rischio di eventi disastrosi come smottamenti, frane e alluvioni. Infatti, se l'acqua delle piogge non può impregnare lentamente il terreno e se non trova barriere naturali che la rallentino, tende a correre verso valle con velocità e forza, e può provocare gravi disastri.

Impara a imparare

1 Osserva la figura A; il pericolo sismico è:

- più alto in ....
  ....
- più basso in ....
  ....

2 Osserva la figura B; la regione con meno frane è
....

3 Nella tua regione quali sono i principali rischi ambientali?
....

▶ **Video:** Il dissesto idrogeologico in Italia

4 Usando i dati della tabella, costruisci un istogramma della magnitudo dei terremoti avvenuti in Italia dall'inizio del Novecento.

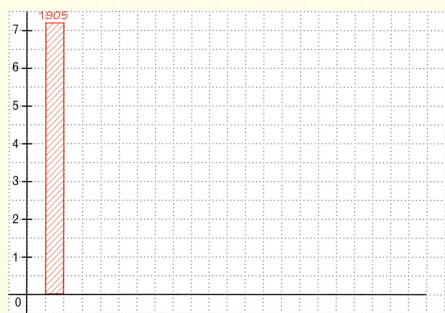

5. Economia e lavoro

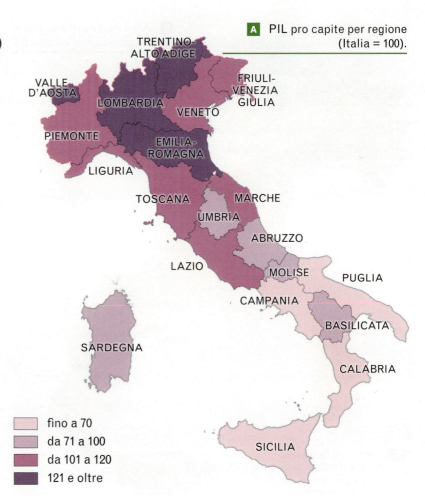

A PIL pro capite per regione (Italia = 100).

▶ Quali sono le regioni dove si produce più ricchezza?

Il dato più diffuso per misurare la ricchezza economica di una regione è il **PIL**, Prodotto Interno Lordo: è la somma di quanto valgono (in euro) tutti i beni e i servizi prodotti in un anno in quel territorio. Per confrontare fra loro le regioni, è utile calcolare il **PIL pro capite**, cioè dividere il PIL totale per il numero degli abitanti (figura A). Il numero che si ottiene indica quanta ricchezza produce in media ogni abitante di ciascuna regione. Ancora più chiaro è il dato che esprime il PIL pro capite rapportato alla media nazionale, considerata 100 (terza colonna della tabella).

La differenza fra le diverse regioni è molto elevata, in particolare fra le regioni del Nord e quelle del Sud.

- fino a 70
- da 71 a 100
- da 101 a 120
- 121 e oltre

Regione	PIL pro capite (€)	PIL pro capite (IT=100)	Graduatoria PIL pro capite	Tasso di disoccupazione
Piemonte	28 276	109	....	10,6
Valle d'Aosta	35 264	136	....	8,4
Liguria	27 396	105	....	9,9
Lombardia	33 483	129	....	8,1
Trentino-Alto Adige	36 603	141	1	5,5
Veneto	29 881	115	....	7,6
Friuli-Venezia Giulia	29 401	113	....	7,7
Emilia-Romagna	31 688	122	....	8,5
Toscana	28 209	108	....	8,7
Umbria	23 988	92	....	10,4
Marche	26 412	102	....	11,1
Lazio	29 430	113	....	12,3
Abruzzo	22 062	84	....	11,4
Molise	20 173	78	....	15,8
Campania	16 601	64	....	21,5
Puglia	17 545	67	....	19,8
Basilicata	18 437	71	....	15,2
Calabria	16 876	65	....	22,2
Sicilia	17 189	66	....	21,0
Sardegna	20 071	77	....	17,5
Italia	**26 002**	**100**		**12,2**

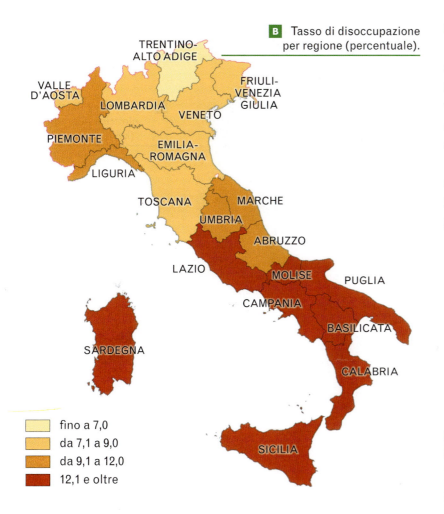

B Tasso di disoccupazione per regione (percentuale).

fino a 7,0
da 7,1 a 9,0
da 9,1 a 12,0
12,1 e oltre

▶ Dove c'è più lavoro?

Per capire la situazione dei lavoratori è molto utile il **tasso di disoccupazione**, cioè il numero di persone in cerca di lavoro. È un valore percentuale che esprime quanti sono i disoccupati in cerca di lavoro ogni 100 persone della popolazione attiva (figura B).

Un tasso alto è un dato negativo perché indica che non c'è lavoro per tutti. Anche in questo caso c'è molta differenza tra le regioni del Nord e quelle del Sud.

In Italia il valore medio è pari al 12,2%.

Impara le parole

Nell'espressione **PIL pro capite**, *pro capite* è una locuzione latina che significa «per ciascuna persona».

Impara a imparare

1 Completa la colonna «Graduatoria PIL pro capite» della tabella ordinando le regioni in base al PIL pro capite a partire dal valore più alto. (Puoi usare i dati sia della prima sia della seconda colonna.)

Quale posto occupa la tua regione? ....

....

2 Quali sono le tre regioni che hanno il PIL pro capite più alto?

• ....

• ....

• ....

3 Il PIL pro capite è più alto in Sicilia o in Sardegna?

....

4 Sempre usando i dati della tabella calcola quante regioni hanno un PIL pro capite superiore alla media nazionale.

....

5 Il PIL della tua regione è più o meno alto della media nazionale?

....

6 La regione in cui la disoccupazione è più alta è

....

7 La regione in cui ci sono meno disoccupati è

....

8 Com'è la situazione della disoccupazione nella tua regione? Scegli tra:
nella media • peggiore della media italiana • migliore della media italiana

....

▶ VIDEO: La povertà in Italia

6. Produzione e consumo di energia

▶ **Dove si produce l'energia elettrica?**
In Italia la **produzione di energia elettrica** è quasi equivalente al suo consumo (vedi l'ultima riga della tabella). È importante ricordare che le centrali termoelettriche bruciano gas naturale (il più utilizzato) e petrolio comprati soprattutto all'estero.

Per produrre energia, la maggior parte delle regioni (figura A) utilizza combustibili fossili: carbone, gas naturale, petrolio e suoi derivati, come benzina e gasolio. Bruciando i combustibili fossili si liberano nell'atmosfera **gas** particolarmente inquinanti. Alcuni di questi fanno parte del gruppo dei *gas serra* che hanno una particolare influenza sulla temperatura dell'atmosfera terrestre. Se la concentrazione di questi gas nell'aria aumenta oltre un certo livello, la temperatura del pianeta Terra può aumentare in maniera notevole.

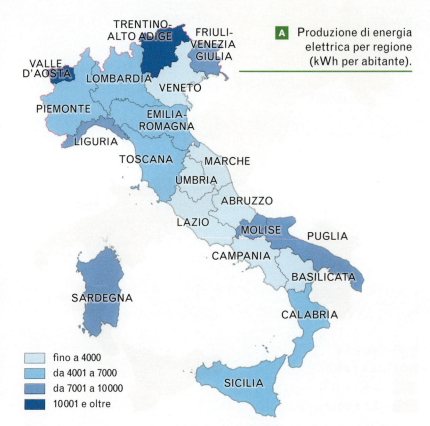

A Produzione di energia elettrica per regione (kWh per abitante).

- fino a 4000
- da 4001 a 7000
- da 7001 a 10000
- 10001 e oltre

Regione	Produzione di energia elettrica (in kWh per abitante)	Consumo di energia elettrica (in kWh per abitante)	Consumi di energia elettrica coperti da fonti rinnovabili (% sul totale dei consumi)
Piemonte	5860	5564	32,8
Valle d'Aosta	24 310	7568	265,8
Liguria	7150	3923	6,7
Lombardia	4520	6668	20,9
Trentino-Alto Adige	10 230	5644	150,2
Veneto	3360	6034	20,4
Friuli-Venezia Giulia	8310	7799	21,9
Emilia-Romagna	5250	6076	14,9
Toscana	4550	5293	33,4
Umbria	3130	6019	26,0
Marche	2680	4671	19,8
Lazio	3840	4086	10,5
Abruzzo	3670	4793	31,9
Molise	8810	4178	78,6
Campania	1930	2948	20,3
Puglia	9790	4549	36,4
Basilicata	3820	4484	49,8
Calabria	5740	2744	58,0
Sicilia	4830	3787	20,8
Sardegna	8870	6419	25,3
Italia	**5030**	**5083**	**26,9**

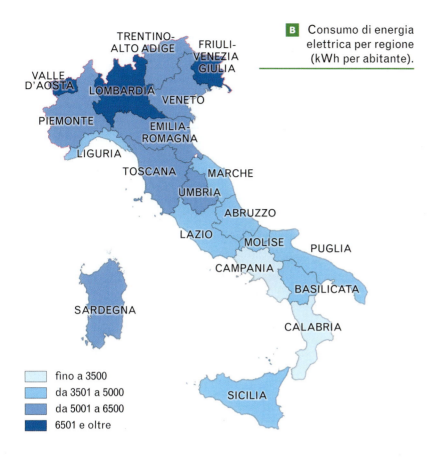

B Consumo di energia elettrica per regione (kWh per abitante).

fino a 3500
da 3501 a 5000
da 5001 a 6500
6501 e oltre

Dove si consuma più energia elettrica?

Il **consumo di energia elettrica** aumenta dove ci sono più industrie, dove fa più freddo, dove lo stile di vita richiede l'uso di più macchinari ed elettrodomestici (figura **B**).

Confrontando i dati della produzione e del consumo, si nota che alcune regioni consumano più energia di quanta ne producano. I casi più evidenti sono la Lombardia e il Veneto a nord; Marche e Umbria al centro; Campania e Basilicata a sud.

La Valle d'Aosta, la Liguria e diverse regioni del Sud (Puglia, Molise, Calabria e Sardegna) producono molta più energia di quanta ne consumino.

Dove si usano più fonti rinnovabili?

Un quarto dell'energia prodotta in Italia proviene da **fonti rinnovabili** (acqua, sole, vento ecc.). Le regioni montuose (Valle d'Aosta, Trentino-Alto Adige, Friuli-Venezia Giulia) sono le regioni che producono più energia idroelettrica. Solo in Toscana funzionano centrali geotermiche che sfruttano i vapori caldi provenienti dal sottosuolo. Nelle regioni del Sud è molto sfruttata l'energia eolica (figura **C**).

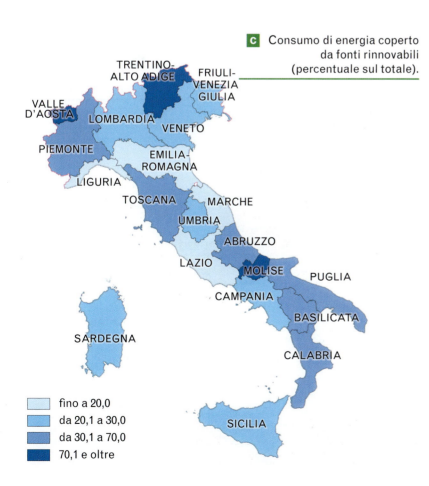

C Consumo di energia coperto da fonti rinnovabili (percentuale sul totale).

fino a 20,0
da 20,1 a 30,0
da 30,1 a 70,0
70,1 e oltre

Impara a imparare

1 Quali sono le 2 regioni in cui si produce più energia?

• ....

• ....

2 Quali sono le 2 regioni che utilizzano meno energia?

• ....

• ....

Per quali motivi? ....

....

La tua regione è sopra o sotto la media nazionale nel consumo di energia da fonti rinnovabili? ....

....

7. Come cambia la popolazione

▶ **Quanti sono i nati e quanti i morti?**

Il **tasso di natalità** (figura A) è un numero che indica quanti bambini nascono in un anno ogni 1000 abitanti. Il **tasso di mortalità** (figura B) dice quanti sono i morti ogni 1000 abitanti.

Se il tasso di natalità è più alto di quello di mortalità, la popolazione tende a crescere e ad avere più giovani e meno anziani. Se avviene il contrario, la popolazione tende a diminuire, a meno che non ci sia un numero di immigrati che, entrando a far parte della popolazione, compensi il calo delle nascite. Questo è il caso dell'Italia.

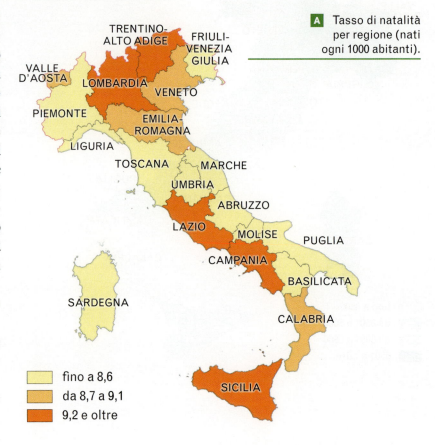

A Tasso di natalità per regione (nati ogni 1000 abitanti).

Regione	Nati ogni 1000 ab.	Morti ogni 1000 ab.
Piemonte	8,4	11,7
Valle d'Aosta	8,7	10,2
Liguria	7,3	13,9
Lombardia	9,3	9,7
Trentino-Alto Adige	9,8	8,7
Veneto	9,1	9,7
Friuli-Venezia Giulia	7,4	11,4
Emilia-Romagna	9	11,5
Toscana	8,3	11,8
Umbria	7,3	11,9
Marche	8,3	11,1
Lazio	9,6	10,3
Abruzzo	8,5	11
Molise	7,2	11,6
Campania	9,6	8,9
Puglia	8,4	8,9
Basilicata	7,6	10,3
Calabria	8,8	9,6
Sicilia	9,3	10,2
Sardegna	7,5	9,5
Italia	**8,9**	**10,3**

B Tasso di mortalità per regione (morti ogni 1000 abitanti).

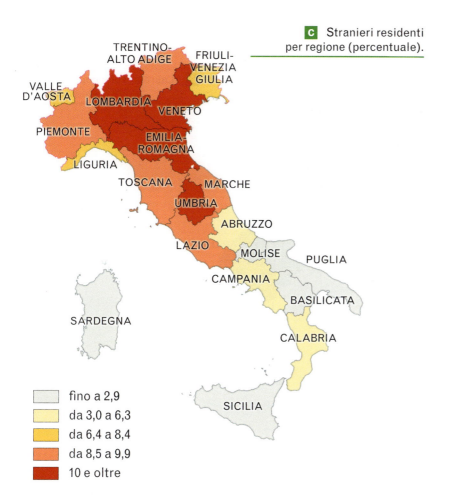

c Stranieri residenti per regione (percentuale).

fino a 2,9
da 3,0 a 6,3
da 6,4 a 8,4
da 8,5 a 9,9
10 e oltre

▶ **Dove vivono più stranieri?**

La popolazione varia di anno in anno non solo per le nascite e le morti, ma anche per gli spostamenti di popolazione: molti italiani vanno a vivere in paesi stranieri, ancor più stranieri vengono a vivere in Italia.

I **cittadini stranieri** residenti in Italia all'inizio del 2013 erano 4 milioni e 400 000, il 7,4% del totale dei residenti e in aumento rispetto al 2012.

Oltre 3 milioni e 700 000 stranieri provengono da stati non comunitari; la maggiore parte di loro (quasi l'86%) vive nel Centro-Nord (figura c).

Impara a imparare

1 Qual è il tasso di natalità della tua regione? ....

2 In quali regioni i nati sono più dei morti?

- ....
- ....

3 Quali regioni ospitano più stranieri?

- ....
- ....
- ....
- ....

4 Confronta la carta sugli stranieri con quelle del paragrafo 5.

a. Com'è il tasso di disoccupazione nelle regioni con meno stranieri? ....

b. Com'è il PIL nelle regioni con più stranieri? ....

c. Quale pensi sia il motivo in base al quale uno straniero sceglie la regione in cui andare a vivere?
....

Regione	% stranieri
Piemonte	8,8
Valle d'Aosta	7,2
Liguria	7,7
Lombardia	10,5
Trentino-Alto Adige	8,8
Veneto	10,0
Friuli-Venezia Giulia	8,4
Emilia-Romagna	11,2
Toscana	9,5
Umbria	10,5
Marche	9,0
Lazio	8,6
Abruzzo	5,7
Molise	2,9
Campania	3,0
Puglia	2,4
Basilicata	2,6
Calabria	3,8
Sicilia	2,8
Sardegna	2,2
Italia	**7,4**

Capitolo 9 **Un paese, venti regioni**

8. Istruzione

▶ Che titolo di studio hanno gli italiani?

In Italia è obbligatorio frequentare la **scuola** almeno per 10 anni.

Il nostro sistema scolastico prevede 5 anni di scuola primaria, 3 di scuola secondaria di primo grado e 2 anni di scuola secondaria di secondo grado, che dopo altri 3 anni dà il diploma. I diplomati possono accedere all'università per conseguire la laurea.

Attualmente un italiano su due di età superiore ai 15 anni ha come titolo di studio più elevato la licenza di scuola media; in Europa questo dato è superiore solo a quelli di Portogallo, Malta e Spagna.

Dopo il termine dell'istruzione obbligatoria, oltre l'80% dei ragazzi continua a studiare, ma dopo il diploma appena il 21% prosegue iscrivendosi all'università e di questi solo la metà si laurea (figura A). Nel complesso, in confronto agli altri paesi occidentali, i laureati sono troppo pochi.

A Laureati sulla popolazione adulta (percentuale).

Regione	Laureati (%)	Diploma di scuola superiore (%)	Scuola secondaria di primo grado o primaria (%)
Piemonte	11,1	35	53,9
Valle d'Aosta	10,8	33	56,2
Liguria	13,7	36	50,3
Lombardia	12,5	36,6	50,9
Trentino-Alto Adige	11,3	38,7	50
Veneto	10,5	37	52,5
Friuli-Venezia Giulia	12,3	37,2	50,5
Emilia-Romagna	13,3	36	50,7
Toscana	12,4	32,2	55,4
Umbria	13,7	38,7	47,6
Marche	12,5	34,8	52,7
Lazio	15,5	40	44,5
Abruzzo	12,5	38,3	49,2
Molise	11,7	33,1	55,2
Campania	10,4	32,3	57,4
Puglia	9,4	30	60,6
Basilicata	9,9	34,6	55,4
Calabria	10,4	33,9	55,7
Sicilia	9,5	30,5	60
Sardegna	10,5	28,5	61
Italia	**11,8**	**34,9**	**53,5**

▶ **Né a scuola né al lavoro.**

I giovani italiani tra i 15 e 29 anni che non studiano né lavorano sono quasi il 24% del totale (oltre 2 milioni), un valore fra i più elevati in Europa. Sono di più fra le donne (26,1%) che fra gli uomini (21,8%) e la situazione è più grave nelle regioni meridionali (figura B).

B Giovani di 15-29 anni che non lavorano né studiano (percentuale).

fino a 17,6
da 17,7 a 23,9
da 24,0 a 33,3
33,4 e oltre

Impara le parole

Scuola deriva dal latino *schola* (= scuola), che a sua volta deriva dal greco *scholé* (= ozio, tempo libero). Il tempo libero dal lavoro era infatti proprio quello che poteva essere dedicato a coltivare gli studi e la propria formazione intellettuale.

Regione	% di giovani (15-29 anni) che non lavorano né studiano
Piemonte	18,0
Valle d'Aosta	13,6
Liguria	17,9
Lombardia	16,2
Trentino-Alto Adige	13,0
Veneto	17,0
Friuli-Venezia Giulia	17,9
Emilia-Romagna	15,9
Toscana	18,2
Umbria	18,7
Marche	17,8
Lazio	21,5
Abruzzo	19,5
Molise	24,3
Campania	35,4
Puglia	31,2
Basilicata	29,3
Calabria	33,8
Sicilia	37,7
Sardegna	28,4
Italia	**23,9**

Impara a imparare

1 In quali regioni ci sono più laureati?

• ....
• ....
• ....
• ....

2 In quali regioni è più alto il numero di persone che ha solo il diploma di scuola secondaria di primo grado o primaria?

• ....
• ....
• ....

3 La tua regione ha più o meno laureati della media nazionale?

....

4 Confronta le due carte. Com'è la percentuale di laureati nelle regioni in cui è alto il numero di giovani che non studia né lavora?

....

5 Confronta la carta A con la carta del tasso di disoccupazione del paragrafo 5. Com'è il tasso di disoccupazione nelle regioni in cui è più alta la percentuale di laureati? ....

Capitolo 9 **Un paese, venti regioni**

Mettiti alla prova

1 Vero o falso?

a. L'Alto Adige è in Italia.	V	F
b. L'Umbria è la regione più piccola.	V	F
c. Rieti è in Umbria.	V	F
d. Teramo è nelle Marche.	V	F
e. Monza è una provincia.	V	F
f. San Remo è una provincia.	V	F
g. Il capoluogo di regione delle Marche è Ancona.	V	F
h. Il capoluogo di regione della Puglia è Taranto.	V	F
i. Udine si trova nel Friuli-Venezia Giulia.	V	F
l. Vercelli è in Lombardia.	V	F

2 Nella carta colora e scrivi i nomi delle seguenti regioni:

Abruzzo • Marche • Piemonte • Toscana • Veneto

3 Indica con una croce quale organismo deve prendere queste decisioni politiche.

	Governo nazionale	Regioni, province e comuni
a. Partecipazione a una missione di guerra		
b. Aumento delle tasse		
c. Luogo di costruzione di una scuola materna		
d. Realizzazione di un campo da calcio		
e. Costruzione di una metropolitana		
f. Costruzione di una linea ferroviaria ad alta velocità		
g. Aiuti agli anziani		
h. Organizzazione di corsi professionali		
i. Aumento delle pensioni		
l. Assunzione di poliziotti		
m. Assunzione di infermieri		

4. Dato il termine, scrivi la definizione.

a. densità di popolazione ....

b. tasso di disoccupazione ....

c. tasso di natalità ....

d. tasso di mortalità ....

e. rischio sismico ....

f. decentramento ....

5. Costruisci una carta della raccolta differenziata per regione. Prima colora la legenda a tuo piacere, poi utilizza i dati della tabella per attribuire un colore a ciascuna regione.

Regione	Raccolta differenziata di rifiuti urbani (in % sul totale)
Piemonte	51,4
Valle d'Aosta	41,9
Liguria	28,6
Lombardia	49,9
Trentino-Alto Adige	60,5
Veneto	61,2
Friuli-Venezia Giulia	53,6
Emilia-Romagna	50,1
Toscana	38,4
Umbria	36,8
Marche	43,9
Lazio	20,1
Abruzzo	33,0
Molise	16,3
Campania	37,8
Puglia	16,5
Basilicata	18,0
Calabria	12,6
Sicilia	11,2
Sardegna	47,1
Italia	**37,7**

Legenda:
- ☐ Fino a 30
- ☐ Da 31 a 40
- ☐ Da 41 a 50
- ☐ Oltre 50

B Le attività umane

Verifica delle competenze

Competenza » Organizzare una gita in treno

1 Sei a Bologna e vuoi fare una gita in treno a Venezia, in giornata.
Osserva l'orario dei treni, in cui è già indicata la soluzione più economica.
Individua la soluzione più veloce.
Completa la tabella sotto e poi rispondi alle domande.

Andata — *soluzione più economica* ↓ (colonna 2226)

Km	Provenienza	20776	RV 2226	6414	20780	11496	FRECCIARGENTO 9402
0	Roma Termini	·	·	·	·	·	06.50
0	Bologna Centrale	·	08.20	✕ 08.28	·	✕ 08.53	09.10
7	Bologna Corticella	·		∫ 08.36		∫ 09.02	
10	Castel Maggiore	·		∫ 08.40		∫ 09.06	
12	Funo Centergross	·		∫ 08.44		∫ 09.10	
18	S. Giorgio di Piano	·		∫ 08.50		∫ 09.15	
24	S. Pietro in Casale	·	08.35	∫ 08.56		∫ 09.20	
30	Galliera	·		∫ 09.02		∫ 09.26	
34	Poggio Renatico	·		∫ 09.07		∫ 09.34	
40	Coronella	·		·		·	
47	Ferrara a	·	08.49	✕ 09.20	·	✕ 09.43	
	Ferrara 265		08.51	·		·	
51	Pontelagoscuro	·		·	·	·	
54	Occhiobello	·		·	·	·	
59	Canaro	·		·	·	·	
66	Polesella	·		·	·	·	
71	Arquà	·		·	·	·	
80	Rovigo a	·	09.08	·	·	·	F
	Rovigo 204-205	✕ 08.34	09.10	·	† 09.34	·	R
86	Stanghella	∫ 08.40			∫ 09.40	·	E
95	S. Elena-Este	∫ 08.46			∫ 09.46	·	C
101	Monselice a	∫ 08.51	09.26		∫ 09.51	·	C
	Monselice 200	08.52	09.28		∫ 09.52	·	I
106	Battaglia Terme	∫ 09.03			∫ 10.03	·	A
110	Terme E.-Abano-Montegrotto	∫ 09.08	09.35		∫ 10.08	·	R
114	Abano	∫ 09.12			∫ 10.12	·	G
123	Padova 230-M35 a ✕	09.21	09.49		∫ 10.21	·	E 10.07
	Padova 226	**09.29**	·		·	·	N
	Belluno a	**11.30**	·		·	·	T
123	Padova	✕ 09.23	09.51		∫ 10.23	·	O 10.09
129	Ponte di Brenta	09.29	·		∫ 10.29	·	
135	Vigonza-Pianiga	09.34	·		∫ 10.34	·	
139	Dolo	09.39	·		∫ 10.39	·	
143	Mira-Mirano	09.45	·		∫ 10.45	·	
152	Venezia Mestre 232 a ✕	09.57	10.06	·	† 10.57	·	⬥ 10.23
152	Venezia Mestre ✕	09.59	10.08	·	∫ 10.59	·	⬥ 10.25
155	Venezia P.Marghera	∫ 10.03			∫ 11.03	·	
160	Venezia S. Lucia a ✕	10.11	10.18	·	† 11.11	·	10.35
	Destinazione						

Ritorno — *soluzione più economica* ↓ (colonna 2247)

Km	Provenienza	6553	20791	FRECCIARGENTO 9451	RV 2247	20795
0	Venezia S. Lucia	·	17.49	18.25	18.42 (A)	18.49
6	Venezia P.Marghera	·	17.57		∫	18.57
9	Venezia Mestre	·	18.03	▶ 18.37	18.54	∫ 19.03
18	Mira-Mirano	·	18.12		·	∫ 19.12
22	Dolo	·	18.17		·	∫ 19.17
26	Vigonza-Pianiga	·	18.23		·	∫ 19.23
32	Ponte di Brenta	·	18.29		·	∫ 19.29
37	Padova a	·	18.39	18.51	19.08	∫ 19.39
	Padova 226		**19.29**	**19.29**	**19.29**	·
	Belluno a		**21.30**	**21.30**	**21.30**	·
37	Padova	·	18.41	18.53	19.10	∫ 19.41
47	Abano	·	18.50			∫ 19.50
50	Terme E.-Abano-Montegrotto	·	18.57		19.21	∫ 19.57
55	Battaglia Terme	·	19.07			∫ 20.07
60	Monselice a	·	19.11		19.29	∫ 20.11
	Monselice 200	·	19.12	F	19.31	∫ 20.12
66	S. Elena-Este	·	19.18	R		∫ 20.18
74	Stanghella	·	19.24	E		∫ 20.24
81	Rovigo a	·	19.30	C	19.48 (A)	∫ 20.30
	Rovigo 204-205	·	19.31	C	19.50	·
89	Arquà	·	19.37	I		·
96	Polesella	·	19.42	A		·
102	Canaro	·	19.51	R		·
107	Occhiobello	·	19.56	G		·
109	Pontelagoscuro	·	20.00	E		·
113	Ferrara a	·	20.05	N	20.09	·
	Ferrara 265	✕ 19.39	·	T	20.11	·
121	Coronella	∫	·	O		·
127	Poggio Renatico	19.49	·			·
131	Galliera	19.54	·			·
137	S. Pietro in Casale	20.00	·		20.23	·
142	S. Giorgio di Piano	20.11	·			·
148	Funo Centergross	20.17	·			·
150	Castel Maggiore	20.21	·			·
153	Bologna Corticella	∫ 20.25	·			·
160	Bologna Centrale a ✕	20.35	·	19.50	20.40	·

		A. soluzione più veloce	B. soluzione più economica
ANDATA	Partenza da Bologna	ore:	ore: ....
	Arrivo a Venezia Santa Lucia	ore:	ore: ....
	Durata del viaggio	....	....
RITORNO	Partenza da Venezia Santa Lucia	ore:	ore: ....
	Arrivo a Bologna	ore:	ore: ....
	Durata del viaggio	....	....

a. Quanto sono distanti le due città? .... km

b. Quante soste sono previste nella soluzione A? .... Quante nella soluzione B? ....

c. Arrotonda la durata del viaggio e calcola la velocità media del treno. Soluzione A: *160* Km / *1,5* ore = *106* km/h.
Soluzione B: .... km / .... ore = ... km/h.

d. Quali regioni attraversi? .... Quali province? ....

e. Quanto tempo dura in totale la tua gita compreso il viaggio? Soluzione A: ....
Soluzione B: ....

f. Del tempo che hai calcolato, quanto ne hai a disposizione per visitare Venezia? Soluzione A: ....
Soluzione B: ....

Competenza » **Pianificare la visita di una regione italiana**

2 Osserva la carta turistica della Sicilia e utilizzala per pianificare una vacanza in automobile di 10 giorni.

Nel tuo itinerario devono esserci almeno:
- 1 località balneare,
- 2 siti archeologici,
- 1 attrazione naturalistica,
- 1 città turistica.

Puoi decidere tu da quale città cominciare il viaggio, scegliendo fra quelle in cui arrivano gli aerei. Immagina di arrivare la mattina presto e di poterti recare subito nella prima tappa del viaggio. Alla fine dell'itinerario devi tornare in una città con aeroporto. Completa la tabella con le tappe dell'itinerario che hai stabilito.

giorno	luogo	motivo della visita
1		
2		
3		
4		
5		
6		
7		
8		
9		
10		

Competenza » **Fare ricerche su Internet**

3 Fai una ricerca sul capoluogo della tua regione per preparare una presentazione in 5 slide:
- **slide 1** (copertina): scrivi il nome della città e inserisci una bella foto;
- **slide 2**: inserisci una carta che faccia vedere la posizione del capoluogo nella regione;
- **slide 3**: inserisci una mappa della città in cui si vedano la stazione dei treni (o degli autobus) e la piazza principale;
- **slide 4**: scegli una foto del monumento più importante e scrivi il suo nome;
- **slide 5**: scrivi l'epoca di fondazione della città e 3 o 4 eventi importanti nella sua storia.

Verifica delle competenze

Competenza » Geography in English

4 Match each worker with his or her picture.

A. farmer
B. clerk
C. librarian
D. plumber

5 Match each name with its definition.

1. Primary sector		a. The provision of services (like transport, distribution and sale) to other businesses or people.
2. Secondary sector		b. The transformation of raw materials into finished goods for sale.
3. Tertiary sector		c. The process of producing food, feed, and fiber by cultivation of certain plants and the raising of domesticated animals.

Competenza » Comprendere un testo poetico

6 Leggi le poesie, poi rispondi alle domande

Isola

Di te amore m'attrista,
mia terra, se oscuri profumi
perde la sera d'aranci,
o d'oleandri, sereno,
cammina con rose il torrente
che quasi ne tocca la foce.
Ma se torno a tue rive
e dolce voce al canto
chiama da strada timorosa
non so se infanzia o amore,
ansia d'altri cieli mi volge
e mi nascondo nelle perdute cose.

[Salvatore Quasimodo, *Oboe sommerso*]

1. L'isola a cui il poeta dedica la sua poesia è ricca di aranci, perciò è
   - A Sardegna
   - B Isola d'Elba
   - C Sicilia
   - D Lampedusa

2. Aranci e oleandri crescono dove il clima è prevalentemente
   - A mediterraneo
   - B continentale
   - C alpino
   - D appenninico

3. Il sentimento che il poeta prova pensando alla sua terra è di
   - A paura
   - B noia
   - C gioia
   - D tristezza

Trieste

Ho attraversato tutta la città.
Poi ho salita un'erta,
popolosa in principio, in là deserta,
chiusa da un muricciolo:
un cantuccio in cui solo
siedo; e mi pare che dove esso termina
termini la città.

Trieste ha una scontrosa
grazia. Se piace,
è come un ragazzaccio aspro e vorace,
con gli occhi azzurri e mani troppo grandi
per regalare un fiore;
come un amore
con gelosia.
Da quest'erta ogni chiesa, ogni sua via
scopro, se mena all'ingombrata spiaggia,
o alla collina cui, sulla sassosa
cima, una casa, l'ultima, s'aggrappa.
Intorno
circola ad ogni cosa
un'aria strana, un'aria tormentosa,
l'aria natia.
La mia città che in ogni parte è viva,
ha il cantuccio a me fatto, alla mia vita
pensosa e schiva.

[Umberto Saba, *Trieste e una donna*]

4. La poesia è dedicata a Trieste, capoluogo del
- A Veneto
- B Friuli-Venezia Giulia
- C Piemonte
- D Trentino-Alto Adige

5. Sottolinea (una volta) i termini dai quali si capisce che alle spalle della città si innalzano subito i rilievi.

6. Sottolinea (due volte) i termini dai quali si capisce che è una città sul mare.

7. Quale espressione usa il poeta per dire che è una città ventosa?

8. Come si chiama il vento che soffia spesso impetuoso su Trieste?

Sera di Versilia

Come il mare deserto stacca il molo
nel cielo puro del tramonto, solo
resta sul tetto di lamiera un fioco
riverbero del giorno. A poco a poco
appassisce nell'aria anche il clamore
monotono d'un grido e nell'odore
largo del vento e della sera stagna
la pineta già d'ombra, la campagna
deserta nei suoi pascoli, nel raro
lume dell'acque. Ora il silenzio è chiaro.
E la notte verrà con l'incantate
terrazze ai balli forti dell'estate,
al novilunio tenero dell'Alpe.

[Alfonso Gatto, *Poesie*]

9. In quale regione si trova la Versilia?
- A Emilia-Romagna
- B Lazio
- C Toscana
- D Campania

10. Dalla poesia si capisce che la vegetazione più diffusa è costituita da

11. Nella zona interna della Versilia si innalzano dei rilievi che si chiamano:
- A Prealpi
- B Appennini
- C Alpi Marittime
- D Alpi Apuane

Verifica delle competenze

Competenza » Fare collegamenti fra storia e geografia

7 Leggi il testo e poi colloca i cibi nel luogo di provenienza.

In **epoca romana**, i pasti dei poveri erano semplici, a base di pane e minestre di cereali accompagnati da legumi (lupini, lenticchie, ceci e fave), verdura (lattughe, cavoli, cipolle e porri) e frutta (fichi, mele e pere). Con la conquista dell'Oriente, nel I secolo a.C., nuovi ingredienti arrivarono sulle tavole dei più ricchi, come pesche e ciliegie.

Il romano ricco amava una cucina sostanziosa: erano molto apprezzate le uova e le carni di volatili; il pesce, fresco o in salamoia; spesso carne ovina e caprina e soprattutto carne di maiale, insieme a selvaggina (cinghiali, daini, cervi e caprioli ma anche gru e pavoni).

I condimenti più usati erano l'olio d'oliva (importato dalla Spagna) o le salse come il *garum*, una salsa a base di pesce salato e fermentato.

Nel **Medioevo** il pane era la base dell'alimentazione. Per questo motivo il grano, insieme con l'orzo e la segale, era il cereale maggiormente coltivato. L'unico dolcificante usato era il miele.

Nell'Europa centrale la bevanda più consumata era la birra, ma erano diffusi anche il vino e il sidro, prodotto dalla fermentazione delle mele.

In questa epoca i poveri erano talmente denutriti che spesso morivano di fame.

I ricchi invece amavano la cacciagione. La carne veniva sempre condita con spezie, che erano indispensabili per la sua conservazione, ma molto costose poiché provenienti dall'Oriente. Si mangiavano i pesci d'acqua dolce, in particolare le anguille, anche perché il trasporto di quelli di mare era costosissimo.

Le scoperte geografiche dell'**età moderna** fecero arrivare in Europa nuovi prodotti.

Si affermò la coltivazione del riso, giunto in Italia dalla Spagna, dove era stato portato dagli arabi. Dai mari del nord arrivavano le aringhe.

Dall'America giunsero il mais (o granoturco), la patata, il pomodoro, il cacao, il caffè, le arachidi, i fagioli, i fagiolini verdi, il peperone, il peperoncino, la zucca, l'ananas, le fragole. Gli europei portarono in America buoi, pecore, polli, maiali. Dal Nuovo Mondo giunse in Europa il tacchino.

Molte abitudini alimentari che si affermarono fra Seicento e Settecento sono valide tuttora.

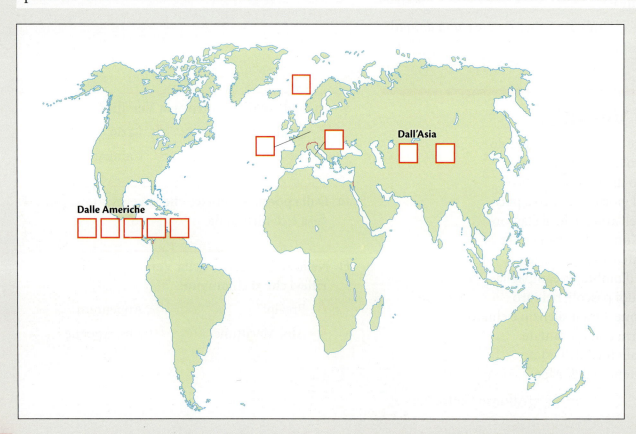

1. aringhe
2. birra
3. caffè
4. ciliegie
5. lenticchie
6. patata
7. spezie
8. mais
9. cacao
10. zucca

Le regioni italiane

Torino

Milano

Trento

Bolzano

Trieste

Aosta

Venezia

Bologna

Perugia

Ancona

Campobasso

Bari

L'Aquila

Genova

Firenze

Roma

Napoli

Potenza

Catanzaro

Cagliari

Palermo

Le regioni italiane **Piemonte**

1. Piemonte

superficie	25 387 km²
popolazione	4 436 798 ab.
densità	175 ab./km²
reddito pro capite	20 870 € (Italia = 19 660 €)
capoluoghi	Torino (TO), Novara (NO), Alessandria (AL), Asti (AT), Cuneo (CN), Biella (BI), Vercelli (VC), Verbania (VB)

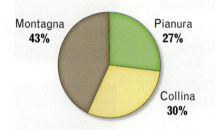

Montagna 43%
Pianura 27%
Collina 30%

Il passaggio dalla Pianura Padana alle Alpi in provincia di Vercelli.

Il nome Piemonte significa «ai piedi delle montagne»; infatti il territorio è formato dall'alta pianura del Po dalla quale sorgono bruscamente le catene più alte delle Alpi Occidentali (figura A).

Grazie ai valichi alpini, questa regione è da sempre collegata alla Francia: dal Quattrocento i signori della Savoia, oggi regione francese, trasferirono la loro capitale a Torino e da qui allargarono la loro influenza e i loro domini fino a diventare, nel 1861, i re d'Italia.

Lo sviluppo economico del Piemonte è molto legato a quello della Lombardia e della Liguria, regioni con cui confina. All'interno del triangolo dei capoluoghi Torino-Milano-Genova è iniziato lo sviluppo dell'industria italiana.

Quali sono le caratteristiche fisiche del territorio?

La regione è nettamente distinta in 3 fasce.

Quasi metà del territorio è occupato da un arco di **catene montuose** formato dall'Appennino Ligure a sud, dalle Alpi Marittime, Cozie (Monviso, 3841 m), Graie (Gran Paradiso, 4061 m), Pennine (Monte Rosa, 4634 m) e Lepontine, a ovest e nord.

Le **colline** sono costituite dalle Langhe e dal Monferrato.

La **pianura** è formata dal Po e dai suoi affluenti di destra (Tanaro-Bormida e Scrivia) e di sinistra (Dora Riparia, Dora Baltea, Ticino).

La sponda occidentale del Lago Maggiore è piemontese (figura B).

La riva piemontese del Lago Maggiore: l'Isola Superiore e Verbania.

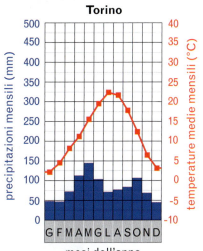

Come sono il clima e la vegetazione?

In montagna il **clima** è di tipo **alpino**, con estati brevi e fresche e inverni rigidi con abbondanti precipitazioni nevose. Le piogge sono concentrate in estate. L'ambiente naturale è costituito da foreste di conifere e prati di alta montagna, rocce nude e ghiacciai. Oltre a numerosi parchi regionali, in Piemonte se ne trovano due nazionali: il Parco Nazionale del Gran Paradiso (figura C) e il Parco di Val Grande, sopra Verbania.

In pianura il **clima** è invece **padano** con una forte escursione termica annua. Il paesaggio naturale è stato profondamente modificato a favore delle coltivazioni di vite, alberi da frutto, cereali e foraggi.

Impara a imparare

1 Nella carta geografica cerchia i nomi delle catene montuose, dei sistemi collinari e delle pianure elencati nel testo.

2 Recupera i concetti studiati.
Completa l'elenco delle caratteristiche principali del clima della zona padana.

Inverno ....

Estate ....

Escursione termica annua ....

Il Parco Nazionale del Gran Paradiso è il primo parco nazionale istituito in Italia e comprende un vasto territorio appartenente al Piemonte e alla Valle d'Aosta. Il parco occupa una zona di montagna, con altitudini che vanno dagli 800 metri dei fondovalle ai 4061 metri della vetta del Gran Paradiso. La vegetazione è costituita da boschi di larici e abeti e da praterie alpine. È presente la fauna tipica dei boschi, delle praterie e degli ambienti di alta quota, come lo stambecco delle Alpi, la specie simbolo del parco.

Le regioni italiane Piemonte

Quali sono le attività economiche più importanti?

Come in altre regioni della Pianura Padana, il settore primario è basato da tempo principalmente sull'**allevamento di bovini** e sulla coltivazione di mais e foraggi grazie all'abbondante disponibilità di acqua. Ma oggi le coltivazioni piemontesi tipiche sono il riso, nelle province di Novara e Vercelli, e la vite, soprattutto nelle colline dell'Astigiano e delle Langhe (figura D), dove si producono vini rinomati in tutto il mondo.

Nel settore secondario, la più importante è l'**industria automobilistica**; infatti Torino è conosciuta come città della FIAT, anche se oggi molti modelli sono prodotti altrove. Sviluppati sono anche i settori delle alte tecnologie (figura E), dell'**elettronica** e delle **telecomunicazioni** (a Torino nacquero la RAI e la Telecom), del tessile (a Biella), dell'alimentare (caffè, cioccolato), della carta e del libro.

Oggi il **terziario** crea più occupazione dell'industria soprattutto nei settori del turismo, della finanza e del commercio: si svolgono a Torino importanti fiere, come il Salone del libro (figura F).

Quali sono le infrastrutture?

La rete dei trasporti è molto efficiente e ha come nodo principale Torino, da cui partono **autostrade** verso Aosta (fino al traforo del Monte Bianco), Milano, Piacenza (con due diramazioni verso Genova), Savona e Bardonecchia (e poi in Francia).

Poiché i **valichi** sono molto alti (Colle di Tenda, Monginevro, Frejus, Moncenisio) – spesso oltre i 2000 metri – per agevolare gli spostamenti oltre frontiera sono stati costruiti trafori stradali, autostradali e ferroviari.

Anche la **rete ferroviaria** è molto frequentata: le linee più importanti sono la Torino-Modane, percorsa dalla maggior parte dei treni diretti in Francia attraverso il traforo del Frejus, e la Torino-Milano, oggi percorribile in 45 minuti con l'Alta Velocità.

Vigneti nelle colline delle Langhe.

Un'azienda che produce pannelli solari, a Biella.

Il Lingotto, storica sede della FIAT a Torino, è oggi utilizzato come centro per fiere e congressi. Sul tetto dell'edificio principale è conservata la pista di collaudo delle automobili.

Dove vive la popolazione?

La popolazione vive prevalentemente nel capoluogo di regione, **Torino**, e nelle altre città di pianura collocate lungo la direttrice verso la Lombardia – Vercelli, Novara – e verso l'Emilia – Asti, Alessandria; ai piedi dell'arco alpino si trovano Biella e Verbania, a nord, e Cuneo, a sud.

Quali sono i principali beni culturali e artistici?

Nel Settecento e nell'Ottocento il Piemonte era la regione più avanzata d'Italia dal punto di vista sia economico sia politico. Torino fu centro di diffusione delle idee liberali; qui nacquero molti protagonisti del Risorgimento italiano (fra i quali Camillo Benso di Cavour); qui si riunì il primo Parlamento del Regno d'Italia. Tuttora le sue piazze e i suoi palazzi (figura G) hanno un aspetto monumentale ed elegante, come si addice a una capitale.

I **monumenti** più importanti della regione sono palazzi e castelli appartenuti ai Savoia e a famiglie nobili della loro corte (figura H). I principali **musei** si trovano a Torino e sono legati alla storia della città: il Museo del Risorgimento, il Museo Egizio, il Museo dell'Automobile e il Museo Nazionale del Cinema (figura I). Dal punto di vista culturale, l'Università più famosa, anche fuori dai confini del Piemonte, è il Politecnico, che prepara ingegneri e architetti.

Palazzo Madama, in Piazza Castello a Torino.

La palazzina di Stupinigi, vicino a Torino, fu costruita per volere dei Savoia a partire dal 1729, come residenza fuori città destinata alla caccia. Il palazzo fa parte dell'insieme delle Residenze sabaude che sono state iscritte nell'elenco dei beni protetti dall'UNESCO come patrimonio dell'umanità.

Il Museo del Cinema si trova all'interno della Mole Antonelliana, edificio simbolo della città di Torino. Ideata come sinagoga, durante la sua costruzione la Mole fu acquisita dal Comune di Torino per farne un monumento all'Unità nazionale. Nell'anno in cui fu terminata, il 1889, la Mole era l'edificio in muratura più alto d'Europa.

Impara a imparare

3 Scrivi i numeri 1, 2 e 3 a fianco del testo dove si parla dei settori primario, secondario e terziario.

4 Dopo aver guardato la carta di pagina B92, disegna una mappa mentale del Piemonte e colloca all'incirca Torino. Ora disegna, usando colori diversi, le direttrici autostradali che da Torino partono verso le città descritte dal testo a pagina B94.

Le regioni italiane Valle d'Aosta

2. Valle d'Aosta

superficie	3261 km²
popolazione	128 591
densità	38 ab./km²
reddito pro capite	21 260 € (Italia = 19 660 €)
capoluogo	Aosta (AO)

Montagna **100%**

La Valle d'Aosta è una regione montuosa, dominata dalle Alpi, al confine con Francia e Svizzera. Per questa sua caratteristica è una *regione a statuto speciale* dove è riconosciuto il bilinguismo italo-francese.

La sua storia è legata a quella del Piemonte e alla dinastia dei Savoia, famiglia signorile originaria della regione che si estende a ovest delle Alpi, nel versante francese.

Quali sono le caratteristiche fisiche del territorio?

La regione è occupata interamente da due catene alpine, ricche di ghiacciai: a nord le **Alpi Pennine**, con i massicci imponenti del Cervino (4478 m) e del Monte Rosa (4634 m); le **Alpi Graie** a ovest e a sud, dominate dai massicci del Monte Bianco (4810 m) e del Gran Paradiso (4061 m).

Fra queste due catene si trova la valle della Dora Baltea, il fiume principale che nasce dal Monte Bianco, scorre da ovest a est e si dirige poi a sud verso il Piemonte, dove confluisce nel Po. In essa sboccano numerose valli laterali sia da nord che da sud. I fondovalle sono piuttosto stretti; l'unica zona pianeggiante è quella in cui sorge la città di Aosta (figura **A**).

Molti laghi di piccole dimensioni sono alimentati dallo scioglimento dei ghiacciai. Altri sono stati creati artificialmente dalle dighe di sbarramento costruite sui fiumi per produrre energia elettrica.

Come sono il clima e la vegetazione?

Il clima è di tipo alpino: gli inverni sono lunghi e rigidi con abbondanti precipitazioni nevose, le estati sono brevi e fresche con piogge frequenti. L'ambiente naturale è costituito da foreste di conifere e prati di alta montagna. La più importante area protetta è il Parco Nazionale del Gran Paradiso.

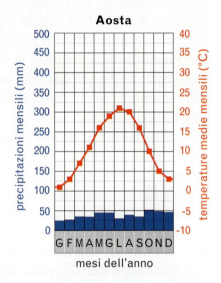

La valle nella quale si trova la città di Aosta.

Quali sono le attività economiche più importanti?

L'**agricoltura** produce soprattutto uva, patate, segale, mele, pere. È sviluppato l'allevamento di bovini, dal quale si ottengono carne e latticini. Nell'**industria** si distinguono le piccole e medie imprese, tra cui quelle della lavorazione del legno.

La principale risorsa economica della regione è il **turismo** legato alla montagna, sia invernale che estivo (figura B).

Le piste da sci di Cervinia.

Quali sono le infrastrutture?

La principale direttrice del traffico è l'autostrada Torino-Aosta, che affianca la statale fino al Monte Bianco e poi conduce in Francia attraverso un traforo lungo 12 km. Il valico del Gran San Bernardo permette il passaggio in Svizzera, oggi più agevole grazie al traforo stradale, mentre a sud il Piccolo San Bernardo è un altro valico stradale di collegamento con la Francia.

Impara a imparare

1 Nella carta geografica sottolinea i nomi degli Stati e delle regioni italiane confinanti.

2 Rifletti sulle caratteristiche del territorio. Perché la risorsa energetica più importante è quella idroelettrica?

....
....

Dove vive la popolazione?

La popolazione vive prevalentemente ad **Aosta**, dove si concentrano i servizi pubblici. Altre città importanti sono le località che hanno avuto un maggior sviluppo turistico: Breuil-Cervinia, Courmayeur, Saint Vincent.

Quali sono i principali beni culturali e artistici?

La regione è sempre stata una zona di passaggio fra Italia, Francia e Svizzera, grazie ai valichi alpini. I beni storico-artistici principali sono quindi i monumenti romani (Aosta, figura C), i castelli (Fenis, figura D, Bard, Issogne) e i conventi lungo le strade dove per secoli sono transitati eserciti, pellegrini, mercanti.

I beni più importanti di interesse naturalistico sono invece le cime e i ghiacciai che da molti anni hanno attirato prima i pionieri dell'alpinismo e oggi un numero crescente di turisti di tutte le età.

Resti del teatro romano ad Aosta.

Il castello di Fenis era la residenza della potente famiglia feudale degli Challant. Non è situato in posizione sopraelevata perché non aveva funzioni militari.

Le regioni italiane **Liguria**

3. Liguria

superficie	5416 km²
popolazione	1 591 939 ab.
densità	294 ab./km²
reddito pro capite	21 000 € (Italia = 19 660 €)
capoluoghi	Genova (GE), La Spezia (SP), Savona (SV), Imperia (IM)

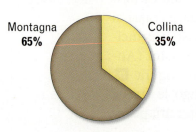

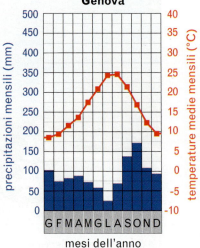

Il nome Liguria deriva da *Liguri*, il popolo che abitava nella regione prima della dominazione romana. Questa regione ha la forma di un arco lungo e sottile compreso fra alte montagne e il Mar Ligure. Questa stretta fascia costiera si divide in due: la Riviera di Levante a est di Genova e la Riviera di Ponente a ovest. In passato i contatti con le altre regioni avvenivano prevalentemente via mare perché le montagne costituivano una barriera difficile da superare. Oggi, grazie allo sviluppo dei trasporti, la Liguria è ben collegata con Piemonte, Lombardia ed Emilia-Romagna: Genova è il porto anche di Torino e di Milano, cioè dell'area più industrializzata d'Italia.

Quali sono le caratteristiche fisiche del territorio?

Le **Alpi Marittime** (Monte Saccarello, 2200 m) e l'**Appennino Ligure** (Monte Maggiorasca, 1799 m) si congiungono al Colle di Cadibona.

Poiché i rilievi scendono ripidamente dal crinale al mare, la **costa** è in prevalenza alta e rocciosa e i **fiumi** sono brevi e a carattere torrentizio. I fiumi più ricchi di acque sono il Roia, l'Arroscia e il Magra. In territorio ligure nascono anche alcuni affluenti del Po (Tànaro, Bormida, Scrivia e Trebbia), che percorrono solo pochi kilometri in Liguria prima di proseguire verso la Pianura Padana.

Come sono il clima e la vegetazione?

L'arco montuoso costituisce una barriera che arresta le masse di aria fredda provenienti da nord ed espone tutta la Liguria all'influsso mitigatore del Mediterraneo. Sulla costa e sulle colline il clima è quindi **tirrenico**, mite d'inverno e caldo d'estate ma con temperature notturne fresche.

La vegetazione costiera tipica è costituita dalla **macchia mediterranea**.

In Liguria sono stati istituiti un Parco Nazionale, quello delle Cinque Terre, e numerose aree protette.

Quali sono le attività economiche più importanti?

L'**agricoltura** ligure è sempre stata molto povera a causa della scarsità di terreni pianeggianti, perciò nel corso dei secoli i pendii sono stati faticosamente terrazzati. Il clima mite ha reso prospera la floricoltura, anche se prevalentemente in serra, l'orticoltura (il celebre basilico) e le coltivazioni mediterranee (viti, ulivi). La **pesca** è scarsa perché il Mar Ligure è profondo e poco pescoso.

L'**industria** è nata per supportare i traffici via mare: cantieri navali, raffinerie, industrie siderurgiche e meccaniche.

Il vero settore trainante è il **terziario**: società di navigazione, assicurazioni, banche, imprese commerciali e turistiche impiegano oggi il maggior numero di persone e creano più ricchezza.

A Genova si svolge ogni anno il più importante salone nautico del mondo.

Quali sono le infrastrutture?

Genova è il maggiore **porto** italiano per il movimento merci (figura A), seguito da Savona e La Spezia (dove c'è anche l'arsenale della Marina Militare).

Le **direttrici** autostradali e ferroviarie principali sono la linea costiera e le sue diramazioni verso le città più produttive del Nord.

Il porto di Genova.

Impara a imparare

1 Rintraccia nel testo e sottolinea le caratteristiche del Mar Ligure.

2 Individua nella carta le località turistiche più frequentate e sottolinea con due colori diversi quelle della Riviera di Levante e quelle della Riviera di Ponente.

Dove vive la popolazione?

La maggior parte della popolazione vive nella fascia costiera. Le città più importanti e popolose sono quelle portuali: anzitutto **Genova**, capoluogo di regione, poi La Spezia, Savona e Imperia.

Quali sono i principali beni culturali e artistici?

La storia della Liguria è legata al mare e ai traffici commerciali. I suoi monumenti più caratteristici consistono in fortezze, fari e torri di avvistamento, cattedrali romaniche e gotiche, abbazie e dimore signorili, fatte costruire dalle famiglie dei grandi mercanti, come i Doria.

I mercanti della **Repubblica di Genova** dapprima si arricchirono navigando nel Mediterraneo Orientale, poi nell'Atlantico verso le Americhe. Oggi il porto antico della città è stato riprogettato dall'architetto genovese Renzo Piano che ne ha ricavato l'acquario, il porto turistico, il Museo del Porto e altri spazi per la cultura e il tempo libero.

Le località più frequentate dai turisti sono i piccoli **borghi** affacciati su baie e circondati da promontori – come le Cinque Terre, Levanto, Rapallo, Portofino – oppure dotati di spiagge, come Albenga, Bordighera, Sanremo o Sestri Levante (figura B).

Sestri Levante.

Le regioni italiane **Lombardia**

4. Lombardia

superficie	23 864 km²
popolazione	9 973 397 ab.
densità	418 ab./km²
reddito pro capite	23 210 € (Italia = 19 660 €)
capoluoghi	Milano (MI), Brescia (BS), Monza (MB), Bergamo (BG), Como (CO), Varese (VA), Cremona (CR), Pavia (PV), Mantova (MN), Lecco (LC), Lodi (LO), Sondrio (SO)

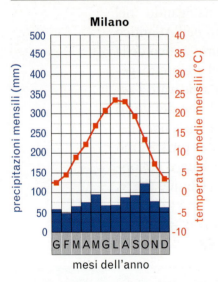

Il nome Lombardia deriva da *Longobardia*, cioè «terra dei Longobardi», un popolo germanico che si insediò nella Pianura Padana durante l'Alto Medioevo e fece di Pavia la propria capitale.

La regione è sempre stata collegata alle città più ricche d'Europa attraverso valichi alpini, che in questo settore della catena montuosa non sono troppo elevati. Tuttora è una delle zone più produttive d'Italia per quanto riguarda l'agricoltura, ma soprattutto per l'industria e il commercio. **Milano** è il capoluogo di regione e la «capitale finanziaria» d'Italia (figura A).

Milano, i nuovi grattacieli presso la Stazione Porta Garibaldi.

Quali sono le caratteristiche fisiche del territorio?

La regione si può suddividere in 3 fasce.

A nord, 3 **catene alpine** parallele fra loro – Alpi Retiche (Bernina, 4049 m, Disgrazia, 3678 m, Ortles, 3902 m), Alpi Orobie e Prealpi – sono separate da lunghe valli trasversali, come la Valtellina, e longitudinali, come la Val Camonica.

Al centro, la fascia pedemontana è caratterizzata dai grandi **laghi prealpini**: Lago Maggiore (sponda orientale), Lago di Como (figura B), Lago d'Iseo, Lago di Garda (sponda occidentale). Sono profondi e allungati perché occupano il bacino scavato da antichi ghiacciai che hanno formato anche colline moreniche.

A sud, la **pianura del Po** è formata dal fiume e dai suoi affluenti di sinistra (Ticino, Adda, Oglio, Mincio), che sono emissari dei laghi prealpini: il loro corso segue la duplice inclinazione della pianura verso il Po, a sud, e verso il mare, a est.

Il corso mediano del Po è il confine naturale con l'Emilia-Romagna; solo in provincia di Pavia e Mantova la Lombardia comprende anche due zone sulla riva destra del Po, dette rispettivamente Oltrepò Pavese e Basso Mantovano.

Il lago di Como.

Impara a imparare

1 Nella carta geografica evidenzia con un colore i rilievi e i fiumi elencati nel testo.

2 Sottolinea nel testo il motivo per il quale gli emissari dei laghi prealpini scorrono tutti paralleli verso sud-est.

3 Recupera i concetti studiati.
Abbina i seguenti termini alla zona corrispondente: asciutta • ricca d'acqua • formata da detriti grossi • formata da detriti fini

Alta pianura: ....
....
Bassa pianura: ....
....

Come sono il clima e la vegetazione?

In montagna il clima è di tipo **alpino**, con estati brevi e fresche e inverni rigidi con abbondanti precipitazioni nevose. Le piogge sono concentrate in estate. L'ambiente naturale è costituito da foreste di conifere e prati di alta montagna, rocce nude e ghiacciai. Una parte del Parco Nazionale dello Stelvio è in territorio lombardo. Altri parchi regionali proteggono non solo zone montuose, ma anche aree lacustri e fluviali, come i Parchi del Ticino e del Mincio.

Nella regione dei **laghi**, il clima è influenzato dall'azione mitigatrice di queste masse d'acqua: gli inverni non sono mai rigidi e le estati sono calde ma ventilate; la vegetazione è in alcuni punti di tipo mediterraneo, con viti e ulivi.

In pianura il clima è **padano** con inverni molto freddi e nebbiosi ed estati molto calde. L'alta pianura presenta un aspetto più arido, mentre la bassa pianura è molto umida e ricca di risorgive. L'agricoltura ha completamente modificato il paesaggio naturale.

Le regioni italiane Lombardia

Quali sono le attività economiche più importanti?

L'**agricoltura** lombarda, grazie all'abbondanza d'acqua e ai moderni sistemi di coltivazione, è una delle più produttive: alle colture fondamentali – grano, riso, foraggi, ortaggi (figura C) – si affiancano i vigneti dell'Oltrepò Pavese e della Valtellina. Altrettanto sviluppato è l'**allevamento** di suini e di bovini da carne e da latte.

L'**industria** è molto diversificata: già nel Cinquecento e nel Seicento la Lombardia era famosa per la produzione di armi e di tessuti di lana e di seta; con la rivoluzione industriale si è sviluppata prima l'industria meccanica, tessile, alimentare e del legno (figura D) e più di recente quella elettronica, chimica e farmaceutica. Le fabbriche si concentrano nelle province di Milano, Varese, Como, Brescia e Bergamo. Sono presenti sia grandi industrie, sia piccole e medie, spesso organizzate in distretti, aree in cui si concentrano le aziende che producono lo stesso prodotto. Fra Milano e Lodi sono in funzione importanti centrali termoelettriche, mentre in provincia di Sondrio sono presenti centrali idroelettriche.

Oggi le industrie tendono a ridurre i propri addetti, mentre i **servizi** – banche e assicurazioni, società finanziarie, agenzie pubblicitarie, case di moda e di design, case editrici, società informatiche, fiere – occupano la maggior parte dei lavoratori. La Borsa di Milano, collegata a quella di Londra, è il principale mercato finanziario italiano.

Quali sono le infrastrutture?

Milano è un nodo autostradale di primaria importanza dove ogni giorno passano milioni di veicoli: la direttrice principale è la prima autostrada costruita in Italia oltre 50 anni fa, l'A1, o **Autostrada del Sole**, che unisce Milano a Bologna, Firenze, Roma, Napoli. Una seconda direttrice conduce verso ovest a Torino e verso est a Venezia, e una terza verso Genova. Per raggiungere gli altri paesi d'Europa, il valico più frequentato è quello di Como-Chiasso, in pianura, a meno di un'ora da Milano.

La **rete ferroviaria** collega Milano a tutta la penisola: con l'Alta Velocità ci vuole 1 ora per arrivare a Bologna e 3 ore scarse per raggiungere Roma.

L'**aeroporto internazionale** di Malpensa, secondo in Italia solo a Fiumicino, è al confine con il Piemonte, in provincia di Varese.

Dove vive la popolazione?

La maggior parte della popolazione vive nelle città della fascia pedemontana, lungo la direttrice che collega Milano, Monza, Bergamo e Brescia al Piemonte e al Veneto: meno popolose sono le città sui laghi – Como, Lecco, Varese – e ancor meno popolosa è l'unica città di montagna, Sondrio, in Valtellina.

Una serra per la coltivazione di ortaggi, con pannelli fotovoltaici sul tetto, in provincia di Lodi.

Un mobilificio in Brianza (area a nord di Milano particolarmente industrializzata).

Quali sono i principali beni culturali e artistici?

I Comuni lombardi erano già sede di mercati molto importanti dal Mille in poi. Alla fine del Medioevo le signorie dei Visconti e degli Sforza, attraverso guerre e matrimoni, allargarono i territori del Ducato di Milano fino a farne uno Stato regionale confinante con la Repubblica di Venezia. Mantova rimase a lungo indipendente sotto il governo dei Gonzaga. La prosperità economica e la relativa vicinanza con altre importanti città europee consentirono ai nobili che vi regnavano di abbellire le città lombarde con rocche, castelli, palazzi signorili.

A **Milano** i monumenti più importanti sono il Duomo (figura E), il Castello Sforzesco, la chiesa di S. Maria delle Grazie (che ospita la famosa Ultima Cena di Leonardo da Vinci), la Basilica di San Lorenzo e quella di Sant'Ambrogio.

Milano è anche la principale città italiana dal punto di vista culturale e dell'editoria. Vi hanno sede infatti ben sei università, il maggiore teatro per la musica lirica e il balletto (La Scala, figura F), importanti musei, come quello della Scienza e della Tecnica, le redazioni dei principali quotidiani nazionali come il Corriere della Sera e Il Sole-24Ore.

Le piccole **città lombarde**, come Pavia, Lodi, Cremona, Mantova, sono prevalentemente agricole, ma ricche di monumenti medioevali e rinascimentali.

La maggior parte delle città lombarde conserva la struttura e il centro storico medioevale o rinascimentale con cattedrale romanica o gotica, palazzo comunale detto *broletto*, castello o palazzo signorile, piazza del mercato (figura G).

La costruzione del Duomo di Milano ha richiesto oltre 500 anni. Interamente fatto di marmo, è adornato più di 3000 statue.

Il Teatro alla Scala. La forma a ferro di cavallo e la volta in legno garantiscono un'acustica pressoché perfetta.

Mantova. Tre laghi furono ricavati in un'ansa del fiume Mincio allo scopo di circondare e difendere il centro abitato.

Impara a imparare

4 Mentre leggi, sottolinea con tre colori diversi le attività più importanti dei tre settori economici in Lombardia.

5 Completa i due elenchi delle industrie lombarde.

- tradizionali: meccanica, ...
  ....
- moderne: elettronica, ...

Le regioni italiane **Trentino-Alto Adige**

5. Trentino-Alto Adige

superficie	13 606 km²
popolazione	1 051 951 ab.
densità	77 ab./km²
reddito pro capite	20 750 € (Italia = 19 660 €)
capoluoghi	Trento (TN), Bolzano (BZ)

Montagna **100%**

Il Trentino-Alto Adige è una *regione a statuto speciale* formata da due province nettamente distinte e dotate di larga autonomia, l'una con capoluogo Trento, l'altra Bolzano. Il Trentino è di lingua e cultura italiana; l'Alto Adige o Südtirol è di lingua e cultura tedesca. Fra queste due aree, alcune comunità dolomitiche sono di lingua e cultura ladina: il ladino è una lingua neolatina che si è conservata per secoli in queste valli isolate.

Quali sono le caratteristiche fisiche del territorio?

Il territorio è completamente **montuoso**. A ovest, al confine con la Lombardia e la Svizzera, si elevano le **Alpi Retiche** con gli imponenti massicci dell'Ortles-Cevedale (3902-3764 m) e della Presanella (3556 m). A nord, le **Alpi Atesine** separano la regione dall'Austria; le cime maggiori (la Palla Bianca, il Pan di Zucchero, il Gran Pilastro) superano i 3500 metri. A est si estendono le **Dolomiti**, le cui cime più importanti sono la Marmolada (3342 m) e il Gruppo di Sella (3151 m).

Il **fiume** principale è l'Adige, secondo in Italia per lunghezza dopo il Po. Altri fiumi sono il Brenta, nel suo corso superiore, e il Sarca, immissario del Lago di Garda.

Oltre alla punta settentrionale del Lago di Garda, appartengono alla regione circa **500 laghi**, di piccole dimensioni. Nella parte alta di molte vallate sono stati costruiti laghi artificiali per la produzione di energia idroelettrica.

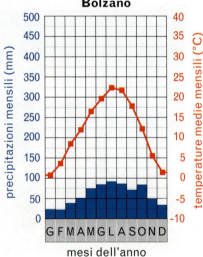

Come sono il clima e la vegetazione?

Il **clima** è di tipo **alpino**: gli inverni sono freddi e nevosi, le estati fresche e piovose. L'ambiente naturale è costituito da foreste di conifere e prati di alta montagna. La più importante area protetta è il Parco Nazionale dello Stelvio. Le due maggiori città si trovano in una conca pianeggiante, pertanto il clima è più simile a quello **padano**, molto caldo d'estate e molto freddo d'inverno.

Il **paesaggio naturale** è considerato un patrimonio da difendere e valorizzare, considerando anche il suo valore economico a fini turistici.

Quali sono le attività economiche più importanti?

In alta montagna l'**agricoltura** è ancora tradizionale, destinata al consumo diretto e all'alimentazione dei bovini, dal cui latte si producono formaggi. Nei fondovalle è specializzata: prevalgono frutteti (soprattutto meli) e vigneti (figura A). È importante anche la produzione di legname.

Nell'**industria** si distingue quella energetica: la regione produce un quinto dell'energia idroelettrica italiana. Sviluppati anche i settori dell'alluminio e dell'acciaio, chimico, meccanico, tessile e agro-alimentare.

Ma il settore trainante dell'economia è il **turismo**, grazie alla grande capacità ricettiva (alberghi, campeggi, agriturismi, case in affitto). Brunico, Dobbiaco, San Candido, Ortisei, Canazei, Moena, San Martino di Castrozza, Madonna di Campiglio sono mete di grande interesse turistico estivo e invernale.

Complessivamente il PIL pro capite è più alto della media nazionale e il tasso di disoccupazione è più basso.

Vigne in Alto Adige.

Impara a imparare

1 Confronta il climatogramma di Bolzano con quello di Milano a pag. B100 e completa con: differente • simile.

- L'andamento delle temperature è ....
- L'andamento delle precipitazioni è ....

2 Individua nella carta i nomi delle maggiori località di interesse turistico.

Quali sono le infrastrutture?

La principale **direttrice** del traffico è l'autostrada A22, detta del Brennero, che percorre la vallata dell'Adige e dell'Isarco. È la principale via di collegamento anche ferroviario fra Italia, Austria e Germania. I trasporti pubblici sono molto sviluppati e moderne linee ferroviarie locali percorrono diverse valli.

Dove vive la popolazione?

Metà della popolazione vive nelle città e nei paesi lungo il fondovalle dell'Adige. Grazie al turismo, la regione non ha conosciuto il fenomeno dello spopolamento della montagna come in altre zone d'Italia, ma è riuscita al contrario a preservare le bellezze naturali anche nelle valli più isolate.

Quali sono i principali beni culturali e artistici?

La regione è nettamente divisa in due anche dal punto di vista culturale: il Trentino è più vicino all'arte veneta, l'Alto Adige a quella tirolese e austriaca. I beni storici principali sono **castelli** e **abbazie** con decorazioni in legno e in pietra locale (figura B). La regione è sempre stata infatti una zona di passaggio fra Italia, Austria e Svizzera, ma ha conservato un forte attaccamento alle tradizioni delle proprie vallate, alle feste religiose, alla musica e all'abbigliamento tradizionale, alle tecniche di costruzione in legno delle abitazioni.

Il castello di Avio (in provincia di Trento), costruito su uno sperone roccioso, domina la bassa valle dell'Adige.

Le regioni italiane **Veneto**

6. Veneto

superficie	18 407 km²
popolazione	4 926 818 ab.
densità	268 ab./km²
reddito pro capite	20 270 € (Italia = 19 660 €)
capoluoghi	Venezia (VE), Verona (VR), Padova (PD), Vicenza (VI), Treviso (TV), Rovigo (RO), Belluno (BL)

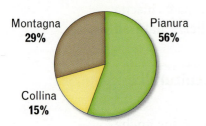

Montagna 29% — Pianura 56% — Collina 15%

Il Veneto ha molte caratteristiche simili a quelle del Trentino-Alto Adige e del Friuli-Venezia Giulia, tanto che queste regioni talvolta sono definite con un unico termine: Triveneto. Le Alpi Orientali sono mediamente più basse, perciò costituiscono la migliore via di accesso alla penisola italiana; per questo motivo il Veneto – che prende il nome dall'antico popolo dei *Veneti* – in passato è stato attraversato da numerose popolazioni provenienti dalla penisola balcanica e dal centro Europa. Con la nascita della Repubblica di Venezia (figura A), dopo il Mille, si è formato un potente e ricco stato regionale che comprendeva la pianura fino alle Alpi, le coste adriatiche e molte isole del Mediterraneo orientale: è rimasto indipendente fino alle guerre napoleoniche, poi è stato inglobato nell'Impero austro-ungarico. Solo con la terza guerra d'indipendenza, nel 1866, il Veneto è entrato a far parte del Regno d'Italia.

Il leone di San Marco è l'antico simbolo della Repubblica di Venezia.

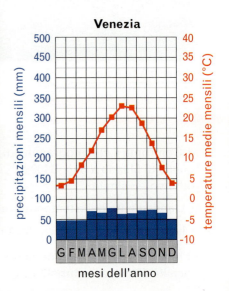

Quali sono le caratteristiche fisiche del territorio?

Il territorio del Veneto è molto vario: da nord-ovest a sud-est digrada dalle montagne delle **Alpi Carniche** e delle **Dolomiti** (Marmolada, 3343 m, Tofane, 3245 m, Pelmo 3168 m, Tre Cime di Lavaredo, 2999 m, figura B), alle Prealpi, all'ampia pianura veneta fino al mare Adriatico.

Formatesi insieme alle Alpi, le **Prealpi** si sviluppano parallele a queste, alternando massicci come quello del Grappa ad altopiani come quello di Asiago.

Le **colline** come i Monti Berici e i Colli Euganei sono di origine vulcanica e hanno la caratteristica forma conica.

L'ampia **pianura** veneta è in parte formata dal Po – che costituisce per un buon tratto il confine con l'Emilia-Romagna – ma soprattutto da altri lunghi **fiumi** che scendono dalle Alpi: Adige, Brenta, Piave, Tagliamento.

L'area compresa fra i rami del delta del Po, il Polesine, è in molti punti sotto il livello del mare.

Il **lago** più importante è il Lago di Garda: è molto profondo (–346 m), ha forma allungata ed è orlato a sud da colline moreniche, perché occupa il bacino di un antico ghiacciaio.

La **costa** sul Mare Adriatico è bassa e sabbiosa, spesso paludosa, orlata di dune e isole dalla forma allungata che tendono a chiudere l'ampia Laguna Veneta (figura C).

Come sono il clima e la vegetazione?

In Veneto sono presenti tre fasce climatiche.

Nella fascia montana prevale un clima di tipo **alpino**. Il paesaggio prevalente è il bosco di conifere fino a 2000 m, poi arbusti (rododendro, pino mugo, ginepro), fino alle rocce nude.

Nella fascia collinare e pianeggiante prevale un clima di tipo **padano**, caratterizzato da una maggiore escursione termica annua. Sulle coste del Garda, grazie all'influenza delle acque del lago, il clima locale (microclima) è più mite, cioè meno freddo d'inverno e meno caldo d'estate; la vegetazione spontanea è costituita da latifoglie, ma è stata in gran parte sostituita dalle coltivazioni agricole.

Nella fascia costiera prevale un clima di tipo **adriatico**. La vegetazione spontanea è caratterizzata da pini, salici, pioppi, canne palustri.

Le Dolomiti (nella fotografia, il Pelmo) sono montagne dalle cime aguzze, con pareti ripide; sono composte dalla dolomia, una roccia sedimentaria ricca di resti di animali marini perché si è formata su antichi fondali.

La Laguna veneta, presso Burano.

Impara a imparare

1 Individua nella carta geografica del Veneto le località rappresentate nelle due fotografie di questa pagina e inserisci la lettera corrispondente.

2 Numera i tipi di clima presenti nella regione e con ciascun numero contrassegna sulla carta una località caratterizzata da quel clima.

Le regioni italiane Veneto

Quali sono le attività economiche più importanti?

L'economia del Veneto era in passato basata principalmente sull'agricoltura che occupava oltre la metà della popolazione. L'ampia pianura era coltivata principalmente a mais (da cui si ricava la farina gialla per la polenta, tuttora presente in molti piatti tipici) e a grano. Gli abitanti delle coste vivevano soprattutto di pesca. Nonostante lo sfruttamento delle risorse naturali, la miseria ha spinto per decenni molti veneti (3 milioni) a emigrare verso i paesi del Nord Europa, dell'Australia, delle Americhe.

Oggi l'**agricoltura** occupa solo il 4% della popolazione attiva ma è fiorente grazie alla cerealicoltura, alla viticoltura, alla produzione di frutta e ortaggi e all'allevamento di bovini e pollame.

Lo sviluppo dell'**industria** ha permesso al Veneto di diventare una delle regioni più ricche d'Italia (figura D). Mentre il polo petrolchimico e metallurgico di Marghera è in grave crisi anche per i problemi ambientali, le grandi imprese nel settore della meccanica, degli elettrodomestici, dei tessuti, dell'abbigliamento e dell'ottica sono moderne ed efficienti, ed esportano buona parte della produzione. È particolarmente fiorente la piccola e media industria di trasformazione. Industrie di uno stesso settore sono sorte inizialmente in un'unica area, formando i distretti industriali dell'oreficeria, degli occhiali, delle pelli, delle calzature sportive. Oggi però molte di esse stanno delocalizzando, cioè spostano la produzione all'estero per ridurre i costi della manodopera.

In alcune città medio-piccole proseguono le lavorazioni artigianali tradizionali: la ceramica a Bassano, il vetro a Murano.

L'attività più produttiva del **terziario** è il turismo, che si rivolge sia alle città d'arte (oltre a Verona, Vicenza e Padova, da sola Venezia attrae oltre 20 milioni di turisti ogni anno, figura E), sia alle località balneari (Iesolo, Caorle, Bibione), montane (Cortina d'Ampezzo), lacustri (Peschiera del Garda) e termali (Abano Terme).

Quali sono le infrastrutture?

In direzione est-ovest, la regione è attraversata dall'**autostrada** A4 – detta Serenissima, l'antico appellativo della Repubblica di Venezia – che collega Milano a Trieste e alle capitali dell'Europa Orientale. In direzione nord-sud il Veneto è attraversato dall'autostrada del Brennero.

Il **porto** più importante – soprattutto per i passeggeri – è Venezia, mentre Porto Marghera lo è per le merci; Chioggia è porto peschereccio.

La storica sede della fabbrica tessile Marzotto, in provincia di Vicenza.

Venezia. Nella foto aerea, si vede in primo piano il Campanile di San Marco e la piazza che si affaccia sul Canal Grande; a sinistra, la punta della Dogana e la Chiesa della Salute.

Dove vive la popolazione?

Se per secoli Venezia è stata il centro indiscusso della regione (oggi ne è il capoluogo), negli ultimi decenni la popolazione residente in laguna è in costante calo, mentre la crescita economica e demografica si è concentrata nel triangolo Mestre-Padova-Treviso e lungo l'asse Verona-Vicenza.

Sono in costante aumento gli immigrati che oggi costituiscono oltre il 10% della popolazione residente.

Quali sono i principali beni culturali e artistici?

Fin dal Medioevo le grandi ricchezze accumulate dai mercanti e dai banchieri veneti, grazie ai traffici con l'Oriente, hanno favorito uno straordinario sviluppo delle arti e della cultura.

Venezia, oltre alla caratteristica – che la rende unica al mondo – di essere costruita su 118 isole collegate da oltre 400 ponti, è un insieme straordinario di chiese, campanili e palazzi costruiti da architetti e decorati da scultori e pittori importantissimi, come Giorgione, Tiziano, Tiepolo.

Le **ville** costruite nell'entroterra, in particolare lungo il fiume Brenta, sono una parte importante del patrimonio culturale della regione (figura **F**).

Verona (figura **G**), **Padova** e **Vicenza** hanno centri storici caratterizzati da splendidi palazzi nobiliari, piazze distinte a seconda della funzione religiosa, commerciale o politica, edifici pubblici medioevali e rinascimentali che custodiscono famose opere d'arte.

Venezia e Padova sono i centri culturali più importanti, oltreché sedi di antiche università (figura **H**).

Villa Barbaro, a Maser (Treviso) Costruita nel Cinquecento dall'architetto Andrea Palladio, è decorata con affreschi di Paolo Veronese.

L'Arena di Verona: l'antico anfiteatro romano ospita oggi opere liriche e concerti.

L'orto botanico dell'Università di Padova è il più antico del mondo.

Impara a imparare

3 Recupera i concetti studiati. Che cosa si intende per delocalizzazione?

....

....

4 Completa l'elenco delle località di maggiore interesse turistico.

Città d'arte: ....

....

Località balneari: ....

Località montane: ....

7. Friuli-Venezia Giulia

superficie	7862 km²
popolazione	1 229 363 ab.
densità	156 ab./km²
reddito pro capite	20 270 € (Italia = 19 660 €)
capoluoghi	Trieste (TS), Udine (UD), Pordenone (PN), Gorizia (GO)

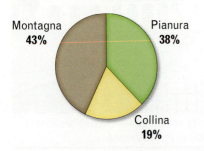

Montagna 43% — Pianura 38% — Collina 19%

La regione ha un doppio nome: il Friuli è l'area centro-occidentale (deriva da *Forum Iulii*, il nome dato dai Romani in onore di Giulio Cesare all'odierna città di Cividale); la Venezia Giulia è l'area orientale, fra Trieste (capoluogo di regione) e Gorizia.

È una regione di confine fra Italia, Austria e Slovenia, che fin dall'antichità ha subito invasioni e diverse dominazioni: tuttora è abitata da popolazioni di culture e lingue diverse (italiano, friulano, tedesco, sloveno), e ha perciò ottenuto lo statuto di *regione a statuto speciale*.

Mentre la storia del Friuli ha in gran parte coinciso con la storia di Venezia, la Venezia Giulia fino alla Prima guerra mondiale ha fatto parte dell'Impero austro-ungarico ed è quindi più legata alla cultura austriaca.

Quali sono le caratteristiche fisiche del territorio?

La **Carnia** è la regione settentrionale montuosa: comprende le **Alpi Carniche** al confine con l'Austria (Monte Coglians, 2780 m) e un breve tratto delle **Alpi Giulie** al confine con la Slovenia. A sud-est è italiana una sottile striscia dell'**Altopiano del Carso**, una formazione calcarea arida in superficie, ma molto ricca di acque sotterranee.

La **pianura** friulana è la prosecuzione della pianura padano-veneta.

Il principale **fiume** è il Tagliamento. Secondo fiume è l'Isonzo, che nasce in Slovenia. Un tipo particolare di fiume è il Timavo, che nasce in Croazia, scorre per circa 40 km sotto terra e riemerge in Italia a 2 km dalla foce vicino a Trieste.

La **costa** friulana è bassa e sabbiosa, orlata da lagune con una ricca vegetazione palustre. La breve costa della Venezia Giulia è invece alta e rocciosa.

Come sono il clima e la vegetazione?

Il Friuli è la regione più piovosa d'Italia. Il **clima** è di tipo **adriatico** sulle coste, **padano** nella zona centrale e **alpino** nella zona montuosa. Nella zona costiera soffia un vento da nord-est freddo e impetuoso (la *bora*), con raffiche che superano i 100 km/h.

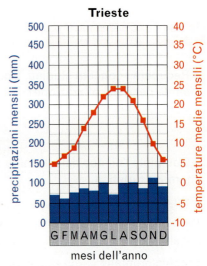

Trieste

Quali sono le attività economiche più importanti?

Per secoli il Friuli ha basato la propria economia sull'**agricoltura** e tuttora prevalgono produzioni tradizionali ma condotte con metodi moderni: cereali, barbabietola da zucchero e uva, dalla quale si ottengono vini di grande qualità. All'**allevamento** di bovini e suini (per la produzione del prosciutto crudo di San Daniele) si aggiunge quello dei bachi da seta.

Dagli anni '70 del Novecento è iniziato un **boom industriale** principalmente nel settore degli elettrodomestici, delle costruzioni navali (a Monfalcone, figura A), della siderurgia (a Trieste) e di alcune produzioni specializzate (coltelli, sedie, mobili).

Commercio, **finanza** e **assicurazioni** hanno avuto da sempre un ruolo importante e costituiscono tuttora il settore che dà lavoro alla maggior parte della popolazione. I **turisti** frequentano in maggioranza le località balneari (Lignano Sabbiadoro e Grado) e le città d'arte (Aquileia, Udine, Trieste, Palmanova).

Dove vive la popolazione?

Nelle province friulane la popolazione si divide fra centri maggiori e centri minori della bassa pianura; nelle province di Trieste e Gorizia il territorio è intensamente urbanizzato. Tutta la montagna ha subito un progressivo spopolamento: l'emigrazione, soprattutto verso l'estero, è stata molto forte.

Quali sono i principali beni culturali e artistici?

I beni culturali più antichi appartengono al **periodo paleocristiano** (Aquileia, dichiarata Patrimonio dell'umanità dall'UNESCO, Grado) e **longobardo** (Cividale).

Il Friuli ha avuto la sua stagione d'oro sotto il dominio veneziano, come è testimoniato da ville affrescate, chiese e palazzi (in particolare a Udine e Tolmezzo).

Dopo la fine della Repubblica di Venezia, **Trieste** è diventata la città più importante in quanto porto dell'Impero austro-ungarico. I suoi palazzi testimoniano la grande influenza della cultura dell'Europa centrale (figura B).

Il cantiere navale di Monfalcone.

Trieste, piazza Unità d'Italia.

Quali sono le infrastrutture?

La **direttrice** principale percorre la bassa pianura collegando Venezia a Trieste fino al confine con la Slovenia, con diramazioni verso Pordenone, Udine (da cui si raggiunge il passo del Tarvisio verso l'Austria) e Gorizia.

Il **porto** di Trieste è il secondo porto italiano per il traffico merci, in particolare per il petrolio: da qui parte infatti un importante oleodotto verso la Germania.

Impara a imparare

1 Completa la tabella rintracciando le informazioni nel testo.

	Friuli	Venezia Giulia
Province		
Influenza storico-culturale		

Le regioni italiane **Emilia-Romagna**

8. Emilia-Romagna

superficie	22 453 km²
popolazione	4 446 354 ab.
densità	198 ab./km²
reddito pro capite	21 180 € (Italia = 19 660 €)
capoluoghi	Bologna (BO), Modena (MO), Parma (PR), Reggio nell'Emilia (RE), Ravenna (RA), Rimini (RN), Ferrara (FE), Forlì-Cesena (FC), Piacenza (PC)

L'Emilia-Romagna è una regione delimitata dal corso inferiore del Po, dal Mare Adriatico e dal crinale dell'Appennino (figura A).

Emilia era il nome della strada romana, fatta costruire dal console Emilio Lepido, che collegava Rimini a Bologna (oggi capoluogo di regione) e Piacenza e poi proseguiva fino a Milano lungo un antico tracciato pedemontano. Romagna deriva invece da *Romània*, il territorio dei Romani, con il quale nel Medioevo si indicava il territorio di Ravenna, a lungo controllato dall'Imperatore Romano d'Oriente.

Nell'età moderna il territorio era suddiviso fra la Signoria degli Estensi (Ferrara, Modena e Reggio), quella dei Farnese (Parma e Piacenza) e lo Stato Pontificio (Bologna, Ravenna, Forlì, Rimini); fu riunificato in un'unica regione con l'Unità d'Italia.

Zona collinare intensamente coltivata, in provincia di Rimini.

Quali sono le caratteristiche fisiche del territorio?

La regione si può suddividere in 3 fasce.

La zona montuosa comprende un breve tratto dell'**Appennino Ligure** e tutto l'**Appennino Tosco-Emiliano** (Cimone, 2165 m e Cusna, 2121 m); dallo spartiacque si aprono lunghe valli longitudinali che digradano in colline.

La zona pianeggiante è la più estesa: è il tratto di **Pianura Padana** a sud del Po ed è solcata dai suoi affluenti.

La **zona costiera** è uniforme, cioè priva di isole e baie; è bassa e sabbiosa. In alcuni punti si sono conservate le antiche paludi (dette *valli*, per esempio a Comacchio) che caratterizzavano tutta quest'area.

Il **fiume** principale è il **Po**, che segna il confine con Lombardia e Veneto. Dall'Appennino scendono i suoi affluenti di destra che scorrono quasi paralleli: Trebbia, Taro, Parma, Enza, Secchia, Panàro, che sono a carattere torrentizio. Il secondo fiume per importanza è il Reno, che sbocca direttamente in Adriatico, come i brevi corsi d'acqua della Romagna.

Il Monte Cimone, nell'Appennino Tosco-Emiliano.

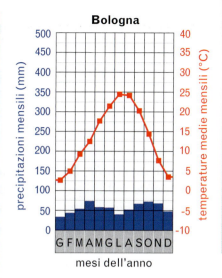

Come sono il clima e la vegetazione?

In tutta la pianura il clima è **padano**, con forti escursioni termiche annue. Le piogge sono scarse, più abbondanti sui rilievi e concentrate nelle stagioni intermedie. D'inverno in pianura è molto frequente la nebbia. Sulla costa il clima è **adriatico**.

Poiché tutta l'area pianeggiante è stata intensamente sfruttata prima per l'agricoltura, poi per l'industria, le aree naturali si trovano principalmente sul crinale appenninico (figura B) o negli specchi salmastri costieri (figura C) dove vivono numerose specie vegetali e animali.

Nel delta del Po è stato istituito un parco regionale, dichiarato dall'UNESCO Patrimonio dell'Umanità. Il parco si estende dal confine con il Veneto fino a Cervia. Sono comprese aree di interesse naturalistico: il delta del Po e le foci di altri fiumi appenninici; zone umide, lagune, chiamate qui «valli» (vedi fotografia) e saline; pinete e boschi, tra cui il Bosco della Mesola, uno dei rari esempi di bosco di pianura conservato nelle sue condizioni originarie. Sono presenti anche monumenti storici, come l'Abbazia di Pomposa e la Basilica di Sant'Apollinare in Classe.

Impara a imparare

1 Guarda la carta e completa inserendo i punti cardinali.

- La zona montuosa si trova a ....
- La zona pianeggiante si trova a ....
- La zona costiera si trova a ....

2 Rintraccia e sottolinea nel testo il significato della parola «valle» nella zona del delta del Po.

Le regioni italiane Emilia-Romagna

Quali sono le attività economiche più importanti?

Il **settore agricolo** è al primo posto in Italia per valore dei prodotti ed è caratterizzato dall'attività di molte cooperative. Il prevalere di monocolture (cereali, barbabietola, pomodori) e il terreno pianeggiante permettono l'uso di macchine agricole moderne. Particolarmente redditizie sono le colture specializzate: ortaggi, frutta (soprattutto in Romagna), vite. L'**allevamento** in moderne stalle è diffuso in tutte le province: bovini e suini prevalgono in pianura, pollame e ovini in collina e in montagna. La **pesca** in Adriatico è molto sviluppata, così come l'allevamento in mare di molluschi e pesci.

Con un'agricoltura così fiorente, la prima **industria** a svilupparsi è stata quella alimentare: pasta, pomodori in scatola, parmigiano-reggiano, salumi. Ma ben presto si sono sviluppate tutte le altre industrie, molto numerose ma di dimensioni medio-piccole: meccaniche (figura D), automobilistiche, elettroniche, tessili e dell'abbigliamento, vetrarie, farmaceutiche, del mobile e dei prodotti ceramici per l'edilizia. L'Emilia-Romagna è il primo esportatore mondiale di macchine che confezionano alimenti, farmaci, cosmetici. Sono di grandi dimensioni gli impianti chimici di Ferrara e Ravenna.

Un ruolo rilevante ha il **turismo**, soprattutto quello estivo sulla riviera romagnola. Il terziario è molto sviluppato e occupa quasi due terzi della popolazione attiva: sono diffusi ed efficienti i **servizi** alle imprese e alla persona.

Quali sono le infrastrutture?

La regione è luogo di transito obbligato fra l'Italia peninsulare e l'Europa, perciò è attraversata dalle principali direttrici di traffico stradale, autostradale e ferroviario (figura E). Bologna è il nodo ferroviario più importante d'Italia.

La **direttrice principale** segue il percorso di un'antica via romana – la via Emilia –, prima come Autostrada del Sole (A1) da Milano a Bologna (che prosegue anche verso Roma), poi come A14 da Bologna a Rimini (e fino a Taranto). Da Piacenza si dirama l'autostrada che permette di raggiungere Genova e Torino; il tratto Parma-La Spezia consente il collegamento anche con il Tirreno e il porto di Livorno; la Modena-Brennero rappresenta il collegamento principale con l'Austria e la Germania; il raccordo Bologna-Ferrara-Padova facilita gli scambi con il Nordest.

Sull'Adriatico, Ravenna ha una posizione preminente come porto commerciale.

Un'industria specializzata nella produzione di macchinari medici, in provincia di Modena.

La nuova stazione dell'Alta Velocità a Reggio Emilia, disegnata dall'architetto spagnolo Santiago Calatrava.

Dove vive la popolazione?

Lo sviluppo industriale ha accelerato l'urbanizzazione in pianura lungo le direttrici principali (lungo la via Emilia vive la metà degli abitanti, figura F) e lo spopolamento delle montagne.

La popolazione che vive in campagna nella bassa pianura non è in calo grazie a un'agricoltura ancora produttiva e alla facilità dei collegamenti con i centri urbani.

Quali sono i principali beni culturali e artistici?

Solo **Ravenna** ha avuto una funzione importante nell'Alto Medioevo e le sue chiese decorate di mosaici lo testimoniano. Gli altri centri storici della regione hanno avuto invece il loro periodo di massimo splendore nell'età dei Comuni e delle Signorie (figura G): palazzi ducali, cattedrali, abbazie sono arricchiti con affreschi e sculture.

Alcune istituzioni culturali hanno una storia lunga secoli: l'**Università di Bologna** è la più antica del mondo, il **Teatro Regio** di Parma (figura H), il Teatro comunale di Bologna e i conservatori di entrambe le città hanno ospitato importantissimi musicisti.

Anche la **cultura contadina**, come il modo di lavorare i campi e di costruire gli edifici rurali, è considerata un patrimonio importante: documenti e oggetti sono raccolti in musei che aiutano a comprendere la storia da cui si è evoluta la società di oggi.

Anche Bologna, nella fotografia, è attraversata dalla via Emilia di origine romana.

A Ferrara le mura circondano tuttora gran parte del centro storico. Prati verdi ricoprono l'antico fossato. I bastioni sono stati progettati per resistere all'attacco delle armi da fuoco.

Teatro Regio di Parma: i palchi sono decorati in bianco e oro. Al centro, sopra l'ingresso principale, si trova il palco ducale.

Impara a imparare

3 Sottolinea nel testo i tipi di aziende prevalenti in Emilia-Romagna.

4 Dopo aver letto il testo, segui sulla carta di pag. B112 la direttrice principale che attraversa la regione. Quali sono i capoluoghi non attraversati dalla via Emilia?

Le regioni italiane **Toscana**

9. Toscana

superficie	22 987 km²
popolazione	3 750 511 ab.
densità	163 ab./km²
reddito pro capite	20 100 € (Italia = 19 660 €)
capoluoghi	Firenze (FI), Prato (PO), Livorno (LI), Arezzo (AR), Pisa (PI), Pistoia (PT), Lucca (LU), Grosseto (GR), Massa-Carrara (MS), Siena (SI)

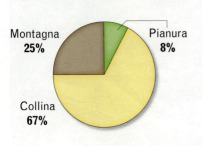

La Toscana è compresa fra l'Appennino e il Mar Tirreno.

Toscana deriva da *Tuscia*, il nome dato dai Romani all'antico territorio abitato dagli Etruschi.

Durante il Medioevo è stata una regione di straordinario sviluppo economico e culturale. È la terra natale di Dante, Petrarca, Boccaccio, ma anche di abili artigiani, mercanti e banchieri che utilizzarono le ricchezze accumulate per abbellire le loro città: Firenze, Siena (figura **A**), Pisa diventarono le città più belle d'Europa. Qui nacquero e operarono i principali artisti del Rinascimento: Brunelleschi, Donatello, Leonardo, Michelangelo.

Dopo Torino e prima di Roma, Firenze (oggi capoluogo di regione) è stata anche capitale del Regno d'Italia dal 1865 al 1870.

Siena conserva la struttura tipica di una città medioevale: in primo piano il centro religioso, piazza del Duomo; in secondo piano il centro civile, piazza del Campo.

Quali sono le caratteristiche fisiche del territorio?

I maggiori rilievi della regione appartengono all'**Appennino Tosco-Emiliano** (figura B) e raramente superano i 2000 metri: il più noto è il monte Falterona (1654 m) da cui nasce l'Arno. Anche le **Alpi Apuane**, a nord, si elevano fino quasi a 2000 m. Sono dette «Alpi» per la loro forma spigolosa e impervia.

All'Antiappennino toscano appartengono il massiccio vulcanico del monte Amiata (1738 m) e le **Colline Metallifere**.

La maggior parte del territorio è costituita da **colline**, come quelle del **Chianti**.

Le **pianure** sono poco estese e coincidono con il corso inferiore dei fiumi: il **Valdarno** inferiore, la Piana di Lucca e la Versilia. Più a sud, la **Maremma** è una pianura ricavata dalla bonifica di zone costiere paludose.

Il **fiume** più lungo è l'Arno: nasce dal monte Falterona e, dopo aver bagnato Firenze e Pisa, sfocia nel Tirreno come tutti gli altri fiumi (Magra, Serchio, Cècina e Ombrone).

I principali laghi sono costieri, come quello di Massaciuccoli in Versilia e la laguna di Orbetello.

Le **coste** sono in prevalenza basse e sabbiose, ma a sud di Livorno si affacciano sul mare alcuni promontori rocciosi, tra cui quelli di Piombino, di Punta Ala e dell'Argentario.

Nel Tirreno, l'**Arcipelago Toscano** è composto da sette isole, di cui l'Elba è di gran lunga la più vasta e la più popolata.

Impara a imparare

1 Schematizza le caratteristiche fisiche del territorio completando la tabella.

montagne (catene)	....
....	Colline Metallifere, ...
....	....
....	....

Come sono il clima e la vegetazione?

Sulle coste il clima è **tirrenico** ma verso l'interno diventa **appenninico**.

Le coste tirreniche sono più piovose di quelle adriatiche per l'influsso dei venti umidi (libeccio, maestrale) provenienti dal Mediterraneo. Le temperature però sono più miti, specie d'inverno.

Le **zone protette** si trovano in alta montagna (Parco Nazionale delle Foreste Casentinesi, Parco delle Alpi Apuane) ma soprattutto nella zona costiera (Massaciuccoli, Monti dell'Uccellina, figura C) e nelle isole (Parco Nazionale dell'Arcipelago Toscano) dove prevale la macchia mediterranea.

I monti della Garfagnana, fra l'Appennino e le Alpi Apuane.

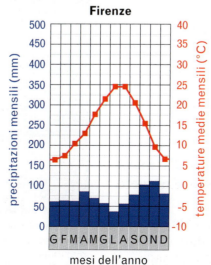

La striscia di spiaggia che collega i Monti dell'Uccellina al mare, nel Parco della Maremma.

Le regioni italiane **Toscana**

Quali sono le attività economiche più importanti?

Poiché il territorio è in prevalenza collinare, sono diffuse **colture** promiscue di cereali, leguminose, ortaggi e soprattutto ulivi e viti (famosi i vini del Chianti, figura D). Il settore della **floricoltura** è secondo solo a quello ligure. Sono diffusi gli **allevamenti** di suini e ovini. La pesca si concentra nei porti di Viareggio e Livorno, ma il Tirreno è un mare profondo e scarsamente pescoso. Importante è l'**attività estrattiva**, soprattutto di marmo sulle Alpi Apuane.

L'**industria** siderurgica si concentra a Piombino, quella petrolchimica a Livorno, quella tessile a Prato (figura E), quella motociclistica a Pontedera. Nell'area di Firenze è presente un'ampia varietà di industrie manifatturiere piccole e medie.

L'**energia geotermica** (cioè prodotta dal calore proveniente dal sottosuolo, che fuoriesce nelle aree vulcaniche) è sfruttata come fonte rinnovabile per la produzione di energia elettrica a Larderello nelle Colline Metallifere.

Molto produttivo è il **commercio** di prodotti *made in Italy*, soprattutto nel settore della moda.

Notevole peso ha il **turismo**, sia nelle città d'arte (Firenze, Pisa, Siena, ma anche molti piccoli centri), sia nelle località balneari, come la Versilia (Viareggio, Forte dei Marmi) e l'Isola d'Elba (figura F), sia nei centri termali (Montecatini, Chianciano).

Quali sono le infrastrutture?

La rete dei **trasporti** ha come perno centrale Firenze, ben collegata a Roma e Milano mediante l'Autostrada del Sole e la linea ferroviaria ad Alta Velocità. Lungo la costa, strade e autostrade collegano Massa, Pisa e Livorno con Genova. Da Firenze, a raggiera, partono i collegamenti con le altre città.

Il **porto** di Livorno è importante sia per i passeggeri diretti alle isole (comprese Sardegna e Corsica) sia per le merci e i container.

Vigneti nelle colline del Chianti.

Industria tessile a Prato.

L'Isola d'Elba ha un territorio molto montuoso (il Monte Capanne, nella foto, raggiunge i 1000 metri); la costa è frastagliata e presenta spiagge solo nelle insenature.

Dove vive la popolazione?

La popolazione si concentra nel Valdarno Inferiore, nell'area di Firenze (figura G), nella fascia pedemontana della Lucchesia e del Pistoiese e, infine, in Versilia.

In questa fotografia satellitare si vede la densità di insediamenti da Firenze (la macchia rossa spostata un po' in basso e a destra) fino a Pistoia (nella parte centrale della fotografia) e, lungo la valle dell'Arno, fino a Empoli (in basso a sinistra).

Quali sono i principali beni culturali e artistici?

I beni culturali sono eccezionali come quantità e come qualità: basti pensare che i musei di **Firenze**, in primo luogo gli Uffizi, attirano più visitatori di tutti gli altri musei italiani (sono secondi solo ai Musei Vaticani). La città (figura H), culla del Rinascimento, è poi sede di istituti d'arte e di restauro, di istituzioni musicali, accademie, università.

Ma la particolarità della Toscana è che il patrimonio culturale è diffuso in centri grandi e piccoli e anche in **borghi** isolati: oltre alle città maggiori (Firenze, Pisa, Siena, Lucca, Arezzo), Fiesole, Volterra (figura I), San Gimignano, Pienza, Montepulciano sono cittadine vivaci e al tempo stesso musei a cielo aperto costituiti da strade antiche, palazzi, torri, mura, fortezze, chiese, abbazie.

Impara a imparare

2 Usa tre colori diversi per sottolineare le attività principali dei tre settori dell'economia.

Firenze. Piazza della Signoria è il centro del potere civile. Palazzo Vecchio, caratterizzato dalla Torre di Arnolfo di Cambio, è la sede del Comune dalla fine del '200. Sullo sfondo, la Basilica gotica di Santa Croce.

Volterra, di antica origine etrusca, si sviluppò nel Medioevo grazie alla naturale difendibilità del luogo: un colle alla confluenza di due valli.

Le regioni italiane **Umbria**

10. Umbria

superficie	8464 km²
popolazione	896 742 ab.
densità	106 ab./km²
reddito pro capite	18 630 € (Italia = 19 660 €)
capoluoghi	Perugia (PG), Terni (TR)

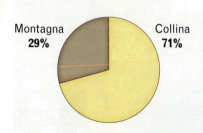

Il nome Umbria deriva dall'antico popolo degli *Umbri*, che abitavano nella regione prima degli Etruschi e dei Romani. La sua posizione, chiusa fra Marche, Toscana e Lazio, e la conformazione molto articolata del territorio, hanno reso difficili i rapporti con città più sviluppate, come Firenze e Roma. Nel Medioevo importanti Comuni come Perugia, Città di Castello, Gubbio, Assisi, Foligno, Spoleto, Orvieto, Todi e Narni hanno difeso a lungo la propria autonomia e le proprie tradizioni.

Quali sono le caratteristiche fisiche del territorio?

L'**Appennino Umbro-Marchigiano**, che comprende a sud i Monti Sibillini (Cima del Redentore, 2448 m), attraversa la regione a est.

Il paesaggio dominante dell'Umbria è quello delle **colline** coperte da boschi, prati e uliveti. Tra i rilievi collinari si aprono due lunghe valli: la Val Tiberina e la Valle Umbra. Altre zone pianeggianti sono le conche, un tempo occupate da laghi e quindi anche oggi fertili e ricche di acque, come la Piana di Castelluccio ai piedi dei Sibillini.

Il principale fiume è il Tevere, che nasce in Emilia-Romagna e sfocia in Lazio. Fra i suoi affluenti, il più ricco di acque è la Nera che, con il suo affluente Velino, forma la Cascata delle Marmore.

Il **Lago Trasimeno**, di origine tettonica, è esteso ma poco profondo (al massimo 6 m).

L'Umbria non ha sbocco sul mare.

Come sono il clima e la vegetazione?

Il clima è di tipo **appenninico** sui rilievi, ma nelle colline e ancor più nelle conche è mitigato dalla disposizione delle montagne, che ostacolano il passaggio delle masse d'aria provenienti dal nord e sono aperte all'influsso del Tirreno. Qui gli inverni non sono molto freddi e le estati sono fresche e ventilate.

L'Umbria è definita «verde» per il buon stato di conservazione degli ambienti naturali. L'area protetta più importante è il Parco Nazionale dei Monti Sibillini.

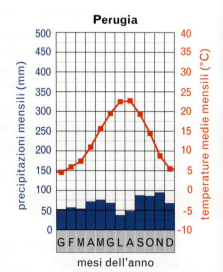

Quali sono le attività economiche più importanti?

L'**agricoltura** tradizionale si sta modificando verso produzioni specializzate e di qualità: nelle aree pianeggianti si coltivano grano, mais, tabacco; in collina prevalgono viti, ulivi e ortaggi (figura A). Molto sviluppato è l'**allevamento di suini**.

La disponibilità di energia idroelettrica ha favorito lo sviluppo dell'**industria**, che si è concentrata in pochi centri urbani. Un grande centro siderurgico e chimico si trova a Terni. Industrie alimentari, tessili, dell'abbigliamento e tipografiche si trovano soprattutto tra Perugia e Foligno. Sono diffuse anche le **lavorazioni artigianali**: ceramica, ferro battuto, legno.

Considerando che mancano attrazioni «di massa» come le spiagge o le stazioni sciistiche, è importante l'afflusso di **turisti**, attratti dai centri religiosi, dalle manifestazioni culturali e dal ricco patrimonio artistico.

Coltivazione di ulivi sulle colline che costeggiano la Valle Umbra.

Quali sono le infrastrutture?

Le principali vie di comunicazione della penisola non attraversano l'Umbria, eccetto l'autostrada A1 che per un breve tratto taglia la piana di Orvieto. Perugia e Terni sono collegate alla A1 con raccordi veloci.

Dove vive la popolazione?

Anche in Umbria le montagne si sono spopolate: un terzo degli abitanti vive fra il capoluogo di regione, **Perugia**, e Terni; un terzo nelle colline in case isolate; il restante terzo in piccoli centri della valle del Tevere, fra Città di Castello e Todi (figura B), e della Valle Umbra, tra Assisi e Spoleto.

Todi.

Quali sono i principali beni culturali e artistici?

Con la diffusione dello stile gotico, l'Umbria diventa centrale nella cultura artistica italiana; in particolare il cantiere della Basilica di San Francesco ad **Assisi** coinvolge per anni i più importanti artisti italiani, primo fra tutti Giotto; il duomo di **Orvieto** testimonia l'influenza dell'arte senese e francese.

L'arte si esprime anche nei monumenti non religiosi, come il Palazzo del Popolo a Orvieto, il Palazzo dei Consoli e il Palazzo Ducale a Gubbio, la Rocca di Spoleto, la Fontana Maggiore a Perugia.

Impara a imparare

1 Sottolinea nel testo le caratteristiche del clima nelle conche.

2 Individua nella carta tutti i Comuni medioevali citati nel testo. Si trovano in montagna o in collina? ....

Le regioni italiane **Marche**

11. Marche

superficie	9401 km²
popolazione	1 553 138 ab.
densità	160 ab./km²
reddito pro capite	18 310 € (Italia = 19 660 €)
capoluoghi	Ancona (AN), Pesaro e Urbino (PU), Ascoli Piceno (AP), Macerata (MC), Fermo (FM)

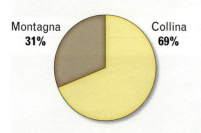

Il nome di questa regione deriva dal fatto che nel Medioevo i feudi maggiori erano distinti in marche (che significava «terre di confine») e contee. Il territorio compreso fra lo spartiacque dell'Appennino e il mare, fra la valle del Marecchia e quella del Tronto, era suddiviso in diverse marche che hanno avuto un periodo di grande sviluppo nel Rinascimento sotto la signoria dei Montefeltro; poi sono entrate a far parte dello Stato della Chiesa fino all'Unità d'Italia.

Quali sono le caratteristiche fisiche del territorio?

La regione si può suddividere in fasce parallele.

Una fascia comprende il versante adriatico dell'**Appennino Umbro-Marchigiano**, non molto elevato, e i **Monti Sibillini**, ben più alti (Monte Vettore, 2476 m).

Le **colline** digradano dolcemente verso il mare, con una sottile fascia pianeggiante costiera. I fiumi scendono dall'Appennino formando valli fra loro parallele. Sono tutti abbastanza brevi (il Metauro è il più lungo), perché lo spartiacque è vicino al mare, e a carattere torrentizio.

La **costa** marchigiana si allunga sul Mare Adriatico per 170 km. È rettilinea, bassa e sabbiosa, a eccezione del tratto centrale dove diventa alta e scoscesa per la presenza del promontorio del Monte Cònero.

Come sono il clima e la vegetazione?

Lungo la costa prevale un clima di tipo **adriatico**, con modeste escursioni termiche. Sui rilievi, il clima è **appenninico** con abbondanti precipitazioni, specie nelle stagioni intermedie, e neve frequente nei mesi invernali.

Gli ambienti naturali sono ben conservati; sono presenti due parchi nazionali – Monti Sibillini e Parco del Gran Sasso e dei Monti della Laga – e diversi parchi regionali.

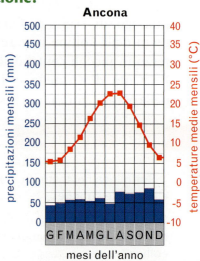

Quali sono le attività economiche più importanti?

La conformazione del territorio ha sempre reso difficile l'**agricoltura**, ancora oggi poco importante. I prodotti principali sono grano duro, uva, ortaggi e girasoli. Notevole è invece l'attività della **pesca** (figura A): i pescherecci utilizzano una serie di porti da Pesaro a San Benedetto del Tronto, che è il più importante.

L'industria è nata grazie alla diffusione di **piccole e medie imprese** (figura B), spesso a conduzione familiare. Oggi è cresciuta in molti settori specializzandosi nella produzione di elettrodomestici, calzature, abbigliamento, mobili. La ricerca di manodopera a basso costo ha però determinato in molti casi la delocalizzazione.

Fortemente sviluppato è il **turismo**, soprattutto nelle località balneari del litorale.

Pescatori nel porto di Ancona.

A Fabriano è antichissima la produzione di carta, tuttora molto attiva; qui si produce quella delle banconote dell'euro.

Impara a imparare

1 Individua e cerchia nella carta i nomi dei fiumi che scendono a pettine verso la costa.

2 Sottolinea nel testo l'attività più importante del settore primario nelle Marche.

Quali sono le infrastrutture?

La **direttrice principale** (autostrada, ferrovia e statale) corre lungo la costa; da essa partono le vie di comunicazione che raggiungono l'interno attraverso i fondovalle.

Il **porto** di Ancona, capoluogo di regione, è un importante scalo delle rotte adriatiche (sia merci sia passeggeri), in particolare verso Croazia e Grecia.

Dove vive la popolazione?

Mancano grandi metropoli e prevale invece una fitta rete di **centri piccoli e medi** sia sulla costa, più intensamente urbanizzata (Pesaro, Fano, Senigallia, Ancona, San Benedetto del Tronto), sia nei fondovalle (Jesi, Fabriano, Tolentino, Ascoli Piceno), sia in posizione dominante sulle colline (Urbino, Osimo, Macerata, Fermo, Camerino).

Quali sono i principali beni artistici?

La regione ha una storia molto ricca, documentata negli oltre 200 musei sparsi su tutto il territorio. Tutti i **borghi collinari** (figura C) hanno conservato e restaurato il centro storico, caratterizzato spesso da una pianta irregolare che segue l'andamento del terreno: lungo le strade si alternano piazze, palazzi, chiese, conventi, teatri, spesso chiusi fra antiche mura.

Il Palazzo Ducale di Urbino.

Le regioni italiane **Lazio**

12. Lazio

superficie	17 232 km²
popolazione	5 870 451 ab.
densità	341 ab./km²
reddito pro capite	22 160 € (Italia = 19 660 €)
capoluoghi	Roma (Roma), Latina (LT), Viterbo (VT), Frosinone (FR), Rieti (RI)

- Montagna **26%**
- Pianura **20%**
- Collina **54%**

Il Lazio è una regione in posizione centrale, prevalentemente collinare e pianeggiante, che i Latini chiamavano *latus*, che significa letteralmente «ampio».

Lungo il corso inferiore del Tevere si è sviluppata Roma, capitale di un vasto impero che ha avuto un'enorme influenza in tutto il bacino del Mediterraneo. Diventata poi capitale dello Stato della Chiesa e sede del Pontefice della Chiesa Cattolica (figura **A**), e infine capitale d'Italia, ha assunto l'aspetto di una metropoli con straordinarie testimonianze storiche e artistiche e ha attratto intorno a sé la maggior parte della popolazione e delle attività economiche e culturali della regione.

Città del Vaticano e San Pietro a Roma.

Quali sono le caratteristiche fisiche del territorio?

La regione si può suddividere in 3 fasce.

Una **fascia montuosa** è composta dall'Appennino Abruzzese con i monti Sabini, Simbruini, Ernici. Molte delle loro vette superano i 2000 metri, come per esempio il monte Terminillo (2213 m, figura B).

Una **fascia collinare** centrale è caratterizzata dai rilievi isolati dei monti Volsini, Cimini, Sabatini e dei Colli Albani, antichi vulcani. Più a sud, l'Antiappennino comprende i monti Lepini, Ausoni e Aurunci.

Una **fascia pianeggiante** è composta da Maremma Laziale, Agro Romano e Agro Pontino, il più ampio. Questi erano un tempo territori paludosi e malarici: furono bonificati nel secolo scorso.

Il principale **fiume** è il Tevere, terzo per lunghezza in Italia. Il suo affluente più importante è l'Aniene. Altro fiume è il Liri che riceve le acque del Sacco e, dopo la confluenza col Gari, dà origine al Garigliano.

I principali **laghi** del Lazio si sono formati nei crateri di vulcani spenti, pertanto sono profondi e di forma circolare: Bolsena (il più grande), Vico, Bracciano, Albano e Nemi.

Il Lazio si affaccia sul mar Tirreno con un profilo costiero di oltre 280 km. Le **coste**, un tempo paludose, sono in prevalenza basse e sabbiose; sono rocciose verso sud col Capo Circeo (figura C) e il Promontorio di Gaeta.

Al Lazio appartiene anche l'arcipelago delle **Ponziane** (o Pontine). Le isole principali sono Ponza (a 35 km dal promontorio del Circeo) e Ventotene, la più lontana.

Come sono il clima e la vegetazione?

Nelle zone in pianura e in collina il clima è di tipo **tirrenico**; sui rilievi aumentano l'escursione termica e le precipitazioni, che d'inverno sono spesso nevose.

In un territorio con una storia tanto antica e così fortemente urbanizzato, la difesa degli **ambienti naturali** si concentra prevalentemente in alta montagna (Parco Nazionale d'Abruzzo, Parco Nazionale del Gran Sasso e dei Monti della Laga) e lungo le rive dei fiumi, dove le aree protette tutelano gli ecosistemi e in particolare l'habitat degli uccelli migratori. Al Circeo anche l'ecosistema marino fa parte di un parco nazionale.

Monte Terminillo.

Il Capo Circeo.

Impara a imparare

1 Mentre leggi il testo, individua sulla carta le tre fasce in cui si divide il territorio laziale.

2 Recupera i concetti studiati.

a. I laghi vulcanici occupano ....
....

b. La vegetazione spontanea del clima tirrenico è la ....

Le regioni italiane Lazio

Quali sono le attività economiche più importanti?

L'**agricoltura** è sviluppata nelle aree pianeggianti: con tecniche moderne in aziende medio-grandi si producono ortaggi, olive, uva e cereali. Sono presenti molte aziende che praticano la **floricoltura** utilizzando anche i vivai. In collina e montagna è più sviluppato l'**allevamento**, in particolare quello di ovini e bufali per la produzione di latte e latticini (figura D).

Nelle province di Roma e Frosinone e nell'area tra Aprilia e Latina sono sorte molte **zone industriali**, anche con produzioni ad alta tecnologia come quella elettronica e farmaceutica. Il Lazio possiede inoltre **centrali termoelettriche**, che gli permettono di esportare energia in altre regioni.

Il **terziario** è il settore che in modo abnorme (oltre il 75%) occupa la maggior parte dei lavoratori. Le principali attività restano quelle legate alla **pubblica amministrazione** e, soprattutto, al **turismo**: Roma è al primo posto per afflusso di turisti, grazie anche alla presenza della Città del Vaticano (figura E).

Un gregge di pecore in provincia di Viterbo.

Turisti in fila per visitare la Basilica di San Pietro.

Quali sono le infrastrutture?

«Tutte le strade portano a Roma» dice un antico proverbio, ancor oggi valido.

La capitale (che è il capoluogo di regione) è il fulcro di tutti i collegamenti con le altre province ed è il **centro delle direttrici** autostradali e ferroviarie che collegano il nord con il sud dell'Italia e la costa tirrenica con quella adriatica (figura F).

L'**aeroporto** internazionale di Fiumicino è il primo in Italia per passeggeri.

Sul litorale, il **porto** più importante è Civitavecchia, attivo soprattutto per i collegamenti, anche turistici, con la Sardegna.

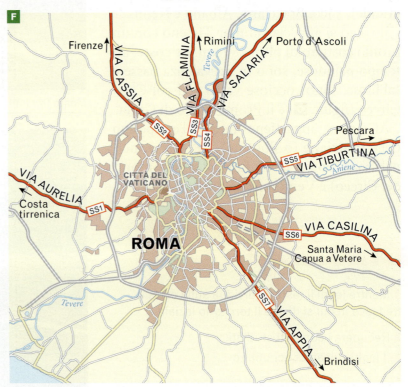
Tuttora le strade statali più importanti, numerate da 1 a 7, ripercorrono il tracciato delle strade consolari romane.

Dove vive la popolazione?

Un laziale su due vive all'interno del comune di Roma, che per decenni ha attratto migliaia di persone dalla campagna e dalla montagna. Oggi questa tendenza si è arrestata, anzi si assiste a un calo degli abitanti della città a favore dei comuni limitrofi, dove le case costano meno e la vita è meno caotica.

Quali sono i principali beni culturali e artistici?

Dal Rinascimento all'età barocca tutti i maggiori artisti d'Europa hanno lavorato a **Roma** alla corte dei Papi. Oggi la città – che è detta la Città Eterna per la sua lunga storia – attira turisti da tutto il mondo; i beni culturali di maggior richiamo sono i fori romani (figura G) e il Colosseo, il Campidoglio, la Basilica di San Pietro e i Musei Vaticani, le decine di chiese medioevali, rinascimentali e barocche (figura H), le ville di principi e cardinali. Anche le attività culturali si concentrano a Roma: numerose università, musei, istituti di cultura italiani e stranieri, biblioteche, studi cinematografici, teatri, orchestre e accademie musicali.

Nell'area a nord di Roma sono particolarmente importanti le testimonianze archeologiche della **civiltà etrusca** (figura I).

Il Foro Romano era il luogo di incontro posto ai piedi del colle Palatino e del Campidoglio. Sullo sfondo si intravede il Colosseo.

La chiesa di Sant'Ivo alla Sapienza, realizzata dall'architetto Francesco Borromini nel Seicento.

A Roma, nel museo di Villa Giulia, è conservato questo sarcofago che risale al VI secolo a.C. ed è stato ritrovato nella necropoli etrusca di Cerveteri.

Impara a imparare

3 Mentre leggi crea un elenco delle attività più importanti dei tre settori in Lazio.

- primario: ....
  ....
  ....
- secondario: ....
  ....
- terziario: ....
  ....

Le regioni italiane **Abruzzo**

13. Abruzzo

superficie	10 832 km²
popolazione	1 333 939 ab.
densità	123 ab./km²
reddito pro capite	16 670 € (Italia = 19 660 €)
capoluoghi	L'Aquila (AQ), Pescara (PE), Chieti (CH), Teramo (TE)

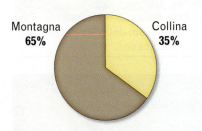

Montagna 65% — Collina 35%

L'Abruzzo è compreso fra le montagne più alte dell'Appennino e il Mare Adriatico. Le asperità del territorio resero difficile la colonizzazione romana. Da un antico ducato longobardo, *Aprutium*, forse nasce il nome attuale. Nel tardo Medioevo queste terre entrarono a far parte del Regno di Napoli, furono sottomesse alla Spagna e poi ai Borboni fino all'Unità d'Italia.

L'Aquila è il capoluogo di regione.

Quali sono le caratteristiche fisiche del territorio?

Il territorio è prevalentemente montuoso. Fra i monti Simbruini e della Marsica, al confine con il Lazio, e le cime più elevate del **Gran Sasso** (2912 m, figura A) e della **Maiella** (2795 m), si estendono conche pianeggianti, a un'altitudine media di 600 metri circondate dalle montagne. La più ampia è la **Conca del Fucino**, grande lago bonificato.

Dalle cime e dai massicci interni, il territorio scende rapidamente al mare con una fascia di **catene collinari**.

Tutta l'area montuosa è soggetta a frequenti terremoti.

I **corsi d'acqua** della regione hanno una portata d'acqua regolare. Il Tronto, al confine con le Marche, l'Aterno-Pescara, il Sangro e il Trigno, al confine con il Molise, sfociano tutti nell'Adriatico.

L'unico **lago** naturale è lo Scanno, originato anticamente da una frana. Numerosi sono i laghi artificiali, creati lungo i fiumi per la produzione di elettricità.

La costa della regione è uniforme, bassa e sabbiosa, priva di porti naturali.

Dalla Cima del Gran Sasso si vede il mare.

Come sono il clima e la vegetazione?

Il clima è **adriatico** sulle coste, mentre sui rilievi è **appenninico**, con inverni nevosi.

Il paesaggio prevalente in alta montagna è il pascolo, destinato per lo più all'allevamento estivo degli ovini.

Quasi il 30% del territorio è protetto grazie a tre **parchi nazionali**: il Parco del Gran Sasso, il Parco della Majella, il Parco d'Abruzzo. I boschi sono l'habitat di molte specie ormai rare in Italia, come lupi e orsi.

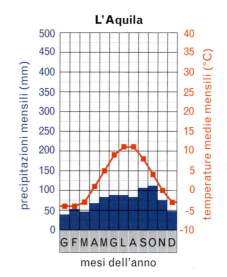

La raccolta dello zafferano.

Quali sono le attività economiche più importanti?

Per secoli l'attività economica prevalente è stata l'**allevamento** degli ovini e l'agricoltura per il consumo familiare. Oggi le tecniche sono moderne: in collina prevalgono ortaggi, viti e olivi, mentre nelle conche interne dominano cereali e piante industriali, come barbabietola e tabacco. Tipiche sono le coltivazioni di liquirizia e zafferano (figura B).

Le **industrie** alimentari e quelle destinate alla produzione di beni di consumo (abbigliamento, pelletteria, arredamento e calzature) si concentrano sulla costa, soprattutto nell'area Pescara-Chieti.

In aumento è l'afflusso **turistico** nei parchi naturali e soprattutto nelle località balneari.

Quali sono le infrastrutture?

Pescara è il centro delle vie di comunicazione: è attraversata dalla linea ferroviaria, dalla strada statale e dall'autostrada, da cui si diramano due tratti che tagliano l'Appennino e conducono a Roma.

Dove vive la popolazione?

Le montagne si sono costantemente spopolate a favore dei centri più vicini alla costa. Un terzo degli abruzzesi vive nei capoluoghi di provincia, il resto nelle città medio-piccole; la città più popolosa è Pescara.

Quali sono i principali beni culturali?

Chiese, abbazie (figura C) ed eremi, spesso isolati e arroccati sui monti, costituiscono una parte importante del patrimonio culturale della regione. Nelle **cattedrali** dei capoluoghi maggiori hanno operato importanti architetti, pittori e scultori. Ma anche i centri minori conservano beni culturali, che comprendono anche prodotti di preziosissimo artigianato: le ceramiche a Castelli, l'oreficeria e le filigrane a Sulmona e a L'Aquila, i merletti a Scanno, oggetti in rame e ferro battuto in tutta la regione.

L'abbazia di Collemaggio a l'Aquila.

Impara a imparare

1 Recupera i concetti studiati.
Scrivi la definizione di:

conca ....
....

2 Osserva la carta e individua le zone dove si svolgono le attività dei tre settori economici.

Le regioni italiane **Molise**

14. Molise

superficie	4461 km²
popolazione	314 725 ab.
densità	71 ab./km²
reddito pro capite	15 200 € (Italia = 19 660 €)
capoluoghi	Campobasso (CB), Isernia (IS)

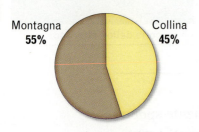

Montagna **55%** — Collina **45%**

Il Molise è una piccola regione compresa tra l'Appennino e l'Adriatico, distaccatasi dalla regione Abruzzo nel 1963. La zona montuosa si chiama Sannio, e i Sanniti erano i suoi abitanti prima della dominazione romana. In epoca medioevale, i Normanni chiamarono questa terra Contea di Molise, dal nome di un antico castello. Pur facendo parte del Regno di Napoli fino all'Unità d'Italia, il Molise rimase sempre isolato e con un'economia arretrata. La povertà ha provocato continui spostamenti di popolazione: da un lato molti molisani sono emigrati soprattutto verso Brasile, Argentina e Canada; dall'altro lato, nei secoli passati, piccoli gruppi di slavi e albanesi hanno cercato rifugio nei suoi borghi e tuttora conservano in parte la propria lingua e le antiche tradizioni.

dolcemente fino al mare. La zona è sismica e il rischio di frane è alto.

I **corsi d'acqua** che sfociano nell'Adriatico sono a carattere torrentizio con accentuate magre estive; i principali sono il Trigno, il Biferno e il Fortore.

I **laghi** più estesi sono bacini artificiali formati sbarrando il corso dei fiumi.

La **costa** del Molise è breve, bassa e uniforme.

Quali sono le caratteristiche fisiche del territorio?

L'**Appennino Sannita**, che attraversa la regione, non ha l'aspetto di una catena ma di un insieme irregolare di massicci calcarei incisi da valli profonde: la Meta al confine con l'Abruzzo, le Mainarde con il Lazio, e il Matese (figura A) con la Campania (monte Miletto, 2050 m). Una **fascia collinare** digrada

A — I monti del Matese, alle spalle di Bojano.

Come sono il clima e la vegetazione?

Il clima è **adriatico** sulle coste e sulle colline, **appenninico** sui rilievi con inverni rigidi e nevosi.

Il territorio è molto interessante dal punto di vista naturalistico: comprende un piccolo tratto del Parco Nazionale d'Abruzzo e diverse riserve naturali.

Quali sono le attività economiche più importanti?

L'**agricoltura** tradizionale e la pastorizia transumante sono scomparse ma non è nata un'agricoltura commerciale moderna e produttiva. Nei fondovalle e nelle colline si coltivano cereali, patate e olive. Termoli è un importante centro peschereccio.

Lo **sviluppo industriale** è stato piuttosto modesto nonostante la presenza di impianti FIAT a Termoli e di industrie alimentari, del mobile e delle confezioni nelle zone di Isernia e Campobasso.

Alcuni paesi hanno conservato le antiche **tradizioni artigianali**: a Scapoli le zampogne, a Frosolone forbici e coltelli, ad Agnone le campane (figura B).

Il **settore terziario**, principalmente la pubblica amministrazione, occupa comunque il maggior numero di lavoratori.

Nonostante tutta la regione abbia grandi bellezze naturali e interessanti monumenti storici, il **turismo** si concentra d'estate nelle località balneari.

Quali sono le infrastrutture?

La direttrice principale è l'autostrada adriatica, la rete ferroviaria è molto carente. L'unico porto della regione è Termoli.

Impara a imparare

1 Individua nella carta gli elementi naturali che segnano il confine con le regioni limitrofe.

2 Sottolinea nel testo con due colori diversi l'attività economica più importante nel passato e quella attuale.

Dove vive la popolazione?

Nei centri maggiori – Campobasso (capoluogo di regione), Termoli, Isernia – vive un terzo della popolazione. Ma la maggior parte risiede in piccoli comuni sparsi nel territorio, lontani dalle principali vie di comunicazione, con meno di mille abitanti.

Quali sono i principali beni culturali e artistici?

Oltre alle testimonianze del periodo sannitico e romano (figura C), beni culturali importanti sono le chiese romaniche e gotiche presenti in ogni centro storico.

La cultura molisana è legata all'attività contadina e alla vita rurale. Oggi si cerca di proteggere le testimonianze di quel mondo a partire dai tratturi, vie di comunicazione campestri per le greggi, che univano il mare alla montagna.

Produzione di campane ad Agnone.

Le rovine romane di Sepino (CB). La città è nata all'incrocio fra il tratturo più importante e la via che collega il Matese al mare.

Le regioni italiane **Campania**

15. Campania

superficie	13 671 km²
popolazione	5 869 965 ab.
densità	429 ab./km²
reddito pro capite	16 360 € (Italia = 19 660 €)
capoluoghi	Napoli (NA), Salerno (SA), Caserta (CE), Benevento (BN), Avellino (AV)

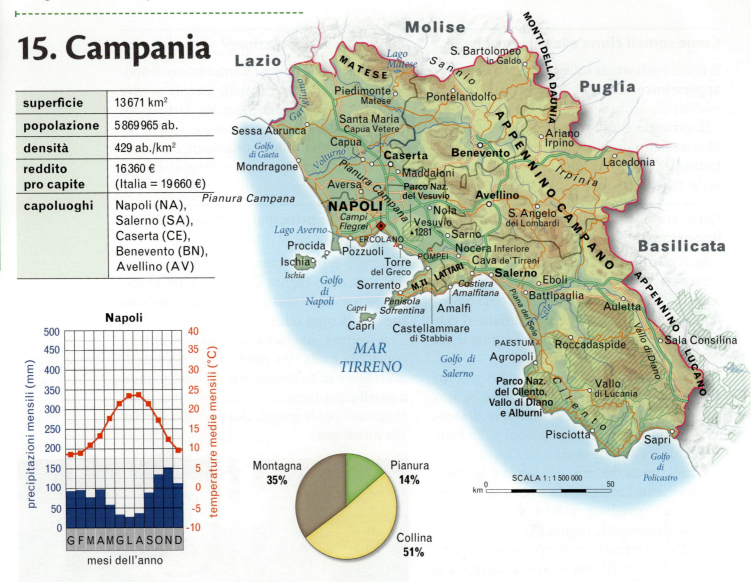

La Campania è compresa fra l'Appennino e il Mar Tirreno.

La sua storia inizia ben prima della dominazione romana: Cuma, Paestum e Napoli (*Neapolis*) sono infatti colonie greche (figura A), Capua è etrusca. Da Capua, o dal latino *campus* (= pianura), deriva il nome della regione.

Nel tardo Medioevo è stata una delle regioni più ricche d'Europa sotto il dominio degli Angioini e degli Aragonesi, finché la Spagna si impossessò del regno affidandolo a un viceré.

Lo sfruttamento delle sue risorse e gli abusi praticati dalla nobiltà locale causarono un progressivo aumento della povertà e la conseguente arretratezza economica e culturale della regione.

Napoli è il capoluogo di regione.

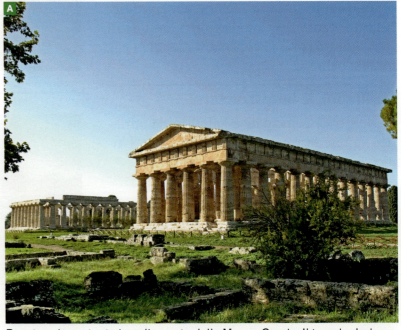

Paestum, importante insediamento della Magna Grecia. Il tempio dorico di Era a Paestum fu costruito dai coloni greci nel V secolo a.C.

Quali sono le caratteristiche fisiche del territorio?

La regione si può suddividere in 2 fasce.

La **fascia montuosa**, molto estesa, è composta da due allineamenti paralleli, uno più interno (monti del Matese, monti del Sannio, Appennino Campano e Lucano) e uno intermedio, formato dai monti dell'Irpinia e del Cilento (figura B).

A ridosso del mare si elevano i Lattari, che formano la Penisola Sorrentina, e alcuni coni di origine vulcanica di cui il più importante – e ancora attivo – è il **Vesuvio**. Si ritiene che la formazione del Vesuvio risalga a circa 30-40 000 anni fa. Durante successive eruzioni il vulcano ha cambiato la propria forma: la sommità della montagna è collassata e si è formato un nuovo cono (figura C). Attualmente il vulcano è in fase di temporaneo riposo.

La **fascia pianeggiante**, un tempo paludosa, è molto fertile e fittamente abitata. La Pianura Campana, vulcanica, è la più vasta, seguita dalla Piana del Sele, alluvionale.

Il **fiume** principale è il Volturno, che sfocia nel Golfo di Gaeta. Il secondo è il Sele, che sbocca nel Golfo di Salerno.

I **laghi** maggiori sono il Matese, di origine carsica, e l'Averno, che occupa il fondo di un cratere vulcanico.

La **costa** non è uniforme ma forma gli ampi golfi di Gaeta (a metà con il Lazio), Napoli, Salerno e Policastro (a metà con la Basilicata).

Poco lontane dalle coste si trovano le isole di Ischia, Procida e Capri.

Come sono il clima e la vegetazione?

Il clima è **tirrenico** sulle coste, **appenninico** nella fascia montuosa.

Alcune zone montuose e costiere sono aree protette, ma la grande densità di popolazione e di costruzioni ha profondamente alterato gli equilibri ambientali. Il rischio sismico e idrogeologico è molto elevato.

Anche il mare meriterebbe maggior protezione, sopratutto a causa del fatto che l'agricoltura intensiva e gli scarichi abusivi provocano situazioni di grave **inquinamento**.

I monti del Cilento.

Impara a imparare

1 Individua nella carta la Pianura Campana e il vulcano da cui ha origine e la Piana del Sele insieme al fiume che l'ha prodotta.

2 Rintraccia nella carta ed elenca i parchi nazionali presenti in Campania:

- ....
- ....

Il paesaggio circostante il Vesuvio è influenzato dalla presenza del vulcano: i suoli della Pianura Campana sono resi particolarmente fertili dai materiali eruttati. La zona pianeggiante ai piedi del vulcano ha favorito gli insediamenti fin dai tempi delle colonie romane di Pompei, Ercolano e Stabia. Gli abitanti di questi centri furono costretti ad abbandonare le proprie case in seguito alla catastrofica eruzione del 79 d.C., che li sommerse di nubi di cenere e pomici. Oggi le pendici del vulcano sono densamente abitate; in queste zone i rischi in caso di eruzione sono molto alti.

Le regioni italiane Campania

Quali sono le attività economiche più importanti?

L'**agricoltura** è un settore importante dell'economia campana grazie alla fertilità dei suoli vulcanici. Sono diffuse alcune colture specializzate: nelle pianure costiere si coltivano ortaggi (figura D), alberi da frutto, olivo e vite. Una parte del prodotto è destinata alla trasformazione nelle industrie alimentari, che sono numerose nella regione.

Molto diffuso è l'**allevamento** di bufali per la produzione di latticini (in particolare la mozzarella).

Le **industrie** – meccaniche, petrolchimiche, cantieristiche, elettroniche, alimentari, tessili, calzaturiere – sono più sviluppate nelle province di Napoli, Salerno e Caserta.

A Napoli una buona parte di attività del settore **terziario** si è concentrata nel complesso di grattacieli del Centro Direzionale (figura E).

Molto importante è il **turismo**, favorito dal clima mite, dalle bellezze naturali e dalla presenza di siti archeologici unici al mondo. Le zone balneari più frequentate sono Capri, Ischia, la Penisola Sorrentina e la Costiera Amalfitana. Sono un'importante attrazione anche le zone vulcaniche, i Campi Flegrei e il Vesuvio. I siti archeologici di Pompei, Ercolano e Paestum, oltre alla stessa città di Napoli, sono tra le località di interesse storico-culturale più visitate.

Quali sono le infrastrutture?

La principale **direttrice** è quella costiera percorsa dalla linea ferroviaria ad Alta Velocità (fino a Salerno) e dall'Autostrada del Sole, con il suo prolungamento verso la Calabria e verso la Puglia. L'area di Napoli è servita da un'ampia rete di ferrovie locali, percorsa da treni molto frequenti, che attenuano la situazione di continua congestione del traffico fra il capoluogo e i centri urbani vicini.

Napoli è il **porto** più importante (figura F), sia per i passeggeri che per le merci, seguito da Salerno.

Raccolta di pomodori nella Piana del Sele.

I grattacieli del Centro Direzionale di Napoli

Il porto di Napoli.

Dove vive la popolazione?

La Campania è la regione italiana con la più **alta densità** di abitanti. La popolazione si addensa sulla costa, che è un susseguirsi di centri urbani senza interruzioni.

Le zone interne, in particolare i massicci del Matese, e la zona del Cilento sono quasi spopolate.

Napoli è stata per secoli la città più popolosa d'Italia e oggi si è espansa fino a raggiungere i comuni che sorgono alle pendici del Vesuvio e Caserta, formando così una *conurbazione*. La seconda grande città della regione è Salerno.

Quali sono i principali beni culturali e artistici?

La regione ha una storia artistica lunghissima, dai templi di **Paestum**, ai mosaici e agli affreschi di **Pompei** (figura G), fino alle cattedrali arabo-normanne di Salerno e di **Amalfi** (figura H), ma soprattutto alle chiese gotiche (Santa Chiara), ai castelli (Castel Nuovo) e ai palazzi barocchi di **Napoli**.

A **Caserta** il monumento più importante è la Reggia borbonica con splendidi giardini, che sono stati dichiarati dall'UNESCO Patrimonio dell'umanità (figura I).

Napoli primeggia anche nel campo delle istituzioni culturali, a partire dall'Università Federico II e dal teatro San Carlo.

Il Duomo di Amalfi. Le preziose decorazioni (e soprattutto il chiostro interno in stile arabo) testimoniano l'importanza dei commerci tra la Repubblica Marinara di Amalfi e l'Oriente.

Affreschi nella Casa dei Vettii, domus romana che si trova nel sito archeologico di Pompei.

Nel Settecento, re Carlo di Borbone decise di costruire a Caserta una reggia che potesse rivaleggiare con le altre residenze reali europee, come Versailles. Il palazzo ha una pianta rettangolare formata da diversi edifici affacciati su quattro grandi cortili interni. La facciata principale, lunga 250 metri e alta 5 piani, dà sul magnifico parco.

Impara a imparare

3 Sottolinea nel testo la definizione di *conurbazione*.

4 Cerca nel testo le zone più densamente popolate e le zone dove si concentra l'attività industriale, e confrontale.

Le regioni italiane **Puglia**

16. Puglia

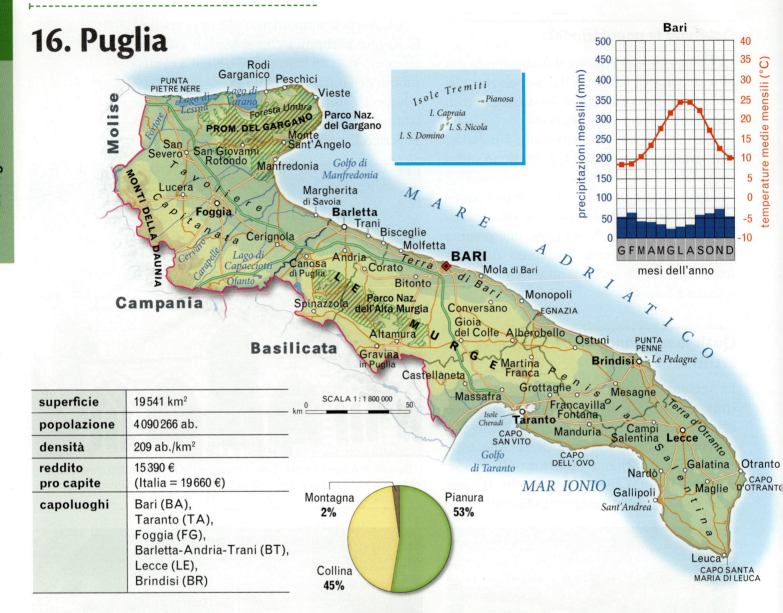

superficie	19 541 km²
popolazione	4 090 266 ab.
densità	209 ab./km²
reddito pro capite	15 390 € (Italia = 19 660 €)
capoluoghi	Bari (BA), Taranto (TA), Foggia (FG), Barletta-Andria-Trani (BT), Lecce (LE), Brindisi (BR)

Montagna 2%
Collina 45%
Pianura 53%

I Romani chiamavano *Apulia* questa terra compresa fra l'Adriatico e lo Ionio. Durante il Medioevo ebbe un ruolo importante sotto la dominazione dei Normanni e soprattutto degli imperatori svevi (figura A): era una regione ricca, anche grazie ai traffici con l'Oriente.

La Puglia entrò poi a far parte del Regno di Napoli e ne seguì le vicende, prima sotto la dominazione spagnola, poi sotto quella borbonica, diventando una terra di estesi latifondi di proprietà di famiglie nobili.

Bari è il capoluogo di regione.

Castel del Monte, edificato da Federico II nel XIII secolo.

Quali sono le caratteristiche fisiche del territorio?

Se si escludono i modesti rilievi della Daunia e del **Promontorio del Gargano**, che superano di poco i 1000 m, il territorio è dominato dalle **Murge**, un altopiano lungo 150 km con altitudine tra i 400 e i 680 metri. È un rilievo composto da rocce calcaree molto permeabili nelle quali l'acqua filtra in profondità scavando grotte e altre forme carsiche. Una forma tipica è quella delle *gravine*, incisioni simili a canyon, pofonde anche più di 100 metri (figura B).

Le pianure sono molto estese e oggi ben irrigate: il **Tavoliere** a nord, la **Terra di Bari** a est, la **Penisola Salentina** a sud.

I **fiumi** della Puglia sono tutti a carattere torrentizio e, a causa del terreno calcareo, la loro portata d'acqua è molto modesta: i principali sono il Fortore, al confine col Molise, e l'Ofanto, al confine con la Basilicata.

I **laghi** principali sono quelli costieri di **Varano** e di **Lesina** sulla costa del Gargano.

La Puglia si allunga fra il Mar Adriatico e lo Ionio con un **litorale** molto vario: alto e roccioso sul promontorio del Gargano; basso e sabbioso tra Manfredonia e Capo d'Otranto; prevalentemente roccioso e ricco di grotte marine nelle coste adriatiche della Penisola Salentina fino a Capo Santa Maria di Leuca; prevalentemente sabbioso sullo Ionio.

Al largo del Gargano si trova l'arcipelago delle **Isole Tremiti**.

La città di Gravina in Puglia, nelle Murge, prende il nome proprio dalla gravina accanto alla quale è stata costruita.

Come sono il clima e la vegetazione?

Trattandosi di un territorio stretto e allungato fra due mari, in quasi tutta la regione il clima è **mediterraneo**, con inverni miti ed estati lunghe e secche. Le scarse precipitazioni sono concentrate nei mesi invernali.

La vegetazione spontanea predominante è la **macchia mediterranea**; prevalgono le piante che tollerano la siccità.

Il territorio comprende i parchi naturali del **Gargano** (figura C) e dell'**Alta Murgia**.

Il Parco Nazionale del Gargano comprende una eccezionale concentrazione di habitat diversi, che vanno dalle coste alte e rocciose, alle grotte carsiche, alle lagune costiere, alle faggete e alle pinete. Il parco ha una fauna ricchissima, in quanto tappa obbligata lungo le rotte migratorie degli uccelli acquatici tra l'Africa e l'Europa.

Impara a imparare

1 Dopo aver letto il testo, evidenzia nella carta con due colori diversi il profilo delle coste basse e delle coste alte.

2 Rintraccia nel testo il motivo per il quale i fiumi pugliesi hanno una portata d'acqua molto scarsa.

Le regioni italiane Puglia

Quali sono le attività economiche più importanti?

Un ruolo di primaria importanza è svolto dall'**agricoltura**, che è caratterizzata da colture specializzate: per esempio, il grano duro nel Tavoliere, gli olivi nel Salento e nelle Murge, i vigneti e gli alberi da frutto nella Terra di Bari (figura D).

La carenza di acqua è solo in parte compensata dall'Acquedotto Pugliese che utilizza risorse idriche dell'Irpinia, della Basilicata e delle falde sotterranee pugliesi.

La regione è al primo posto in Italia per la **pesca**.

Le **attività industriali** sono concentrate nelle aree di Taranto (siderurgia), Brindisi (petrolchimica), Bari e Foggia (meccanica), Altamura (arredamento). L'industria più importante è quella alimentare.

In Puglia sono diffusi gli impianti per la produzione di energia elettrica da fonte eolica (figura E).

Il **terziario** occupa la maggior parte dei lavoratori. Bari è il polo più importante per il commercio, per i servizi alle imprese (finanza, assicurazioni) e per la ricerca tecnologica. In forte crescita è anche il **turismo**, grazie alle attrattive naturali e culturali della regione (figura F).

Quali sono le infrastrutture?

Due **autostrade** collegano la Puglia al Nord Italia e a Napoli. I capoluoghi non serviti dall'autostrada (Brindisi e Lecce) sono collegati a essa mediante veloci superstrade. Lungo tutto il litorale corre anche la statale Adriatica.

È invece carente la rete ferroviaria, ad eccezione della linea Bari-Milano, ad Alta Velocità.

Sull'Adriatico i **porti** di Bari, Brindisi, Otranto sono molto importanti per i collegamenti con Croazia, Albania, Grecia e Turchia; quello di Taranto, sullo Ionio, è prevalentemente commerciale (per i container) e militare.

Vigneti e altre coltivazioni in provincia di Bari.

Pale eoliche nei rilievi della Daunia.

Gallipoli, fondata come colonia greca, è una rinomata meta turistica. La città antica si trova su un'isoletta, collegata alla terraferma da un ponte.

Dove vive la popolazione?

Anche se la campagna ha un aspetto quasi spopolato, in realtà nelle zone rurali la densità di popolazione è piuttosto alta: infatti la scarsità d'acqua e la tradizione del latifondo hanno favorito lo sviluppo di grossi centri rurali con un elevato numero di abitanti (figura G), collegati fra loro da una fitta rete di strade.

Fra i capoluoghi di provincia, Bari è nettamente la città più popolosa.

Francavilla Fontana è un grosso comune della provincia di Brindisi.

Quali sono i principali beni culturali e artistici?

La storia millenaria della Puglia può essere conosciuta attraverso le testimonianze archeologiche della colonizzazione **greca**, conservate soprattutto a Taranto.

Al Medioevo risalgono invece le numerose **cattedrali** costruite in pietra bianca a Trani, Bari (figura H), Bitonto, Altamura, Otranto, e i **castelli**, primo fra tutti quello di Federico II a Castel del Monte (Andria).

A **Lecce** chiese e palazzi vennero rinnovati nel Seicento sovrapponendo alle strutture lineari esistenti una ricchissima decorazione in stile barocco, scolpita utilizzando una pietra locale (figura I).

Il passaggio di tanti popoli dal territorio pugliese è tuttora testimoniato dalla presenza di piccole comunità legate alle lingue e alle culture albanese e greca.

La basilica di San Nicola, in stile romanico, a Bari. Fu costruita alla fine del XII secolo per ospitare le reliquie del santo.

La basilica di Santa Croce, a Lecce.

> **Impara a imparare**
>
> **3** Sottolinea le colture principali praticate in Puglia.
>
> **4** Numera da 1 a 3 i periodi ai quali risalgono i principali beni culturali presenti in Puglia. Poi associa il numero corrispondente alle fotografie che raffigurano beni culturali della regione in queste pagine.

17. Basilicata

superficie	10 073 km²
popolazione	578 391 ab.
densità	57 ab./km²
reddito pro capite	14 980 € (Italia = 19 660 €)
capoluoghi	Potenza (PT), Matera (MT)

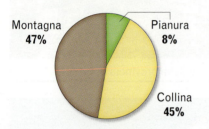

Montagna 47% — Pianura 8% — Collina 45%

La regione è compresa fra l'Appennino Lucano e lo Ionio, con un breve sbocco anche sul Tirreno. Il suo nome deriva dal termine greco *basilikòs*, che in epoca medioevale indicava il governatore bizantino della regione. La regione è chiamata però anche Lucania (e lucani i suoi abitanti), dal nome del popolo che la abitava in età preromana.

Quali sono le caratteristiche fisiche del territorio?

La regione è in prevalenza montuosa. All'**Appennino Lucano** (figura A) appartengono le cime più alte: il Sirino (2005 m) e il Pollino (2248 m), al confine con la Calabria.

Le colline scendono verso il Mar Ionio e digradano nella **Piana di Metaponto**, alluvionale.

I **fiumi** interamente lucani sono Bradano, Basento (il più lungo), Cavone, Agri e Sinni. Scorrono paralleli verso lo Ionio e hanno tutti carattere torrentizio con alvei ampi e ciottolosi (*fiumare*), che spesso scorrono dentro a profonde incisioni (*gravine*). A nord, il confine con Campania e Puglia è segnato da un tratto del fiume Ofanto.

La **costa** che forma il Golfo di Taranto nel Mar Ionio è bassa e sabbiosa. Il breve tratto di costa sul Tirreno è invece alto e roccioso.

Come sono il clima e la vegetazione?

Il clima è **mediterraneo** sulla costa, **appenninico** nell'interno. A Potenza gli inverni sono molto rigidi, anche a causa del fatto che la città si trova a oltre 800 m di altitudine.

Il Parco Nazionale del Pollino e i parchi regionali dei Sassi di Matera e delle Piccole Dolomiti Lucane proteggono ambienti naturali ben conservati.

Le Piccole Dolomiti Lucane fanno parte dell'Apennino Lucano.

Quali sono le attività economiche più importanti?

L'**agricoltura** è poco produttiva soprattutto nelle zone interne coltivate a cereali, vite, olivo, piante industriali (barbabietola da zucchero, tabacco); è più moderna nella Piana di Metaponto, dove prevalgono ortaggi (pomodori), alberi da frutto e agrumi. È tuttora molto diffuso l'**allevamento** ovino.

L'**industria** nel complesso è poco sviluppata, nonostante la presenza di aziende chimiche nella provincia di Matera (dove si trovano ricchi giacimenti di metano e petrolio, figura B) e di un moderno stabilimento FIAT a Melfi. L'industria manifatturiera principale è quella del legno e del mobile.

Il **turismo**, ancora a livelli modesti, è in crescita, sia sulle coste (Maratea sul Tirreno, Metaponto e Policoro sullo Ionio) sia nelle città dell'interno.

Quali sono le infrastrutture?

La regione non ha un polo centrale dal punto di vista delle comunicazioni. L'autostrada Salerno-Reggio Calabria è collegata a Potenza da un raccordo.

La rete ferroviaria è poco efficiente; a Matera non arriva alcuna linea.

A Viggiano viene trattato il petrolio estratto nei giacimenti della Val d'Agri, i più grandi dell'Europa continentale.

Impara a imparare

1 Rintraccia nel testo e sottolinea la definizione di *gravina*.

2 Sottolinea i motivi per i quali la densità di popolazione è molto bassa.

Dove vive la popolazione?

Le asperità del terreno, la mancanza di grossi centri urbani, la forte tendenza all'emigrazione hanno fatto sì che la regione abbia una bassa densità. La maggior parte della popolazione si concentra a Potenza (capoluogo di regione), Matera, Metaponto, Melfi-Venosa.

Quali sono i principali beni culturali e artistici?

Eraclea e **Metaponto** sullo Ionio erano ricche colonie della Magna Grecia, come è documentato dalle testimonianze archeologiche.

Il patrimonio artistico della regione è principalmente di **epoca medioevale**: chiese rupestri (Matera), castelli (Melfi), abbazie (Venosa).

In provincia di Potenza alcune minoranze etniche **albanesi** (arbereshe) di antica origine hanno conservato fino a oggi lingua, usi e costumi delle terre d'origine.

A **Matera** (figura C), lungo le pendici di una gravina, si trovano abitazioni scavate nella roccia, dette per questo *sassi*. Il nucleo urbano si è evoluto in maniera unica attraverso millenni di storia ed è stato dichiarato dall'UNESCO Patrimonio dell'umanità.

Matera. Sul fianco della gravina (a sinistra) le chiese e le case sono state scavate nella pietra.

Le regioni italiane **Calabria**

18. Calabria

superficie	15 222 km²
popolazione	1 980 533 ab.
densità	130 ab./km²
reddito pro capite	14 230 € (Italia = 19 660 €)
capoluoghi	Catanzaro (CZ), Reggio Calabria (RC), Cosenza (CS), Crotone (KR), Vibo Valentia (VV)

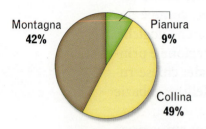

La Calabria è una lunga penisola fra il Tirreno e lo Ionio interamente percorsa dall'Appennino, che separa nettamente i due versanti. I Bizantini le diedero questo nome, mentre gli antichi Romani la chiamavano *Brutium*, dal nome del popolo dei Bruzi che l'abitava. In precedenza aveva fatto parte della Magna Grecia, di cui Crotone e Sibari erano città importanti.

Nel Medioevo iniziò un periodo di decadenza dovuto all'economia arretrata, basata quasi esclusivamente sul latifondo.

Quali sono le caratteristiche fisiche del territorio?

Il rilievo è costituito all'**Appennino Calabro** che si presenta come una serie di massicci: il Pollino (Serra Dolcedormes, 2267 m), la Sila, le Serre e l'Aspromonte (Monte Montalto, 1955 m). La zona collinare digrada bruscamente verso le coste con terreni argillosi soggetti a frane e smottamenti.

In corrispondenza dei principali golfi si estendono le limitate **pianure costiere** di Sibari, Gioia Tauro e Sant'Eufemia.

I **corsi d'acqua** sono tutti brevi e con le caratteristiche delle fiumare; i principali sono il Crati e il Neto.

Tra i monti della Sila si trovano **laghi artificiali**, costruiti per la produzione di energia elettrica.

Le **coste** sono in genere basse e sabbiose sullo Ionio; alte e rocciose sul Tirreno.

Come sono il clima e la vegetazione?

Il clima è **mediterraneo** nelle fasce costiere; procedendo verso l'interno il clima si fa **appenninico**.

Gran parte del territorio del Pollino, della Sila e dell'Aspromonte è protetto in quanto parco nazionale, caratterizzato da una flora molto ricca.

Quali sono le attività economiche più importanti?

Nonostante le riforme e gli interventi statali, l'economia della Calabria è tuttora la più povera d'Italia.

L'**agricoltura** è un'attività rilevante: la coltura più redditizia è quella degli agrumi (in particolare il bergamotto); si producono anche ortaggi, frumento, vino e olio. Abbastanza importante è lo sfruttamento forestale, mentre la pesca è poco significativa.

L'**industria**, limitata, si concentra nelle aree di Crotone, Reggio Calabria e Vibo Valentia.

Importante è il **turismo** balneare, soprattutto sulla costa ionica (figura A).

Quali sono le infrastrutture?

La barriera di montagne fra la costa tirrenica e quella ionica – eccetto che nell'istmo di Lamezia – è sempre stata d'ostacolo per i collegamenti regionali: due statali corrono lungo le due coste, mentre l'autostrada Salerno-Reggio Calabria segue la direttrice tirrenica. I collegamenti con la Sicilia sono assicurati dai traghetti che attraversano lo Stretto di Messina. A Gioia Tauro c'è il maggiore porto italiano per container.

La fortezza aragonese di Le Castella, presso Isola di Capo Rizzuto.

Impara a imparare

1 Osserva la carta e spiega perché i corsi d'acqua sono tutti molto brevi.

2 Individua nella carta l'istmo di Lamezia e osserva che tipo di rilievo occupa quella fascia.

3 Evidenzia nel testo la produzione agricola tipica.

Dove vive la popolazione?

Le aree montuose sono spopolate mentre le zone pianeggianti sono densamente abitate. Reggio Calabria è la città più popolosa e con Messina, di là dallo stretto, forma ormai una *conurbazione* (figura B). Catanzaro è il capoluogo di regione.

Vi sono minoranze albanesi sul Pollino e greche sull'Aspromonte.

Quali sono i principali beni culturali e artistici della regione?

Lo splendore della colonizzazione greca è ben rappresentato dai **Bronzi di Riace** (figura C), due statue di eccezionale bellezza, risalenti al V secolo a.C., ritrovate sui fondali marini e custodite a Reggio Calabria.

I popoli che si sono succeduti nel corso dei secoli hanno lasciato numerose testimonianze artistiche: chiese bizantine, torri normanne, cattedrali romaniche e gotiche.

Villa San Giovanni (RC) da cui partono i traghetti per Messina (sullo sfondo).

Uno dei Bronzi di Riace.

Le regioni italiane **Sicilia**

19. Sicilia

superficie	25 832 km²
popolazione	5 094 937 ab.
densità	197 ab./km²
reddito pro capite	15 600 € (Italia = 19 660 €)
capoluoghi	Palermo (PA), Catania (CT), Messina (ME), Siracusa (SR), Ragusa (RG), Trapani (TP), Caltanissetta (CL), Agrigento (AG), Enna (EN)

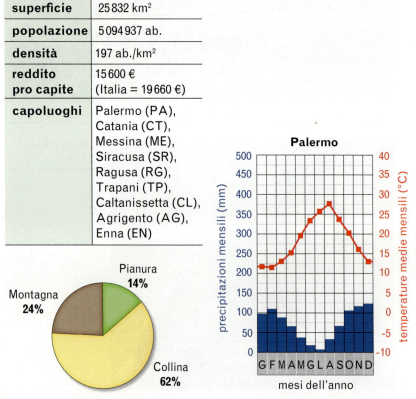

La Sicilia è un'isola molto vicina all'Italia peninsulare (lo stretto di Messina è largo 3 kilometri) posta in posizione centrale nel Mediterraneo: le coste africane distano infatti 140 kilometri nel canale di Sicilia ma solo 70 kilometri da Pantelleria. La sua importanza strategica ha attratto diversi popoli: Greci, Siculi (da cui prende il nome), Fenici, Romani, Bizantini, Arabi, Normanni e Svevi ne fecero una terra ricca e dotata di un grande patrimonio artistico e architettonico. Con la dominazione aragonese e poi con quella spagnola, il centro del potere si spostò a Napoli; iniziò così un lungo processo di decadenza aggravato dal potere locale dei baroni, proprietari di estesi latifondi, ai danni della borghesia e dei ceti popolari.

Conquistata dai garibaldini nel 1860, fu annessa al Regno d'Italia. È una *regione a statuto speciale* con notevole autonomia. Palermo è il capoluogo di regione.

Quali sono le caratteristiche fisiche del territorio?

L'**Appennino Siculo** si estende nella parte settentrionale dell'isola ed è composto, da est a ovest, dai massicci dei Peloritani, dei Nebrodi e delle Madonie: hanno cime poco elevate che non raggiungono i 2000 m (Pizzo Carbonara, 1979 m).

La cima più alta della Sicilia è invece l'**Etna** (3323 m), il maggior vulcano attivo d'Europa, che si innalza isolato nei pressi della costa ionica (figura A).

Nella parte centrale della regione si trovano monti non elevati, tavolati ondulati e modeste colline. La pianura più vasta è la **Piana di Catania**, che si affaccia sul Mar Ionio, seguita dalla Piana di Gela sul Mediterraneo e dalla Conca d'Oro sul Tirreno.

I **fiumi** in genere sono brevi e a carattere torrentizio. Il maggiore è il Salso, che sfocia nel Mediterraneo, seguito dal Simeto, che sbocca nello Ionio.

Nell'interno il principale **lago** naturale è quello di Pergusa, vicino a Enna.

Le **coste** si estendono per oltre 1000 km. Il versante tirrenico è alto e frastagliato, dato che le montagne giungono fin quasi al mare formando promontori e golfi. La costa ionica è in parte rettilinea con scogliere a strapiombo e in parte bassa e sabbiosa. A sud, le coste sul Mediterraneo sono basse e uniformi, a tratti paludose.

Numerose sono le isole:
- a nord, **Ustica** e l'arcipelago delle **Eolie** sono di origine vulcanica (figura B);
- a ovest le **Egadi**;
- a sud **Pantelleria** e l'arcipelago delle Pelagie, con **Lampedusa**, sono più vicine alla Tunisia che alla Sicilia.

Impara a imparare

1 Numera nel testo le principali pianure e inserisci i numeri nei punti corrispondenti della carta.

2 Individua nella carta i vulcani attivi citati nel testo.

Come sono il clima e la vegetazione?

Il clima è di tipo **mediterraneo**, con estati calde e secche e inverni miti. Le precipitazioni, molto scarse, sono concentrate nei mesi invernali.

La vegetazione spontanea è costituita da una ricca **macchia mediterranea**.

Pur non essendoci parchi nazionali, molti ambienti naturali sono protetti: anzitutto le isole Eolie e le Egadi, ma anche cime montuose come l'Etna.

Tutta la regione è soggetta a fenomeni sismici e le aree vulcaniche sono costantemente monitorate per prevenire le conseguenze negative delle eruzioni. Rimangono tuttavia gravi problemi ambientali, che hanno la loro origine nell'eccessiva antropizzazione di alcune coste e nella storica carenza di acqua.

La cima innevata dell'Etna alle spalle della città di Taormina.

Nell'arcipelago delle Eolie, Salina (nella fotografia), Alicudi e Filicudi sono vulcani considerati quiescenti. Vulcano e Lipari non sono attivi da più di un secolo, mentre Panarea ha avuto manifestazioni recenti. Il cono vulcanico dello Stromboli è invece attivo a intervalli di pochi minuti.

Le regioni italiane Sicilia

Quali sono le attività economiche più importanti?

L'**agricoltura** è un'attività molto diffusa nel territorio, anche se la produttività non è alta; si coltivano cereali nelle aree interne, uva (da cui si ricavano vini famosi), agrumi (figura C) e ortaggi in quelle costiere. Molto importante è la **pesca**, in particolare di pesci pregiati (tonno, pesce spada), integrata dall'itticoltura (l'allevamento di pesci) in mare.

L'**industria** di maggiore importanza è quella **energetica**, per la presenza di grandi raffinerie di petrolio e centrali termoelettriche. In Sicilia approdano e transitano gasdotti e oleodotti che portano i combustibili fossili nel resto d'Italia. Nel Siracusano si trova uno dei maggiori complessi petrolchimici d'Europa. Il settore **manifatturiero**, con molte piccole e medie imprese, è concentrato nelle aree di Palermo e Catania.

Importante il **turismo** (figura D), rivolto sia alle località balneari (oltre a tutte le isole, Castellammare del Golfo, Cefalù, Taormina), sia alle città d'arte (Palermo, Agrigento, Ragusa).

Quali sono le infrastrutture?

Dallo Stretto di Messina autostrade e linee ferroviarie corrono lungo la costa tirrenica fino a Palermo e poi Trapani, e lungo la costa ionica fino a Catania e poi Siracusa. Ma la direttrice principale fra le due maggiori città, la Palermo-Catania, attraversa l'interno collegando anche Enna e Caltanissetta.

Il **porto** commerciale più trafficato è quello di Palermo, con linee per Genova, Cagliari, Napoli, Tunisi e le isole; Messina è il punto di passaggio obbligato per il traffico terrestre tra l'isola e il resto d'Italia; Mazara del Vallo è il principale porto peschereccio, mentre il porto di Augusta è importante per il petrolio.

Dove vive la popolazione?

Le maggiori città, anzitutto Palermo (figura E), ma anche Catania e Messina, hanno sempre avuto una funzione predominante sugli altri centri urbani. Le zone più abitate sono le fasce costiere a nord-est (da Messina a Catania) e nord-ovest (da Palermo a Trapani) e il versante orientale dell'Etna.

In provincia di Palermo sono presenti da secoli piccole comunità di albanesi.

Raccolta delle arance in provincia di Agrigento.

Cefalù, dominata dalla Cattedrale normanna, ha un centro storico medioevale.

Palermo, fondata dai Fenici nell'VIII secolo a.C., è sempre stata un centro di scambi culturali e commerciali fra Oriente e Occidente.

Quali sono i principali beni culturali e artistici?

Passata sotto la dominazione di numerose civiltà, la Sicilia è straordinariamente ricca di **testimonianze artistiche** di epoche antiche:
- fenicia (l'isola di Mozia presso Trapani),
- greca (i templi di Agrigento, Segesta, Selinunte, figura F, il teatro di Taormina),
- romana (la villa di Piazza Armerina, figura G),
- bizantina (i mosaici del Duomo di Monreale, figura H),
- araba (chiese e palazzi di Palermo),
- normanna (Palazzo dei Normanni, figura I).

Sono importanti i monumenti del periodo barocco che si trovano nella zona di Noto.

Molto ricco è anche il patrimonio delle arti minori, in particolare di tessuti, ricami, gioielli, ceramiche, pupi (le tradizionali marionette), carretti dipinti.

La Villa Romana del Casale, a Piazza Armerina, è stata dichiarata Patrimonio mondiale dell'umanità dall'UNESCO. All'interno sono conservati splendidi mosaici risalenti al IV secolo d.C.

Nei mosaici bizantini nel Duomo di Monreale tutte le figure sono collocate sul fondo oro che le trasferisce in una atmosfera ultraterrena.

Il sito archeologico di Selinunte è molto vasto e comprende l'acropoli, diversi nuclei di abitazioni e la necropoli.

Il Palazzo dei Normanni, a Palermo, custodisce gli splendidi mosaici della Cappella Palatina.

Impara a imparare

3 Sottolinea i nomi dei 4 porti più importanti.

4 Numera le civiltà del passato che hanno lasciato testimonianze artistiche in Sicilia e indica il numero corrispondente accanto alle fotografie di questa pagina.

Le regioni italiane **Sardegna**

20. Sardegna

superficie	24 101 km²
popolazione	1 663 859 ab.
densità	69 ab./km²
reddito pro capite	16 840 € (Italia = 19 660 €)
capoluoghi	Cagliari (CA), Sassari (SS), Olbia-Tempio (OT), Nuoro (NU), Oristano (OR), Carbonia-Iglesias (CI), Medio Campidano (MD), Ogliastra (OG)

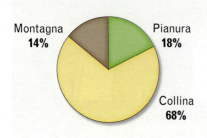

Montagna 14%
Pianura 18%
Collina 68%

Il nome della regione deriva dall'antico popolo dei Sardi che abitava l'isola prima che fosse conquistata dai Cartaginesi e poi dai Romani.

In passato il mare ha costituito un fattore di isolamento; dapprima le repubbliche marinare di Genova e Pisa, poi il Regno di Aragona, infine il Ducato di Savoia hanno esercitato la loro influenza sull'isola, ma le terre dell'interno hanno conservato un forte attaccamento alle tradizioni che ha permesso di preservare in gran parte l'ambiente naturale (figura A). Oggi è una *regione a statuto speciale*, di cui Cagliari è il capoluogo.

La regione montuosa del Gennargentu.

Quali sono le caratteristiche fisiche del territorio?

I rilievi sardi sono molto antichi. Le montagne più elevate si trovano nel massiccio del **Gennargentu**, che nella cima più alta (Punta La Marmora) raggiunge i 1834 m. A nord, nella regione della Gallura, si eleva il massiccio del Limbara (1360 m) e a est l'altopiano calcareo del Supramonte (figura **B**). A sud, i monti dell'Iglesiente erano un tempo ricchissimi di risorse minerarie.

La pianura più vasta è il **Campidano**, che si estende da nord-ovest verso sud-est fra i golfi di Oristano e di Cagliari; nel passato è stata paludosa, invece oggi è la zona più fertile della Sardegna. La Nurra è un'altra pianura, più piccola, che si trova a nord-ovest.

I **fiumi** principali della regione sono, da nord a sud, il Coghinas, il Tirso, il Flumendosa e il Flumini Mannu; tutti caratterizzati da regime torrentizio, con forti piene invernali e primaverili e magre estive. Per questo motivo lungo i fiumi sono stati creati numerosi **laghi** artificiali per la produzione di energia elettrica, l'irrigazione e la regolamentazione delle piene. Il più esteso è l'Omodeo, sul fiume Tirso.

Le coste sono in prevalenza alte e rocciose, molto articolate con golfi, isole, promontori e grotte marine. A sud prevalgono coste basse e paludose con ampi stagni costieri.

Le **isole** più importanti sono l'Arcipelago della Maddalena, l'Asinara, la Tavolara a nord e le isole di San Pietro e Sant'Antioco a sud.

Uno stretto di appena 11 km, le Bocche di Bonifacio, separa Sardegna e Corsica.

Impara a imparare

1 Ricopia i motivi per i quali vengono creati laghi artificiali:

- ....
- ....
- ....

L'altopiano del Supramonte.

Come sono il clima e la vegetazione?

Il clima è prevalentemente **mediterraneo**, anche se sulle cime più elevate gli inverni possono essere freddi e talvolta nevosi.

La Sardegna è una regione particolarmente **ventosa**. I venti dominanti sono:
- il *maestrale*, da nord-ovest, spesso freddo e violento, con raffiche che ostacolano la navigazione e favoriscono, nella stagione estiva, il divampare degli incendi;
- lo *scirocco*, da sud-est, che spesso porta con sé un pulviscolo rossiccio proveniente dal Sahara.

La costante ventilazione ha favorito l'installazione di numerosi impianti eolici che hanno profondamente modificato il paesaggio.

La vegetazione spontanea è la **macchia mediterranea** costituita da piante come il leccio, il sughero, l'olivo, il timo, il ginepro, il mirto. Numerose specie vegetali e animali sono endemiche, cioè presenti esclusivamente in questa regione, per esempio il muflone, il gatto selvatico, l'asino bianco.

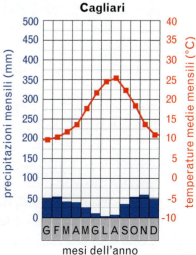

Le regioni italiane **Sardegna**

Quali sono le attività economiche più importanti?

L'**agricoltura**, anche se la superficie coltivata si è ridotta, continua ad avere un ruolo rilevante nell'economia dell'isola. Alle colture tradizionali (uva, agrumi, frumento) si sono aggiunte, soprattutto nel Campidano, la floricoltura, l'orticoltura e la coltivazione della barbabietola da zucchero. Più importante è l'**allevamento**, soprattutto quello di ovini, che permette di produrre latticini, lana e carne. La tradizionale attività mineraria si è oggi fortemente ridotta. Lo sviluppo dell'edilizia ha però aumentato la domanda di estrazione di marmo, granito e sughero (figura C), di cui la Sardegna è molto ricca.

Le maggiori **industrie** sono quelle energetica (con potenti centrali termoelettriche ma anche con parchi eolici) e petrolchimica.

Le attività più sviluppate nel settore terziario sono le telecomunicazioni e soprattutto il **turismo**, favorito da un patrimonio naturale di grande bellezza (figura D), come quello della Costa Smeralda, della Gallura e della baia di Alghero.

Quali sono le infrastrutture?

Il traffico **aereo** fa scalo a Cagliari, Alghero e Olbia, che sono i principali centri di arrivo e partenza da e per il continente. Le più importanti direttrici del traffico stradale si diramano dai **porti** di Cagliari a sud, Alghero a ovest, Porto Torres a nord, Olbia a est.

La rete ferroviaria è molto ridotta; la linea principale, a un solo binario (figura E), da Cagliari raggiunge con due diramazioni Sassari-Porto Torres e Olbia-Golfo Aranci.

Il Parco Nazionale dell'Arcipelago della Maddalena è un'area protetta composta dai tratti di mare e dalle isole situate tra la Sardegna e la Corsica. Nei 180 kilometri di coste dell'arcipelago si trovano le spiagge più celebri e suggestive del Mediterraneo, in particolare la Spiaggia Rosa e del Cavaliere a Budelli, le spiagge di Cala Coticcio e quella del Relitto a Caprera, Cala Corsara e Cala Granara a Spargi. I fondali marini sono estremamente limpidi, con variazioni di colori che vanno dal turchese, allo smeraldo, all'azzurro e al blu.

Una sughereta nella zona di Tempio Pausania.

Il «Trenino Verde» collega i centri turistici della costa con l'interno.

Dove vive la popolazione?

Solo Cagliari (figura F), a sud, e Sassari, a nord, sono centri urbani di media dimensione; la maggior parte dei sardi vive in centri rurali medio-piccoli con meno di 10 000 abitanti. L'interno montuoso è quasi spopolato.

Quali sono i principali beni culturali e artistici?

La lunga storia di isolamento della Sardegna ha permesso la conservazione della lingua sarda, orale e scritta; nei pressi di Alghero è presente una minoranza linguistica catalana.

I resti delle antiche civiltà nuragica (figura G), fenicia e romana sono conservati nelle **aree archeologiche** e in importanti musei. Beni architettonici caratteristici sono le **torri** di avvistamento costiere (figura H) e le **chiese** romaniche di ispirazione genovese e pisana.

La cultura dell'isola si riflette anche nelle **tradizioni** contadine, nelle tecnologie usate per l'estrazione dei minerali, nelle lavorazioni artigianali (ceramica, merletto, sughero, legno), nell'abbigliamento, nella cucina e nella musica – tutte oggetto di studio e di tutela al pari delle opere d'arte.

Cagliari, città d'arte e di cultura, è famosa anche per le sue spiagge, come quella del Poetto, e per le lagune ricche di uccelli acquatici come i fenicotteri rosa.

Il villaggio nuragico di Su Nuraxi (Barumini, MD) è composto da torri difensive, capanne a base circolare e mura risalenti all'età del bronzo e del ferro.

Impara a imparare

2 Per ogni settore dell'economia rintraccia l'attività più importante:

- primario: ....
- secondario: ....
- terziario: ....

3 Sottolinea le informazioni presenti sulla civiltà nuragica.

La Torre di Tramariglio, vicino ad Alghero, è stata costruita nel XVI secolo durante l'occupazione spagnola.

Le regioni italiane

Mettiti alla prova

I concetti

1 Scrivi per ciascuna regione il nome del capoluogo di regione.
Se non è già compreso tra questi, scrivi anche quello della tua regione. ▲▲△

a. Marche	b. Abruzzo	c. Sardegna	d. Puglia	e. Friuli-Venezia Giulia	f. ....
....	....	....	....	....	....

2 Collega i seguenti elementi naturali alle regioni in cui si trovano.
Aggiungine un altro della tua regione. ▲▲△

a. Garfagnana		1. Abruzzo
b. Gran Sasso		2. Sardegna
c. Gennargentu		3. Campania
d. Cilento		4. Toscana
e. Dolomiti		5. Veneto
f.		6. ....

3 Scegli l'alternativa corretta. ▲▲▲

1. Le regioni in cui sono abbondanti le fiumare sono quelle
   - **A** nord-orientali
   - **B** nord-occidentali
   - **C** centrali
   - **D** meridionali

2. Una regione ricca di conche è
   - **A** la Puglia
   - **B** l'Emilia-Romagna
   - **C** l'Abruzzo
   - **D** il Lazio

3. Le gravine sono
   - **A** profonde incisioni scavate nella roccia dall'acqua
   - **B** costruzioni risalenti al paleolitico
   - **C** edifici tipici dei comuni lombardi

4 Scrivi a fianco di ciascuno di questi beni culturali in quale città o regione si trova. ▲▲▲

Museo nazionale del Cinema	....
Pompei	....
Castello di Fenis	....
Teatro alla Scala	....
Bronzi di Riace	....
Musei Vaticani	....
Galleria degli Uffizi	....
Castel del Monte	....
Palazzo dei Normanni	....
Basilica di San Francesco	....

Gli strumenti

5 **Sei tu il geografo.** Fai lo schizzo della carta della tua regione:

- traccia il profilo della regione,
- inserisci almeno due elementi fisici (per esempio un'area marrone dove si trovano i rilievi più importanti, il nome del mare che bagna le coste, un'area verde per la pianura principale),
- inserisci i capoluoghi,
- sottolinea con un colore la località in cui vivi, se l'hai già inserita, oppure aggiungila.

6 Costruisci il cartogramma sulla lettura di libri in Italia. Prima colora la legenda a tuo piacere, poi utilizza i dati della tabella per attribuire un colore a ciascuna regione.

Regione	Persone di 6 anni e più che hanno letto almeno un libro negli ultimi 12 mesi
Piemonte	47,6%
Valle d'Aosta	55,2%
Liguria	48,0%
Lombardia	51,5%
Trentino-Alto Adige	56,4%
Veneto	50,6%
Friuli-Venezia Giulia	56,4%
Emilia-Romagna	49,5%
Toscana	47,5%
Umbria	41,0%
Marche	41,4%
Lazio	48,7%
Abruzzo	37,2%
Molise	32,4%
Campania	28,9%
Puglia	29,4%
Basilicata	30,9%
Calabria	29,3%
Sicilia	27,6%
Sardegna	45,3%
Italia	43,0%

☐ Fino a 32,4
☐ 32,5 - 41,4
☐ 41,5 - 50,6
☐ 50,7 e oltre

Le regioni italiane

B153

Le regioni italiane

Le competenze

7 Procurati un quotidiano sportivo. Individua le squadre che giocano in serie A negli sport principali (calcio, basket, pallavolo). Con un simbolo per ciascuno sport indica nella carta muta qui sotto le città a cui appartengono le squadre che hai trovato e scrivi accanto il nome.

8 Fai una ricerca su Internet sulla tua regione. ▲▲▲

Dopo aver letto le pagine che parlano della tua regione, approfondisci con una ricerca su Internet.

a. Scegli 2 località citate nel testo, ma non illustrate, e cerca una bella fotografia per ciascuna.

b. Per ciascuna località cerca le informazioni più importanti:
• dove si trova?
• perché è importante? (Prima di cominciare la ricerca, osserva in quale punto del testo è stata citata per capire se è sede di attività economiche, meta turistica oppure ospita beni culturali importanti. Poi fai la tua ricerca.)

c. Con le informazioni raccolte scrivi una didascalia di non meno di 5 righe e non più di 10 per ciascuna fotografia.

9 Fai una ricerca sulla Magna Grecia. ▲▲▲

Con il nome Magna Grecia si indicano quelle zone della penisola e delle isole italiane che furono colonizzate dai Greci a partire dall'VIII secolo a.C. Utilizzando internet ricerca le seguenti informazioni.

a. Quali regioni attuali hanno fatto parte della Magna Grecia? (Trova l'elenco delle regioni e ricalca la zona interessata dalla carta dell'esercizio 7.)

b. Quali resti archeologici risalenti a quel periodo sono visibili oggi? (Trova almeno un sito archeologico per regione e collocalo nella carta che hai ricalcato.)

c. *Akragas* è il nome greco di un'importante città della Magna Grecia. Dove si trova? (Aggiungila alla tua carta.) Come si chiama oggi? Quando si ebbe il massimo splendore di questa città?

Atlante

Europa sud-occidentale	2app
Isole britanniche e regione francese	4app
Europa centrale	6app
Regione scandinava	8app
Europa sud-orientale	10app
Europa orientale	12app

Carte mute

Italia politica	13app
Italia fisica	14app
Europa politica	15app
Europa fisica	16app

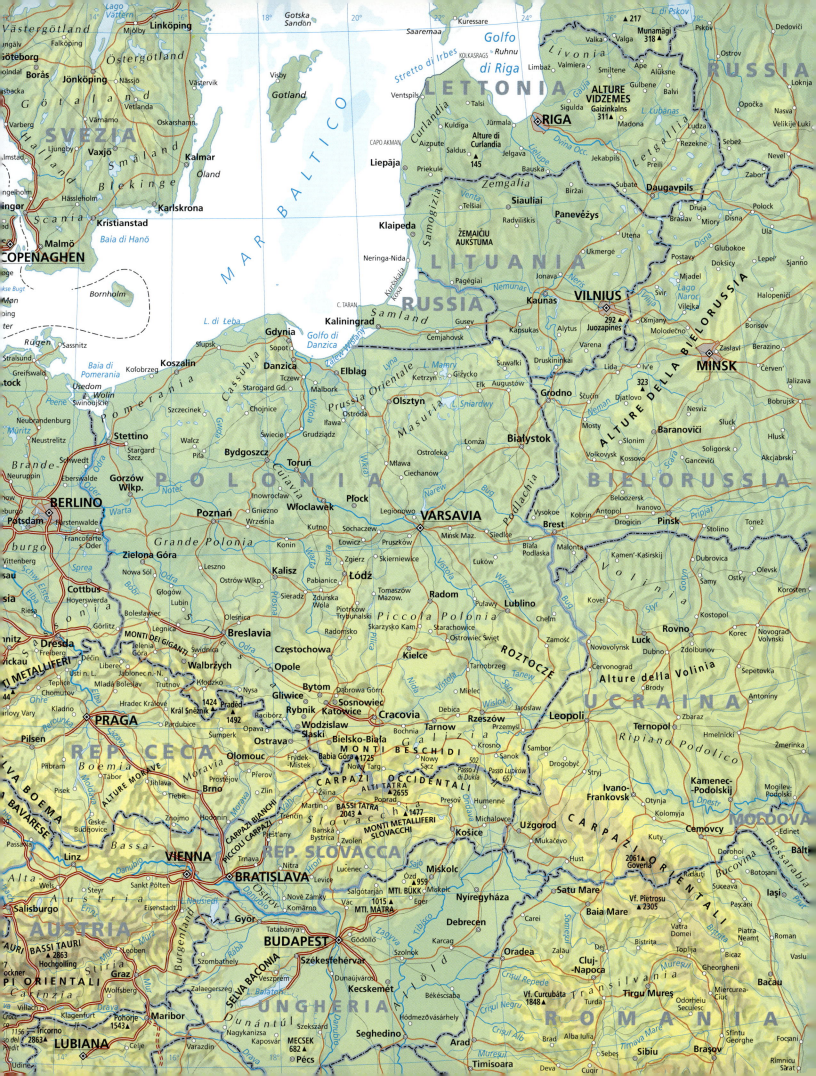

EUROPA POLITICA

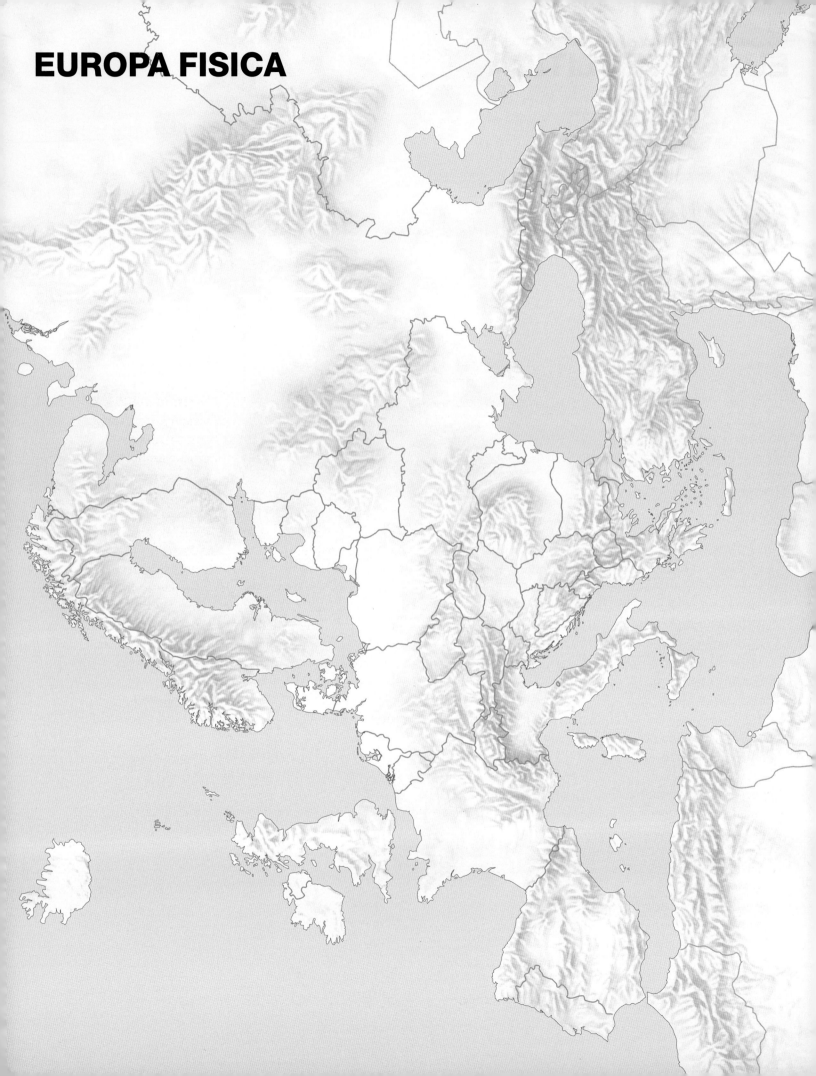

Le parole della geografia

A

Acquacoltura: B26
Aerofotogrammetria: A18
Agenti atmosferici: A38
• Sbalzi di temperatura, vento, precipitazioni che modificano il paesaggio.
Aghifoglie: A64
Agricoltura: B26
Affluente: A82
Alfabetizzazione: B14
Allevamento: B26
Alluvione: A47
Alpi italiane: A100 • Le Alpi sono lunghe 1300 km e hanno una forma ad arco che si estende dalla Liguria al Carso. Si dividono in tre settori: Alpi Occidentali, Alpi Centrali e Alpi Orientali. In Lombardia e Veneto, fra le catene maggiori e la pianura, si trovano le Prealpi.
Altopiano: A58
Appennini: A100 • Si estendono per tutta la penisola dalla Liguria alla Calabria e proseguono in Sicilia. Si suddividono in tre settori principali:

Alpi italiane

Appennino Settentrionale, Appennino Centrale, Appennino Meridionale.
Altitudine: A42, A58
Ambiente: A34 • Insieme degli elementi non viventi e degli esseri viventi, che caratterizzano un territorio.
Anticiclone: A41
Areogramma: A22 • Grafico a forma di cerchio suddiviso in spicchi di colore e grandezza diversa che rappresentano la suddivisione di un fenomeno.
Artigianato: B28

B

Bacino idrografico: A82 • Area, delimitata da una linea spartiacque, all'interno della quale tutte le acque delle precipitazioni e che si sciolgono dai ghiacciai confluiscono nel medesimo fiume.
Baratto: B7
Bassopiano: A59
Biodiversità: A46
Bussola: A7, A17

C

Carsismo: A106 • Quando l'acqua scava la roccia calcarea, si formano grotte, pozzi e cavità sotterranee ricche di stalattiti e stalagmiti. Questo fenomeno prende nome dalla regione italiana del Carso.
Carta fisica: A14
Carta geografica: A10, A16 • Rappresentazione del territorio. Ogni carta è per forza deformata, ridotta, approssimata e simbolica.
Carta politica: A14
Carta tematica: A14

Carsismo

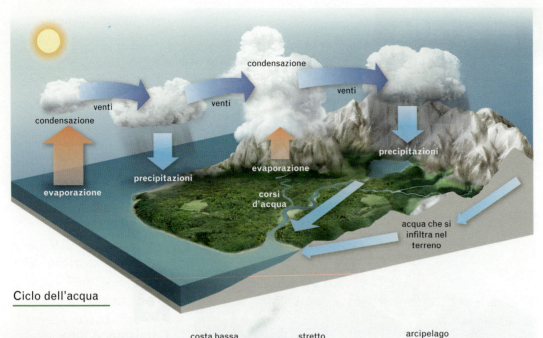

Ciclo dell'acqua

Costa

Censimento: A20, B71
Ciclo dell'acqua: A78 • Passaggio continuo dell'acqua sulla Terra da uno stato fisico all'altro: *liquido*, *solido* e *aeriforme*.
Ciclone: A41
Città: B12, B48 • Insediamento dove si concentrano abitazioni, negozi e mercati, uffici e servizi, luoghi di lavoro e di svago. Nelle città europee possiamo distinguere generalmente *centro storico* e *periferia*.
Cittadinanza: B15, B55
Classe sociale: B14
Classe di età: B15
Clima: A40, A110 • Insieme delle condizioni atmosferiche che abitualmente si verificano in un luogo nel corso dell'anno, misurate per un periodo di molti anni. Gli elementi che lo costituiscono sono *temperatura*, *pressione*, *venti*, *umidità* e *precipitazioni*.
Colline: A59, A102 • Rilievi di altezza compresa tra 300 e 600 m. In base al modo in cui si sono formate possono essere di *erosione*, *moreniche*, *tettoniche* o *vulcaniche*.
Colture promiscue: A45
Combustibili fossili: B5
Coordinate geografiche: A8, A16

Costa: A86, A108
Costituzione della Repubblica Italiana: B54
Crisi economica: B36
Curve di livello (*isoipse* e *isobate*): A11 • Nelle carte geografiche, linee che uniscono tutti i punti alla stessa altitudine o alla medesima profondità nei fondali marini.

D

Dati statistici: A20, B10.
Delocalizzazione: B28 • Spostamento di industrie in paesi in cui i costi di produzione sono inferiori.
Democrazia: B54
Demografia: B10 • Scienza che studia la popolazione attraverso l'analisi di dati statistici.
Densità di popolazione: B10 • Numero medio di persone che abitano in un kilometro quadrato.
Depressione: A62
Diagramma cartesiano: A22 • Grafico composto da una serie di punti, all'interno degli assi cartesiani, uniti in una linea spezzata. È utile per rappresentare lo sviluppo di un fenomeno nel tempo.

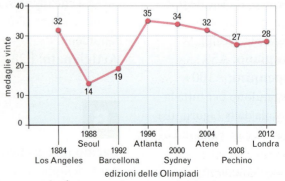

Diagramma cartesiano

Ecologia: A35 • Scienza che studia i legami fra i componenti di un ambiente.
Economia: B6 • Modo in cui l'uomo usa le risorse naturali per produrre beni mediante il proprio lavoro.
Ecosistema: A35
Emissario: A84
Energia: B5, B78
Epicentro: A37
Equatore: A8
Escursione termica: A43
Erosione: A38, A59
Eruzione vulcanica: A36 • Fuoriuscita di magma che, attraverso un'apertura della crosta terrestre, risale in superficie e fuoriesce dal cratere sotto forma di lava, ceneri, lapilli, vapore e gas.

Falda acquifera: A79
Fattori che modellano il paesaggio (*naturali* e *antropici*): A34
Fattori climatici: A42, A110 • Fattori che influenzano il clima: *latitudine, altitudine, posizione dei rilievi, distanza dal mare*.
Fenomeni demografici: B10 • In quasi tutte le regioni del mondo sono in atto tre grandi fenomeni che coinvolgono la popolazione: la migrazione da aree povere a aree ricche, l'*abbandono delle zone rurali* e l'*invecchiamento della popolazione*.

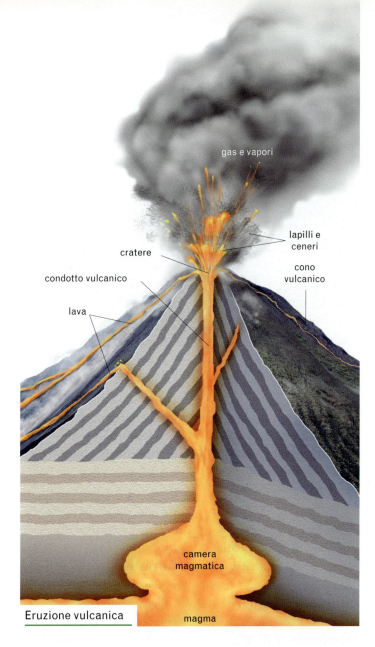

Eruzione vulcanica

Fiordo: A81
Fiume: A82, A102 • Corso d'acqua perenne alimentato dall'acqua che si scioglie dai ghiacciai o che cade in forma di precipitazioni. Il fiume alterna *periodi di piena* e *periodi di magra* a seconda di quanta acqua scorre nel suo letto. I fiumi italiani si suddividono in *fiumi alpini* e *fiumi appenninici*.
Foce: A83
Forze endogene: A34
Forze esogene: A34
Fotografie panoramiche: A19
Fotografie storiche: A19
Frana: A47, A67
Fuso Orario: A9 • Spicchi immaginari in cui è divisa la Terra. All'interno di ogni fuso orario vale lo stesso orario, per questo i fusi orari sono 24, quante le ore del giorno. Viaggiando, se vado verso est dovrò portare l'orologio avanti di un'ora per ogni fuso che passo; se vado verso ovest dovrò portare invece l'orologio indietro. Per convenzione il primo fuso orario è quello che contiene il meridiano di Greenwich.

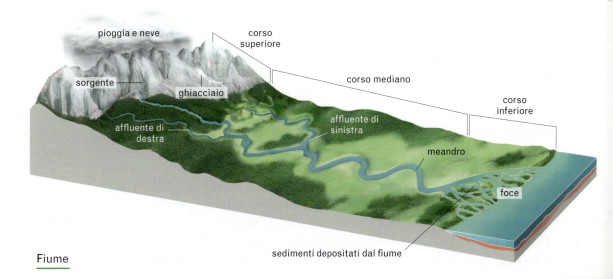

Fiume

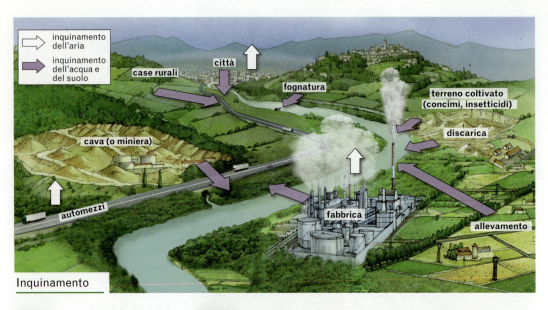

Inquinamento

Inquinamento: A46, A88, B13, B36
Interporto: B32
Ipocentro: A37
Isole italiane: A108
Istogramma:
A22 • Grafico formato da colonne la cui lunghezza rappresenta il dato numerico.
ISU (*Indice di sviluppo umano*): B14 • Indicatore del benessere di una società. calcolato a partire da dati economici e socio-culturali.

 G

Ghiacciaio:
A80 • Accumulo di ghiaccio perenne, che non si scioglie neanche durante l'estate. Il ghiacciaio è in continuo movimento. La parte del ghiacciaio che si allunga verso valle prende la forma di una *lingua*. La zona del ghiacciaio sotto il limite delle nevi perenni si chiama *zona di ablazione*.
GPS (*Global Positioning System*): A17 • Sistema di posizionamento globale grazie al quale ogni posizione sulla superficie terrestre può essere rilevata mediante l'uso di 4 satelliti. I dati del GPS possono essere utilizzati da un navigatore satellitare per determinare la posizione e la direzione da seguire per raggiungere una meta.
Grafico: A22 • Disegno che visualizza sotto forma di figure i dati numerici.

 I

Ideogramma: A22 • Grafico che usa immagini stilizzate del fenomeno ripetute o ingrandite per indicarne le quantità.
Idrosfera: A78 • Insieme delle acque del pianeta, costituito al 96% da acqua salata e al 4% da acqua dolce.
Immagini satellitari: A19
Immigrato: B10, B51
Immissario: A84
Indice di fecondità: B51

Industria: B28 • Azienda che produce manufatti tutti uguali, fabbricati in serie e ha un numero elevato di dipendenti. L'industria manifatturiera trasforma le materie prime in manufatti si suddivide in *industria di base* e *industria di trasformazione*.
Infrastrutture:
B32 • Sistemi di collegamento che permettono il transito di merci e persone con mezzi di trasporto *terrestri*, *marittimi* e *aerei*.

 L

Lago: A84, A106 • Massa d'acqua dolce raccolta in una cavità della superficie terrestre. È alimentato da fiumi detti *immissari* e alimenta a sua volta fiumi detti *emissari*. I laghi possono essere *naturali* o *artificiali*. I laghi che si trovano in Italia possono essere suddivisi in *laghi prealpini*, *vulcanici*, *costieri*, *artificiali*.
Latifoglie: A64
Latitudine: A8, A42 • Distanza di un punto dall'Equatore, verso nord o verso sud, misurata in gradi. Tutti i punti che si trovano lungo uno stesso parallelo hanno la stessa latitudine.
Lavoro: B8 • Dal punto di vista del lavoro, la popolazione si divide in *popolazione attiva*, cioè coloro che lavorano o cercano lavoro, e *popolazione non attiva*, cioè coloro che non

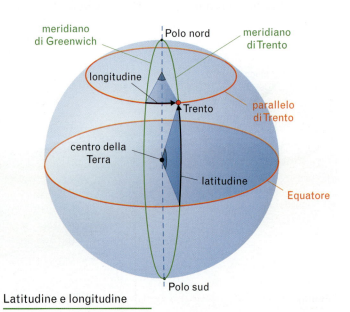

Latitudine e longitudine

Macchia Mediterranea

lavorano né cercano un'occupazione. I lavoratori possono dividersi in tre categorie: *imprenditori*, *dipendenti* e *lavoratori autonomi*.
Legenda: A10 • Sezione posta a margine della carta geografica che comprende tutti i simboli utilizzati nella carta.
Limite delle nevi perenni: A80
Longitudine: A8 • Distanza di un punto dal meridiano di Greenwich (la città in cui si trova l'osservatorio di Londra), verso est o verso ovest, misurata in gradi. Tutti i punti che si trovano lungo uno stesso meridiano hanno la stessa longitudine.

Macchia mediterranea: A112
Mar Mediterraneo: A108
Mare: A86, A108 • Bacino di acqua salata più piccolo e meno profondo di un oceano. I movimenti che hanno luogo nel mare sono le onde, le *maree* e le *correnti marine*.
Meandro: A83
Meridiani: A8, A16 • Circonferenze ideali che passano per i poli dividendo la Terra in «spicchi». Il meridiano 0 è il meridiano di Greenwich, che prende il nome dalla città nelle vicinanze di Londra in cui si trova un importante osservatorio astronomico.
Minoranze linguistiche: B53
Monocoltura: A45, B27
Montagne: A60 • Rilievi che superano i 600 m di *altitudine*.
Morena: A81
Multietnico: B52

Nazionalità: B15 • Legame che collega un individuo a un gruppo, con il quale condivide lingua, religione, cultura, tradizioni, storia.

Oceano: A86 • Vasta distesa di acqua delimitata dai continenti.
Onde sismiche: A37
Orientamento: A4 • Il procedimento che serve a individuare la posizione in cui ci troviamo e la direzione nella quale dobbiamo muoverci per raggiungere la nostra destinazione.
Orogenesi: A36, A58 • Formazione delle montagne. La maggior parte delle montagne sono state formate dal *sollevamento* della *crosta terrestre* provocato dalle forze attive all'interno della Terra. Altre, invece, sono nate dalle *eruzioni vulcaniche*.

P

Paralleli: A8 • Circonferenze ideali perpendicolari all'asse terrestre e parallele all'Equatore, che dividono la Terra in «fette».
Parchi naturali: A112
Pensione: B9
Pesca: B26
Pianura: A62, A102 • Area di bassa quota,

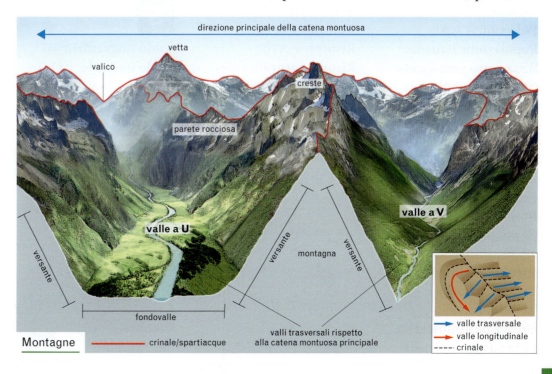
Montagne

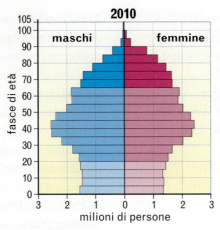
Piramide della popolazione

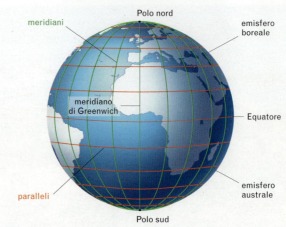
Reticolato geografico

sotto i 300 metri di altitudine, pianeggiante o lievemente ondulata e poco inclinata. In base all'origine può essere di *erosione*, *alluvionale*, *vulcanica*, *tettonica* o *artificiale*. Le pianure sono in genere le aree più popolate ed economicamente importanti della Terra.
Pianura padana: A103
PIL (*Prodotto interno lordo*): B6
Piramide della popolazione: B50
Planisfero: A13
Polo nord: A7, A8
Polo sud: A7, A8
Popolazione italiana: B50 • È composta da oltre 60 milioni di abitanti, i *maschi* sono meno numerose delle *femmine* e gli anziani sono sempre più numerosi dei *giovani*. La *vita media* è in aumento.
Porto: A88
Poteri dello Stato (*legislativo, esecutivo, giudiziario*): B54
Precipitazioni: A41
Presidente della Repubblica: B54
Pressione atmosferica (*alta* o *bassa*): A41

Punti cardinali: A6, A16 • Punti di riferimento fissi individuati facendo riferimento al percorso del Sole nel cielo durante il giorno: Nord, Sud, Est, Ovest.

Reticolato geografico: A8 • Insieme dei meridiani e dei paralleli, che incrociandosi tra loro formano una rete immaginaria che suddivide la terra in settori.
Riduzione in scala: A12
Risorgiva: A103
Risorse naturali: B4, B37 • Si dividono in risorse *minerarie*, *ambientali* ed *energetiche*.

Le risorse naturali possono essere *rinnovabili* o *non rinnovabili*.
Rocce: A61
Rosa dei venti: A7
Rotazione terrestre: A7 • Rotazione della Terra attorno al proprio asse che avviene nell'arco di un giorno. La rotazione determina il *moto apparente* del Sole, cioè il fatto che noi vediamo il Sole sorgere e tramontare ogni giorno.

Saldo migratorio: B51
Saldo naturale: B51
Scala: A12 • Valore che indica quante volte una misura della realtà è stata rimpicciolita nella carta geografica. La scala di una carta geografica è di solito posta accanto alla legenda e può essere numerica o grafica.
Settore agroalimentare: B35
Settore dell'economia: B6
Settore primario: B6, B26 • Settore dell'economia che comprende le attività che forniscono materie prime, come l'agricoltura, l'allevamento, la pesca, lo sfruttamento delle foreste.
Settore secondario: B6, B28 • Settore dell'economia costituito dalle attività che trasformano le materie prime in prodotti finiti: *industria* e *artigianato*.

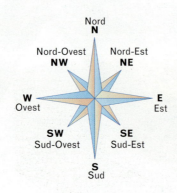
Rosa dei venti

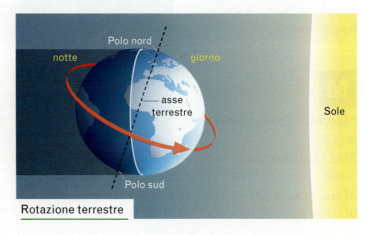
Rotazione terrestre

settore primario   settore secondario   settore terziario

Settori dell'economia

Settore terziario: B6, B30 • Settore dell'economia che comprende le attività che servono a distribuire i prodotti e a fornire i servizi alle persone: commercio, trasporti, turismo, servizi. Si suddivide in *terziario avanzato* e *terziario tradizionale*.
Società: B14, B52
Sorgente: A79
Speranza di vita: B51
Statistica: A20
Stella polare: A6
Sviluppo economico: B36 • Crescita di investimenti, produzione e consumi che crea nuovi posti di lavoro e porta ricchezza. Se non controllato, può però avere conseguenze negative sull'ambiente. Oggi si ritiene che lo sviluppo economico debba produrre non solo lavoro e ricchezza, ma anche miglioramento della *qualità della vita* e *tutela dell'ambiente naturale*.
Sviluppo sostenibile: A46 • Sviluppo rispettoso dell'ambiente e delle risorse naturali, che permetta di mantenere buone condizioni di vita anche per le generazioni future.

T

Tabella: A21
Tasso di disoccupazione: B8.
Tasso di mortalità: B80.
Tasso di natalità: B80.
Telerilevamento: A18.
Temperatura: A40.
Tempo atmosferico: A40
Terremoto: A36 • Vibrazione del terreno che si verifica quando nel sottosuolo le rocce si spaccano o scorrono tra loro all'improvviso, a causa delle spinte dovute ai movimenti della crosta terrestre.
Terziarizzazione: B30 • Aumento dei lavoratori del terziario.
Tinte altimetriche: A11
Torrente: A82 • Corso d'acqua stagionale che si asciuga completamente nel periodo di magra.
Traffico: B13
Tsunami: A37
Turismo: B31

U

Umidità: A40
Unione Europea: B56
Urbanesimo: B11, B48

V

Valle: A60 • Incisione fra le montagne che può avere origine fluviale (*valle a V*) o glaciale (*valle a U*).
Vegetazione: A62, A112
Vento: A40
Vulcano: A36

Z

Zone climatiche: A111 • Aree nelle quali sono presenti condizioni climatiche simili. In Italia si possono individuare sei zone climatiche: *alpina, padana, appenninica, tirrenica, adriatica, mediterranea*.

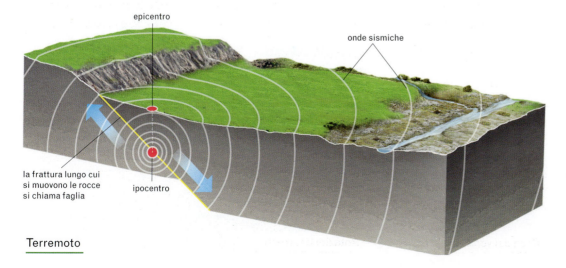

Terremoto